项目资助

本书获全国教育科学规划国家青年项目"大学基层学术组织的生态治理研究"(CIA160224)资助

大学基层学术组织生态系统治理研究

Research on Ecosystem Governance of Grassroots Academic Organizations in Universities

杨朔镔　著

中国社会科学出版社

图书在版编目（CIP）数据

大学基层学术组织生态系统治理研究／杨朔镔著.—北京：中国社会科学出版社，2023.12
　ISBN 978-7-5227-2778-3

　Ⅰ.①大…　Ⅱ.①杨…　Ⅲ.①高等学校—学术研究—科研管理—中国　Ⅳ.①G644

中国国家版本馆 CIP 数据核字（2023）第 234575 号

出 版 人	赵剑英
责任编辑	赵　丽
责任校对	刘　念
责任印制	王　超

出　　版	中国社会科学出版社
社　　址	北京鼓楼西大街甲 158 号
邮　　编	100720
网　　址	http://www.csspw.cn
发 行 部	010-84083685
门 市 部	010-84029450
经　　销	新华书店及其他书店
印　　刷	北京明恒达印务有限公司
装　　订	廊坊市广阳区广增装订厂
版　　次	2023 年 12 月第 1 版
印　　次	2023 年 12 月第 1 次印刷
开　　本	710×1000　1/16
印　　张	17.25
插　　页	2
字　　数	274 千字
定　　价	89.00 元

凡购买中国社会科学出版社图书，如有质量问题请与本社营销中心联系调换
电话：010-84083683
版权所有　侵权必究

前　言

　　大学基层学术组织是大学内部治理结构的"基石"，也是现代大学制度生成演进的"活力之源"。大学基层学术组织生态系统的臻善治理，对于现代大学治理体系"学术生态治理力"的有效激发、学术特质的永恒坚守、学术生命力的持续繁荣有着重要意义。

　　新中国成立以来，我国大学基层学术组织伴随着大学治理的现代化进程发生了历史性的变革演进。从某种意义上可以说，一部中国现代大学演进史与振兴史，即是大学基层学术组织的探索和完善史。检视我国大学组织演进史不难发现，无论是在外在形制上还是内在功能上，大学基层学术组织在推进大学治理体系的变革与治理能力的提升中，将愈益发挥更加重要的作用。特别是在当前我国加快推进大学治理体系和治理能力现代化、建设高等教育强国的新时代背景下，对大学基层学术组织及其治理应该付诸更多的研究和关注。大学作为人才培养、科学研究、社会服务、文化传承创新、国际合作交流等基本职能发挥的前沿阵地，对大学整体性功能发挥的支撑作用进一步突显，对学术人的凝聚力进一步增强，对学术文化氛围的营造进一步坚实。然而，在时代大潮风雷激荡、高等教育在民族振兴和富国兴民中的战略地位不断凸显的新形势下，面临国际高等教育更加激烈的竞争态势和高等教育时不我待的历史机遇，我国大学基层学术组织生态系统与世界一流大学的理想样态之间还存在较大差距。以组织生态学的视野审视之，大学基层学术组织生态系统及其治理还存在诸多有待解决的现实问题。一方面，大学办学利益相关者过高的期待与过多的要求叠加在大学基层学术组织之上，不仅在一定程度上削弱了大学基层学术组织内部各要素及其与外部环境之间的协同能力，也使大学基层学术组织出现结构碎片化与功能失耦的生态系统异化问题。大学基层学术组织"以学术为志业"的主体性精神旨趣不断遭到削弱；另一方面，重外力轻内生、重局部轻整体、重眼前轻长远的体制机制障碍，往往导致大学基层学术组织的学术性被行政化的科层逻辑所遮蔽，从而偏离学术本位。因此，在加快"双一流"建设、推动大学治理现代化背景下，如何进一步消解大学基层学术组织生态系统异化风险，构建共生共荣的生态系统，以激活大学底层的"学术生态治理力"，促进大学学术本位的回归，是历史之问、时代之问，也是大学治理的实践之问。

本书基于大学基层学术组织的生态系统隐喻，借鉴生态学及其基本原理，结合系统科学、管理学、哲学等多学科知识，建构理论分析框架，分别基于学系、学院、学科门类及大学整体的调查，进行应然样态的理论思辨分析、实然现状的问题调查分析及异化反思的策略应对分析，尝试为构建"学术生态治理力"所激发的大学基层学术组织生态系统提供参考和借鉴。本书共分为四部分八个章节：

第一部分包括第一章导论。本部分对大学基层学术组织生态系统治理的研究缘起、研究目的、研究意义、研究现状等进行分析，对相关核心概念进行界定，进而确定本书的主要内容；从研究假设、研究设计、研究对象、研究方法及技术路线方面呈现本书的研究过程，以确保研究的真实有效。即把大学基层学术组织生态系统的不同层级乃至整体视为一个复杂生态系统，运用文献分析、访谈调查、内容分析等方法，在获得相关现实信息、经典资料和前沿成果的基础上，进行实证分析，通过对要素及其关系的全面动态性考察把握大学基层学术组织生态系统生成演进的历史规律、存在的现实问题，对其异化的诱因进行因果分析，提出治理的路径框架，并以 A 校为实践案例进行实际操作分析。

第二部分包括第二章。本部分对大学基层学术组织生态系统治理的理论基础与分析框架进行探究。理论是行动的先导。要真正探究大学基层学术组织生态系统的内在生态因子及生态关系，破解大学基层学术组织生态系统生成演进的内在机理，就有必要基于生态学及生态系统的相关理论，建构新的理论分析框架。本书在对生态学的基本原理及生态系统的相关理论进行分析的基础上，统整自组织理论、生态位理论、边缘效应理论及生态平衡理论等生态学相关理论，建立立体式的理论分析框架。在纵向上，从大学基层学术组织个体、种群、群落以及整体维度分析大学基层学术组织生态系统；在横向上，从大学基层学术组织生态系统的价值、结构、功能及演替等维度考察大学基层学术组织生态系统。

第三部分包括第三、四、五、六章。本部分分别从大学基层学术组织个体、种群、群落和整体生态系统维度，对其应然样态进行分析、对实现现状做出调查，对异化情况进行反思。第三章从自组织的视角，对大学基层学术组织个体生态系统的应然样态进行分析，表征为明确使命的自开放、创新涌现的自催化、契约理性的自创生等特征，通过基于学系的调查，分析组织使命"模糊化"、权力结构"圈层化"和政策规制"外生化"等过度他组织的实然现状。基于对学系的调查，对多元主体参与治理的能动性不足、学科交叉融合的协同性不够、学术制度规范的契约性淡化等个体生态系统异化进行反思。第四章从生态位竞合的视角，对大学基层组织种群生态系统的应然样态进行分析，表征为"偏利共生"和"互利共生"的生态位竞合等特征，基于对学院的调查，分析"空巢组织"加剧干扰性竞争、"近缘组织"引起排斥性竞争、"山头组织"诱发利用性竞争等生态位重叠的实然现状。在学院视角下，对价值定位不清、结构同质化、职能重复设置等种群生态系统异化进行反思。第五章基于学科门类交叉融合的视角，对大学基层组织群落生态系统的应然样态进行分析，表征为"加成作用"促进学科和谐共生、"集肤作用"促进学科互通交流、"协合作用"促进学科协同创新等特征，基于对学部的调查，分析学部促进学科交叉融合的现状及功能受阻等边缘效应缺失的群落生态系统的实然现状。在学部视角下，对国家行动主导下大学学科交叉融合的本体逻辑弱化、科层管理主导下大学学科交叉的组织模式僵化、学术利益主导下大学学科交叉的文化生态失衡等群落生态系统异化进行反思。第六章基于大学内外生境协同共生的视角，对大学基层组织生态系统整体的应然样态进行分析，表征为结构动态稳定、输入输出平衡、具备自我调控能力等特征，基于41所世界一流大学建设高校的调查，分析世界一流大学建设高校方案中的组织跨边界情况及生态系统整体内外失衡的实然现状。在大学组织视角下，对"科层建制"导致的物理边界固化、"逐利行为"导致的社会边界失灵、"门户之见"导致的心理边界扩大等生态系统整体异化进行反思。

第四部分包括第七、八章。第七章在第三部分问题调查和原因分析的基础上，尝试建构大学基层学术组织生态系统整体性治理框架。对标世界一流大学，以激发"学术生态治理力"为目的指向，以学术权力的优化配置为切入点，把握大学基层学术组织生态系统整体性治理的生态逻辑，即促进生态系统整体的价值导向更加澄明、结构在垂直和水平维度一体优化、功能在对接国家需求中实现动态循环、演替在遵循生命周期规律中实现跃迁。第七章分别从个体、种群、群落及生态系统整体性治理维度，聚焦文化维系、生态位、边缘效应以及边界跨越，推动生态整体性治理实现生态因子自创生、组织种群竞合共生、学科交叉融合以及内外平衡的整体性任务目标，从而提出明确的使命导向、强化战略凝聚，健全规章制度、激发主体作用，创新组织模式、促进学科交叉，加强文化维系、回归制度契约，重构系统边界、实现共生共荣五个方面的现实路径，以建立更具活力、能够适应高质量发展的大学基层学术组织生态系统。第八章以 A 校基层学术组织生态系统治理的探索历程作为案例，分析大学基层学术组织生态系统治理路径的具体实施。本书通过对 A 校新型 PI 制学科组织模式创新的历程及现状进行深描，探讨其取得的成效及存在的问题，凝练出强化学科组织的人才培养功能、实施全过程的科研监管评价机制、平衡学科组织团队的权责配置、营造良好的学科组织生态环境四个方面的调适路径，分析总结了 A 校在新型 PI 制实施过程中所体现出的生态逻辑，即分层竞合的生态系统结构逻辑、催化循环的生态系统功能逻辑、分段统一的生态系统演替逻辑。同时，通过对 A 校新型 PI 制实施过程的探讨还提出大学基层学术组织生态系统的整体性治理尚需加强学校层面的统筹谋划、实施超越绩效的组织评估、增强学术人事制度的柔性三方面的条件保障。通过第八章的分析，为大学基层学术组织的生态系统治理提供实践性的参考借鉴。

本书是笔者在一段时间里的理论分析、实地观察和实践调查的研究成果，书稿的完成除有赖于笔者的努力外，还得益于学界多位专家学者的点拨和启迪。特别是本书从撰写到完成的整个过程，得到全国教育科学规划办公室全国教育科学"十三五"规划国家青年基金项目的资助，得到东北师范大学教育学部各位老师、各位领导及同事的大力支持，得到中国社会科学出版社的精心指导，也得益于为本书调查研究部分提供便利的各位学界同仁的鼎力相助,在此谨向他们表达诚挚的谢意!

由于大学基层学术组织生态系统的变革演进持续时间长、异质性强、多因素交织,加之生态学理论体系驳杂深邃,要真正深入研究,绝非一夕之功能够完成。因此,本书虽已成稿,也仅仅是对这一领域的管窥蠡测。同时,由于水平所限,时间仓促,书中难免存在诸多疏漏与不足之处,恳请各位读者同仁批评指正!

目 录

第一章 导论 ………………………………………………………… (1)
　一 研究缘起与问题提出 ……………………………………… (1)
　二 研究目的与意义 …………………………………………… (4)
　三 文献综述 …………………………………………………… (7)
　四 概念界定 …………………………………………………… (20)
　五 研究过程 …………………………………………………… (31)

第二章 理论基础与分析框架 …………………………………… (43)
　一 生态学及其基本原理 ……………………………………… (44)
　二 生态学及生态系统相关理论 ……………………………… (48)
　三 理论分析框架 ……………………………………………… (56)

第三章 激活大学基层学术组织个体生态系统 ………………… (86)
　一 基于个体生态系统自组织的应然样态 …………………… (87)
　二 过度他组织的实然现状:基于学系的调查 ……………… (94)
　三 学系视角下的个体生态系统异化反思 …………………… (102)

第四章 形塑大学基层学术组织种群生态系统 ………………… (110)
　一 基于种群生态系统生态位竞合的应然样态 ……………… (111)
　二 生态位重叠的种群生态系统实然现状:基于
　　　学院的调查 ………………………………………………… (117)
　三 学院视角下的种群生态系统异化反思 …………………… (124)

第五章　重构大学基层学术组织的群落生态系统 …………（132）
　　一　基于学科门类交叉融合的群落生态系统应然样态 …………（133）
　　二　边缘效应缺失的群落生态系统实然现状：基于
　　　　学部的调查 …………………………………………………（137）
　　三　学部视角下的群落生态系统异化反思 …………………（148）

第六章　统合大学基层学术组织生态系统整体 ………………（158）
　　一　基于大学内外生境协同共生的生态系统整体应然样态 ……（159）
　　二　与内外部生境协同不足的生态系统整体实然现状 …………（163）
　　三　大学组织视角下的生态系统整体异化反思 ………………（175）

第七章　建构大学基层学术组织生态系统整体性治理框架 ………（181）
　　一　找准生态系统整体性治理的目的指向与切入点 …………（182）
　　二　把握大学基层学术组织生态系统整体性治理的生态逻辑 …（191）
　　三　锚定大学基层学术组织生态系统整体性治理的任务目标 …（197）
　　四　完善大学基层学术组织生态系统整体性治理的现实路径 …（203）

第八章　A校基层学术组织生态系统治理的案例分析 ……………（219）
　　一　A校新型PI制学科组织模式创新的历程及现状 …………（221）
　　二　A校新型PI制学科组织模式创新的成效及问题 …………（226）
　　三　A校新型PI制学科组织模式创新的调适 …………………（232）
　　四　A校新型PI制学科组织模式创新的生态逻辑 ……………（235）
　　五　A校新型PI制学科组织模式创新的条件保障 ……………（239）

结　语 ……………………………………………………………（246）

参考文献 …………………………………………………………（250）

附　录 ……………………………………………………………（259）

第一章

导　　论

一　研究缘起与问题提出

（一）研究缘起

当前，席卷全球的新冠疫情仍未彻底消散，对人类影响更为深远、严重的危机——生态危机也正在恶化。北美夏季的持续高温，西欧肆虐的暴雨洪水和东亚的沙尘暴天气，西伯利亚、东地中海频发的森林大火，南极冰川的加速消融仿佛还都只是对未来的预演。全球性的生态危机特别是气候问题的加剧像是一柄达摩克利斯剑，高悬在人类头顶，给人类的未来投下"拂之不去"的阴影。与之相伴随，生态文明得到前所未有的珍视。人们日益清楚地认识到，通过资本主义式的开采、生产和消费虽然推动了人类的"进步与发展"，但这种方式从根本上破坏了地球生态系统，是不可持续的。虽然在 21 世纪初人类就已经接收到科学家关于碳排放引发全球生态系统崩溃并终将危及人类自身的危险警醒，但是人类固守在"凌驾于自然之上"的等级和以剥削关系建基的"人类世"错觉中，运用智慧"管控"和"支配"世界的自信心膨胀，使"人类中心主义"的观念根深蒂固，就"仿佛我们还有一只脚踩在生态系统之外"。幸运的是，惨重的生态灾难已经促使当代人深度觉醒。我们需要一段时间的反思才能摆脱生态系统的存在是为人类服务的错觉，需要认识到人类的命运是与地球上其他所有生物、要素和力量密不可分地联系在一起的。正如联合国教科文组织充满激情地展望的：到 2050 年，人类根植于生态系统之中的观念将深入人心。到那时，人类将更为深刻地认识到"我们不仅是社会性的，更是生态性的生物"①。我们每一个人都不仅是生态旁观者和"操刀手"，而且是早已深深嵌入生态系统之中的生态局内人。不可否认的是，一个新的绿色发展和生态文明倡行的时代悄然来临了。

自古以来，中华民族优秀传统文化中就蕴含着"天人合一""民胞物与""生生不息"等朴素生态思想和生态智慧。西方许多思想家和科学家也不约而同地把目光转向了东方，从中国古代道家的"道法自然"和儒家的"中庸""仁和"思想中吸收生态智慧，并加以时代阐发与探索实践。党的十八大以来，生态文明建设被纳入"五位一体"总布局中。"绿水青山就是金山银山"理念深入人心，绿色发展成为新发展理念的重要组成部分。更为重要的是，党的十九大报告首次提出要"创建绿色学校"。这是生态文明建设理念在中国教育制度领域的明确表述，对大学管理以及组织治理具有重要的启示意义。党的二十大报告指出，"中国式现代化是人与自然和谐共生的现代化"，并进一步明确了推动绿色发展，促进人与自然和谐共生的生态文明建设战略任务。事实上，作为一个学科的生态学不仅在自然科学中得到重视，践行绿色发展理念、推进生态文明建设也已成为全社会践行的共识和行动。经过漫长的演进，在社会科学中得到引入并为后者带来了思想与方法的根本性转变。而这其中则包括对管理学当然也包括对教育管理学思想的"沾溉润泽"。传统生态文明中所蕴含的生态管理思想，对其当下语境中实现现代转化更具现实意义。

对于现代大学而言，它是"一个具有生命特征的文化机构，它保存、传播和丰富了人类文化。它像动物和植物一样地向前进化，所以任何类型的大学都是遗传和环境的产物"②。大学治理问题可上溯至大学组织诞生之始。检视世界800余年包括中国百余年的现代大学发展史不难发现，它不仅是一部矢志坚守大学本质、彰显大学职能的追寻史，也是一部不断完善治理体系、提升治理能力的现代大学制度探索史。在世界高等教育变革风起云涌，中国式高等教育改革发展不断加快的新形势下，大学

---

① Common Worlds Research Collective, *Learning to Become with the World*: *Education for Future Survival*, https://unesdoc.unesco.org/ark:/48223/pf0000374032?posInSet=1&queryId=N-EXPLORE-a91a76268681-4670-a335-d61e34364f47.

② ［英］埃里克·阿什比：《科技发达时代的大学教育》，滕大春等译，人民教育出版社1983年版，第51页。

作为一种特殊生态系统的存在，其内部子系统以及子系统之间也必然产生相应的变化。特别是多元巨型大学的出现，使大学治理问题变得更趋复杂和棘手，也使大学治理问题本身变得更加重要和引人注目。著名高等教育学家伯顿·克拉克早就指出，高等教育中最佳的学术与管理端点是基层。作为一种组织形态的存在，大学亦是由名目繁多、类型多样的更小单位的学术组织组成，这即便是从相对微观的视角审视大学组织也不难得到的印象。然而，检视近年来国内高等教育管理研究，相对于硕果累累的大学组织学术史，大学基层学术组织的学术史却非常短暂。根据中国知网数据库数据，明确提出大学基层学术组织概念的第一篇论文发表在20世纪80年代。如果以此为起点，国内学界对大学基层学术组织的集中关注也不过有近40载的历史。并且已有研究往往聚焦在大学基层学术组织的"细部"或"个别样态"方面，对处于高等教育治理最前沿、最基层而又最具活力的"一线经验"则疏于采集，对大学基层学术组织生态系统的整体性治理关注较少，对大学组织系统底部形态各异的"局域生态系统"关注不够。

（二）问题提出

伯顿·克拉克指出，大学是以知识为材料、学科为单元的学术组织，学科是大学学术组织存在的核心特征。作为大学宏观生态系统中最为基本的组织单位，大学基层学术组织对于大学治理体系和治理能力现代化的作用日益受到重视。然而，正如有学者所言："中国高等教育改革所缺少的不是顶层设计和总体规划，而是基层的活力，重启高等教育改革必须强化大学自身勇于创新的积极性和主动性，而非政府关于高等教育改革的总体方案、路线图和时间表。"[①] 在资源有限、时间亦不充足的竞争形势下，集中分散资源、加强顶层设计和总体规划固然不谬，但过度依赖于"顶层设计"而轻"底层自发"，在现代大学治理体系再造的背景下，忽视大学底部生态的重构，忽视对大学基层学术组织变革的基本规律的遵循，难免有建造现代大学治理体系的"空中楼阁"之嫌。对大学基层学术组织的治理也在一定程度上仅仅是对某一种类或某一个大学基

---

① 王建华：《重启高等教育改革的理论思考》，《高等教育研究》2014年第5期。

层学术组织进行零敲碎打的修补，而缺少从整体上对大学基层学术组织进行系统的修复和完善。

大学基层学术组织是大学开展目的性活动的最前沿，也是大学发展变革的动力源泉。伯顿·克拉克认为，大学的转型首先是大学的基层发生变化，因为"大学工作的重点都在基层，抵抗力总是自下而上，巨头们难以长期控制"①。大学基层学术组织居于大学组织底层，有大量教师和学生分布其中，是各种观点、意见的汇集地。就大学生态系统整体而言，基层学术组织较少受到外部政策的约束，也因此存在更多的自主空间，相对容易成为现代大学制度建设创新最为有利的试验田。大学基层学术组织生态系统治理的应然样态为何？实然样态又怎样？出现了何种异化现象及病灶？在深化大学治理改革、加快推进"双一流"建设的时代背景下，亟待思考的问题是，如何运用新的理念、辨识新的问题、探寻新的路径，进而对大学基层学术组织生态系统进行合理有效的治理，从而达到善治？

二 研究目的与意义

（一）研究目的

一是为中国大学基层学术组织治理提供生态学理论分析视角。现代组织理论认为，虽然组织并不完全是理性的，但具有通过规则集合理性与力量的群体性特征，这为组织学家们把组织与生物群体联系起来创造了条件。与大学之外的其他组织类似，大学基层学术组织本身也存在可以理清的"规则"，正是这些"规则"将大学的理性学术人聚合成不同类型的基层学术组织，从而在大学这样一个特定的场域之内，织就了一张学科知识体系的生态之网。大学基层学术组织变革的特殊角色定位，使其在探索大学治理结构变革中具有先行先试的优势。② 在此情况下，以大

---

① ［美］伯顿·克拉克：《建立创业型大学——组织上转型的途径》，王承绪译，人民教育出版社 2003 年版，第 3 页。
② 吴叶林、崔延强：《建设高等教育学一流学科的逻辑与路径选择》，《大学教育科学》2020 年第 5 期。

学基层组织作为探讨的直接对象，从生态学视角认识大学基层学术组织，将生态化治理理念和方式引入大学组织治理之中，深入研究大学基层学术组织生态系统的要素构成、结构层次及实现规律，符合现代管理学和组织理论的发展。

二是总结凝练中国大学基层学术组织生态系统治理的内在逻辑。"逻辑是形塑一流学科成长的内在动力和根本力量，只有对逻辑发展趋势进行深刻把握才能推动学科成长。"不可否认的是，大学基层学术组织生态系统的生成演替是一个多因素互利共生、协同共进的过程。因此，应对大学基层学术组织生态系统进行人为干预，应着眼长远、进行系统设计，运用生态理论、生态逻辑对其生成演进的生命周期历程实施干预，推动学科组织由个体自组织、自创生状态过渡到群体之间的协同创新，从而实现学科组织由简单到复杂、由低级到高级的"螺旋式"上升。进一步深化对大学基层学术组织生态治理的认识，实现整体、协调和可持续的治理。

三是为推动中国大学内涵式高质量发展提供支撑。在当今时代高新技术加速更新迭代，科技、教育、人才竞争日趋激烈的背景下，学科知识分化综合的速度不断加快，以资源配置为目标的管理手段和组织形式已经不能很好地适应这一变化，激发大学学术心脏地带的生机和活力成为大学治理的关键性课题。然而，在新的历史背景下，大学基层学术组织生态系统出现异化现象，引发权力生态官僚化、结构生态碎片化、文化生态功利化等现实问题，造成学科知识体系的人为割裂，使置身其中的学术人异化为"经济人"或"行政人"，难以固守"学术志业"，危及大学基层学术组织应有功能的发挥，导致组织之间的失耦甚至冲突，阻碍大学治理体系和治理能力的现代化建设，制约大学内涵式高质量发展。

为此，有必要加快大学内部治理制度和治理方式的变革进程，对大学基层学术组织生态系统的治理问题开展深入探究，以实现大学内部治理体系中权力、资源、信息等的有效配置，适应大学组织整体性变革的时代需要，为激活大学基层学术组织制度的动力和活力提供可行性路径。

（二）研究意义

本书以大学基层学术组织生态系统的治理为核心问题，基于现实剖析与历史透视、理论阐释和实践应用、本土传统与国外借鉴的相互结合，在对大学基层学术组织的个体、种群、群落及生态系统的应然样态进行系统性构想的基础上，把握大学基层学术组织不同层次生态系统的要素构成、层次结构及其运行规律，明确大学基层学术组织生态系统的治理在大学治理体系和治理能力现代化中的价值定位。以期突破现有大学治理重宏观与中观布局而轻微观观照，重"应然范式或逻辑推理"而轻"缘何如此或实际怎样"，重个体分析而轻整体统摄的现象。本书拟从大学基层学术组织生态系统中的个体、种群、群落和生态系统整体入手，在推进大学治理体系现代化的背景下，探究实现大学基层学术组织生态系统治理的理论依据与实践策略。

在理论意义方面，本书在一定程度上对大学治理的相关理论进行了本土化阐释和发展。当前，教育功利主义导致教育组织的技术性和工具性功能被无限放大，而教育的组织属性等却受到忽略。对高等教育的理论建构与政策实践也难以从教育的组织属性入手，对大学基层学术组织生态系统的治理存在朦胧、缺少统筹甚至"头痛医头脚痛医脚"的问题。由于路径依赖等方面的原因，在中华人民共和国成立一段时期里建立的大学组织形态还不能很好地适应学术的生长与发展。本书基于生态学的理论视域，围绕组织协作共生、组织种群关系、组织间协作与竞争网络、组织群落之间的交叉融合，以及大学生态系统与社会内外部生境的关系，聚焦不同层级生态系统的应然样态、实然现状及存在问题，以激发"学术生态治理力"为目标进行理论建构，有利于弥补既有研究注重从个体、局部出发探讨大学基层学术组织生态系统治理的不足，对大学基层学术组织生态系统的治理进行整体的、动态的、联系的考察，丰富关于大学治理问题的研究内容，对本土化的大学治理理论进行一定的补充。

在实践意义层面，一是有利于优化大学底层治理结构，构建良善的大学内部治理体系。伴随着高等教育简政放权的深入推进，大学办学自主权不断扩大，但其治理生态的失衡和异化，对学术生态治理力的彰显形成阻滞，本书大量的实证调查研究，可以为大学底层治理和内部生态的构建，提供可靠的现实支撑，有利于进一步理清大学基层学术组织生态系统运行关系与变革机制，为保障大学内部各治理主体各归其位、互动协作提供参考，从而促进大学基层学术组织生态系统的优化运行。二是有利于明晰大学基层学术组织生态系统的功能定位，优化整体性学术功能，激发学术生产力。在加强基础学科、新兴学科、交叉学科建设，加快建设具有中国特色、世界一流的大学和优势学科进程中，大学基层学术组织所面临的环境发生了极大改变，大学基层学术组织的功能也日渐多元化和复杂化，推动大学内涵式高质量发展和服务经济社会发展的需求日益增加。因此，唯有从中国大学的现实语境出发，以大学基层学术组织生态系统的治理为突破口，构建良善的外部治理生态，使大学内部基层学术组织与外部多元利益相关者形成互利共赢关系，才能形成动态、多样、共生的生态系统，促使大学乃至整个高等教育治理系统的总体优化。

三 文献综述

（一）大学基层学术组织治理研究

1. 国外的相关研究

国外学者对大学基层学术组织治理的研究主要散见于关于高等教育研究的相关文献中。自 20 世纪五六十年代以来，战后经济复苏为美国高等教育发展创造了条件。由于招生人数的激增，大学规模急剧扩张，内部管理变得更为复杂。对大学组织的研究也日渐引起学界的重视。伯顿·克拉克、约翰·卡尔森[1]、斯特鲁普[2]、鲍德里奇·维克多[3]、迈克尔·科恩和詹姆斯·马奇[4]等学者，先后从社会学、管理学、政治学和文化学等多个视角，对大学组织的矩阵结构、科层特点、自治属性、政治和文化属性、行政权力与学术权力的分化整合等进行了探讨，提出大学内部组织结构分析及其治理的多种模型。伯顿·克拉克认为，组织是高等教育的本质特征，高等教育组织的心脏是"各门学科和各个事业单位

---

[1] John J. Corson, *Governance of Colleges and Universities*, New York: Mc Graw-Hill, 1960.
[2] Herbert Hewitt Stroup, *Bureaucracy in Higher Education*, New York: Mc Graw-Hill, 1966.
[3] Baldridge J. Victor, *Power and Conflict in the University: Research in the Sociology of Complex Organizations*, New Jersey: John Wiley & Sons, Inc., 1971.
[4] ［美］迈克尔·D. 科恩、詹姆斯·G. 马奇：《大学校长及其领导艺术：美国大学校长研究》，郝瑜主译，中国海洋大学出版社 2006 年版。

之间形成的相互交织的矩阵"①。这种矩阵结构使学术和行政两条脉络相互交织，工作、信念和权力三个要素贯穿其中，形成了高等教育系统内部成千上万个相互联系的"交叉点"，这些为学术人所占据的"交叉点"即是不同层级的基层学术组织。高等教育方面的工作在这些"交叉点"上得以完成，学科和事业单位的生产力在此得以汇聚。20世纪70年代末，随着市场竞争机制和治理理论在公共组织管理中的引入，通过技术实现大学和学院内部组织单元之间的流动管理受到重视。② 20世纪80年代末，马斯兰德、蒂尔尼、博奎斯特等学者将大学组织文化概念与当时兴起的"文化模型"结合起来，在大学组织的文化表征③、院校组织的文化维度④、学院的文化类型⑤等方面发表系列成果，极大地丰富了大学基层学术组织的文化治理理论。20世纪90年代至今，由于世界高等教育竞争的加剧，大学所面临的来自世界环境的复杂变迁和挑战前所未有。研究者在对传统模式进行修正的基础上，提出适应模型、背景模型、创业模型⑥、企业模型⑦。这些模型都是采取系统的视角来看待大学组织变革及其与环境之间关系的调整。总之，基于组织学视角的相关研究，从不同维度为深入认识大学基层学术组织的本质特性奠定了基础，为大学基层学术组织生态系统的治理提供了理论依据。

2. 国内的相关研究

国内大学基层学术组织治理是在大学治理的研究中逐渐分离出来的

---

① [美]伯顿·克拉克主编：《高等教育新论——多学科的研究》，王承绪等译，浙江教育出版社2001年版，第129页。

② [美]马文·彼得森：《大学和学院组织模型：历史演化的视角》，阎凤桥译，《北京大学教育评论》2007年第1期。

③ Masland T. Andrew, "Organizational Culture in the Study of Higher Education," *Review of Higher Education*, Vol. 8, No. 2, Winter 1985.

④ William G. Tierney, "Organizational Culture in Higher Education: Defining the Essentials," *The Journal of Higher Education*, Vol. 59, No. 1, 1988.

⑤ William H. Bergquist, *The Four Cultures of the Academy: Insights and Strategies for Improving Leadership in Collegiate Organizations*, San Francisco: Jossey-Bass, Inc., 1992.

⑥ [美]伯顿·克拉克：《建立创业型大学：组织上转型的途径》，王承绪译，人民教育出版社2003年版。

⑦ Massimiliano Vaira, "Globalization and Higher Education Organizational Change: A Framework for Analysis," *Higher Education*, Vol. 48, No. 4, 2004.

新领域。自 20 世纪 50 年代以来，在借鉴国外大学治理研究已有成果的基础上，孙绵涛、刘献君、张德祥、张应强、胡建华、眭依凡、秦惠民、别敦荣、赵俊芳、周光礼等高等教育学相关领域的学者，从权力协调、资源配置、制度建设和组织架构等维度，对现代大学治理开展了持续深入的探讨。特别是近十年来，周玲、李福华、尹晓敏、欧阳光华、郭为禄、林炊利、李维安、王世权、张正军、胡建华、刘爱生等学者，从大学治理的理论基础、结构、组织框架和历史演进等视角，对大学基层学术组织治理进行了较为全面的研究。孔捷、丁建洋、汤智、李小年等对牛津大学、剑桥大学、哈佛大学和耶鲁大学等世界顶尖名校的治理经验进行了全方位梳理和借鉴研究。在此类研究成果中，对大学基层学术组织的关注几乎都有涉及，并逐渐从大学治理研究中凸显出来，成为聚焦大学治理研究的显在问题。

就专门开展大学基层学术组织研究来看，相对于国外自 20 世纪初便开始对其进行持续关注，关于国内大学基层学术组织的研究则起步于晚近的 20 世纪 80 年代。中国知网数据库数据显示，国内关于大学基层学术组织的第一篇研究论文是关于大学教研室建设的。从 1996 年开始，国内有关大学基层学术组织的研究文献数量呈逐年攀升态势，到 2003 年前后增长迅猛。近十年论文的年刊发量就超过 100 篇。[①] 其中，陈彬、陈何芳是国内较早关注大学基层学术组织治理问题的学者。对大学基层学术组织的历史演进、职能、特性进行了深入探究。[②] 其后，袁广林、蔡珍红、伍醒、沈瑞林等研究者，从知识论视角提出遵循知识演进逻辑，建立协同共治的组织治理路径。[③] 向东春[④]、杨明[⑤]等研究者，对大学基层学术组织的本质特征进行了考辨。马廷奇、项聪[⑥]、张鹏等学者从国家、市场

---

① 杨朔镔：《学科·学术·学人：我国大学基层学术组织研究的热题表征与进路预判》，《现代教育管理》2018 年第 10 期。
② 陈何芳：《大学基层学术权力探析》，《清华大学教育研究》2003 年第 5 期。
③ 沈瑞林：《我国高校基层学术组织变革及其路径探究——基于伯顿·克拉克高等教育系统理论视角》，《江苏高教》2016 年第 1 期。
④ 向东春：《大学基层学术组织的属性透视》，《高等工程教育研究》2006 年第 5 期。
⑤ 杨明：《论中国高校基层学术组织创新的问题和对策》，《浙江大学学报》2010 年第 6 期。
⑥ 项聪：《我国高校基层学术组织变迁的制度逻辑——基于历史制度主义的分析》，《中国高教研究》2011 年第 6 期。

和大学本身等不同主体视角，探寻大学基层学术组织变革发展的内外部因素。胡成功①、祁占勇②等对大学基层学术组织治理现状进行了调查分析，指出大学基层学术组织建设存在形式单一、学术权力弱化、教学与科研融合不够等问题。马陆亭③、史秋衡、蔡珍红、姚荣等学者认为，应针对大学基层学术组织学术本位偏离的问题，建立"互动式"法权结构，回归学术逻辑，推进"学术型"自治向"创业型"自治转型。叶飞帆、张秀萍、何凤梅等研究者从组织网络视角，提出优化人事管理、权力下放和中心下移等变革路径。马骁、李雪、孙晓东④和解德渤、崔桐⑤等研究者，从学术人的视角提出营造职业文化、学术精神和组织文化、推进基层学术组织学术自治的制度化程序化等治理路径，激发基层学术组织活力。郭贵春，张秀萍、张弛⑥，胡赤弟、解德渤等学者，基于科教融合、产学研互动、组建学术团队、建立新型教研组织的视角，提出通过学科的交叉融合实现基层学术组织的重塑和有效治理。尤为值得一提的是，以宣勇、凌健⑦等为代表的学者，围绕大学学科组织化问题开展了持续研究，并完成了大量富有前瞻性意义的成果。他们提出大学学科是"依据知识的具体分类开展科学研究、人才培养及社会服务的大学基层学术组织"，倡导应整合原有基层学术组织，实现学科组织化与建制化，进而基于学科组织建构、学术组织结构、学术运行机制，提升大学的知识创新能力。钱颖一从大学校院两级权力的分化与整合的视角，对学院治

---

① 胡成功：《高等学校基层学术组织现状与问题——全国231所高等学校问卷调查报告》，《高等教育研究》2003年第6期。

② 祁占勇：《高等学校学术权力本位治理结构的现实困境与逻辑路向》，《高等教育研究》2011年第2期。

③ 马陆亭：《大学章程地位与要素的国际比较》，《教育研究》2009年第6期。

④ 马骁、李雪、孙晓东：《新文科建设：瓶颈问题与破解之策》，《中国大学教学》2021年第1期。

⑤ 解德渤、崔桐：《我国高校学科建设的制度意蕴、困境与创新》，《现代教育管理》2021年第7期。

⑥ 张秀萍、张弛：《基于开放式创新的研究型大学基层学术组织科研模式》，《研究生教育研究》2011年第2期。

⑦ 宣勇、凌健：《"学科"考辨》，《高等教育研究》2006年第4期。

理进行了专门研究与实践探索，也为本书提供了重要启示。①

（二）生态学视角下的大学治理研究

1. 生态学及组织生态学的相关研究

1866 年，生态学开创者、德国动物学家海克尔首先提出"ecology"一词，意为研究生物与栖息环境相互关系的科学。② 至 19 世纪末，生态学逐步由早期对生物个体或物种的关注，拓展到对生物群落、生物圈整体的关注，产生了"生态位""食物链""金字塔营养结构""生态系统"等概念。20 世纪 50 年代后，随着世界性生态危机与环境问题的爆发和世界环境保护思潮的兴起，生态学开始与自然科学和社会科学广泛结合，产生了影响深远的"社会生态学""人类生态学"。"把社会结构和人类的相互影响，看作各种动态系统的一个复杂的网络，这些动态系统本身既是完整的系统，同时也是这个网络中相互联系着的部分。"③ 20 世纪 70 年代之后，历经几十年的哲学、伦理学和价值观层面的反思，形成了"深层生态学"等新的生态学流派。④ 在颠覆人类中心主义，重塑人与人、人与自然关系的同时，进一步强化了对世界的整体性认识。⑤ 在此基础上形成的世界观更加强调"事物的相互联系、相互依赖和相互作用的整体性"⑥，并形成了运用生态系统整体性观点观察和理解现实世界的生态学方法和思维方式。⑦ 国内学者佘正荣、雷毅、刘本炬、王耘、盖光、陈红兵等在对国外生态哲学进行研究的基础上，从生态价值、人的生存、生态学方法论、马克思主义生态哲学等不同角度，对传统哲学进行符合

---

① 钱颖一：《学院治理现代化：以清华大学经济管理学院为例》，《清华大学教育研究》2015 年第 3 期。

② 邹冬生、高志强主编：《当代生态学概论》，中国农业出版社 2013 年版，第 1 页。

③ ［美］弗·卡普拉、查·斯普雷纳克：《绿色政治——全球的希望》，石音译，东方出版社 1988 年版，第 59—60 页。

④ Arne Naess, "The Shallow and the Deep, Long-Range Ecology Movement: A Summary," *Inquiry*, Vol. 16, No. 1, 1973.

⑤ Fox Warwick, "Deep Ecology: A New Philosophy of Our Time," *The Ecologist*, Vol. 14, No. 5, 1984.

⑥ 董玉宽：《科学发展观与生态伦理》，辽宁人民出版社 2013 年版，第 40 页。

⑦ 余谋昌：《生态哲学》，陕西人民教育出版社 2000 年版，第 32 页。

时代精神的重构,对本书也具有方法论借鉴意义。国内外学者对生物群落、种群的层次结构和原理、生态系统的发展与进化等生态学基本概念的研究,为本书的撰写提供了重要启示。① 与此同时,国内学者对生态学的自组织发育机制、合作进化机制、群体动力学、竞争与共生、生态位竞合、生态链的富集与降衰、生态循环、"花盆效应"等原理和规律也开展了系统化研究②,为架设"科学与社会学之间的桥梁"奠定了基础。在生态学相关理论中,诸多学者在生态系统理论、生态位理论、边缘效应理论等重要理论分支方面也展开了持续有效的研究,并取得丰硕的研究成果。

在此背景下的 20 世纪六七十年代,伴随着世界现代工业和信息化技术的发展,组织之间的联系更加紧密,相互协作和竞争的关系更加普遍。这导致组织生存与发展对于外界环境的依赖性越来越强,组织生态学作为这一时期非常有影响力的组织学流派就此诞生。③

组织生态学理论主要着眼于长时间跨度的组织结构形成要素,力图从组织种群和组织群落历时演化的角度,探寻组织演化的普遍规律。斯坦福大学社会学教授迈克尔·汉南和加利福尼亚大学伯克利分校教授约翰·弗里曼合著的《组织生态学》,基于对美国工会、半导体制造企业、旧金山海湾地区报业集团以及加利福尼亚州饭店组织种群的数据调查,将"设立或进入—成长—死亡或退出"引入社会组织的发展路径和演化过程,探究社会组织及其变化的基本问题。④ 既首次提出了密度依赖原理、组织生态位原理、结构惰性原理、竞争排斥原理、环境承载力效应、资源分割理论等组织生态学的基本理论,又尝试以生命周期的方式考察组织种群演化的动态性,开启了组织生态学研究的先河。其后,一大批

---

① [英]迈克尔·贝根、[新西兰]柯林·R.汤森、[英]约翰·L.哈珀:《生态学——从个体到生态系统》,李博等主译,高等教育出版社 2016 年版。
② [英]罗伯特·梅、安吉拉·麦克莱恩:《理论生态学:原理及应用》,陶毅等译,高等教育出版社 2010 年版。
③ 井润田、刘丹丹:《组织生态学中的环境选择机制研究综述》,《南大商学评论》2013 年第 2 期。
④ [美]迈克尔·汉南、约翰·弗里曼:《组织生态学》,彭璧玉、李熙译,科学出版社 2014 年版,第 64—79 页。

学者从组织建立和死亡的比率①，组织建立与消亡的模型建构②，组织层级划分③和种群演化④，密度依赖⑤、组织建立⑥、组织死亡以及多样化组织概念⑦等领域，进一步发展了组织生态学理论。近年来，国外学者还重点围绕组织生态经济学、市场网络组织、组织的跨边界生存、职业生态学、组织内生种群的变化等方面开展了更为广泛的研究，但研究对象主要针对宏观的社会组织。⑧

2. 教育生态学的相关研究

随着生态学学科知识的发展分化和教育理论研究者对生态学理论的自觉转化应用，教育生态学应运而生。国外教育生态学起源于人类生态学与社会生态学的研究范畴。19 世纪 30 年代，沃勒、布朗芬布伦纳⑨、比尤斯等学者对课堂、学校和社会中个体行为与环境的关系进行了生态学研究。

20 世纪 70 年代，教育生态学研究进入了兴旺时期。1976 年，美国教育家劳伦斯·克雷明在其著作《公共教育》中首先提出"教育生态学"概念，并强调教育是一个有机的、复杂的、统一的系统，且系统各因子之间有机联系而又动态地呈现为一致与矛盾、平衡与不平衡的机制。⑩ 与此同时，埃格尔斯顿、费恩、坦纳、沙利文等学者从教育与环境的生态关系视角，对学校教育生态和区域教育生态进行了研究。

---

① G. R. Carroll, *Ecological Models of Organizations*, Cambridge, MA：Ballinger, 1988.

② Jitendra Singh, *Organizational Evolution：New Directions*, Newbury Park, CA：Sage Publications, 1990.

③ J. A. C. Baum, J. V. Singh, *Evolutionary Dynamics of Organizations*, New York：Oxford University Press, 1994.

④ 梁磊、邢欣：《论组织生态学研究对象的层次结构》，《科学学研究》2003 年第 12 期。

⑤ M. T. Hannan, G. R. Carroll, *Dynamics of Organizational Populations：Density, Legitimation, and Competition*, New York：Oxford University Press, 1992.

⑥ Joel A. C. Baum, T. L. Amburgey, "Organizational Ecology," Joel A. C. Baum, *The Blackwell Companion to Organizations*, Oxford：Blackwell, 2002.

⑦ 姚耀、骆守俭：《西方组织生态理论研究综述》，《上海商学院学报》2006 年第 3 期。

⑧ T. L. Amburgey, H. Rao, "Organizational Ecology：Past, Present, and Future Directions," *Academy of Management Journal*, Vol. 39, No. 5, October 1996.

⑨ Urie Bronfenbenner, *The Ecology of Human Development：Experiments by Nature and Design*, Cambridge, MA：Harvard University Press, 1979.

⑩ ［美］劳伦斯·克雷明：《公共教育》，宇文利译，中国人民大学出版社2016 年版。

20世纪八九十年代以来，以古德莱德、鲍尔斯、诺尔·高夫、约翰·米勒等为代表的学者，提出学校是一个生态系统，应统筹各生态因子，加强学校课程生态、教学生态和文化生态的管理，加强学校与社会生态的网络有机联系。[①] 同时，在借鉴国外已有成果的基础上，李聪明[②]、任凯、白燕[③]、吴鼎福、诸文蔚[④]、王加强[⑤]等国内学者，对教育生态学和教育组织生态学进行了研究，促进了生态学原理在教育中的应用。特别值得一提的是，范国睿的《教育生态学》[⑥]《共生与和谐：生态学视野下的学校发展》[⑦]等专著以及系列论文，对教育生态学的基本原理，教育生态环境对教育系统的影响，教育生态系统内部能量、信息流动和发展动力，教育生态研究方法等进行了持续研究，有关成果对本书也有较大的借鉴意义。

组织生态学界对教育组织生态学也进行了相关研究。教育组织生态学认为，学校作为社会组织不仅受到经济社会等外部环境的作用，对外部环境也产生了反作用。迈克尔·汉南与约翰·弗里曼在《组织生态学》一书中也提到，组织的动态变化决定着社会变革的速度和方向，甚至整个社会适应环境变化的能力也取决于个体组织的反应以及组织种群的多样性。他们认为，美国教育体系中组织种群的多样性对美国社会经济变化产生了重要的影响。同时，学校作为一个生态组织系统，其内部网络的复杂性与宏观的教育体制改革密切相关。总体而言，国内外关于组织的研究进一步丰富了组织生态学的理论框架和研究方法，为教育组织生态的研究提供了重要启示。但其研究主要集中在经济学和管理学等宏观组织生态领域，对组织系统内部微观生态结构的研究较少。

3. 高等教育生态学相关研究

生物学家出身的著名高等教育学家埃里克·阿什比于20世纪60年代

---

① Lisa A. Petrides, Susan Zahra Guiney, "Knowledge Management for School Leaders: An Ecological Framework for Thinking Schools," *Teachers College Record*, Vol. 104, No. 8, December 2002.
② 李聪明：《教育生态学导论——教育问题的生态学思考》，台湾学生书局1989年版。
③ 任凯、白燕：《教育生态学》，辽宁教育出版社1992年版。
④ 吴鼎福、诸文蔚：《教育生态学》，凤凰出版社传媒集团2000年版。
⑤ 王加强：《学校变革的生态分析》，南京师范大学出版社2011年版。
⑥ 范国睿：《教育生态学》，人民教育出版社2000年版。
⑦ 范国睿：《共生与和谐：生态学视野下的学校发展》，教育科学出版社2011年版。

正式提出了"高等教育生态学"的概念,对国际高等教育研究产生了巨大影响。在《技术与学术:关于大学和科学革命的论文集》《大学的社区》《英国、印度和非洲的大学》《科技发达时代的大学教育》等系列著作中,他提出著名的"遗传环境论",指出"任何类型的大学都是遗传与环境的产物"①。这一命题既强调了高等教育体系和生物系统一样具有遗传和环境适应的特质,又强调了高等教育体系的"内在逻辑"来自于对两种传统力量的坚守,即"反对任何变革的习惯势力以及大学工作者所深信的教育目标"②。这两种力量是社会环境迫使高等教育体系在做出改变时会遇到的遗传阻力。尤其是埃里克·阿什比关于科技革命对英国大学内部治理体系冲击的描述和阐释,是高等教育生态学思想中较为少见的直接关于大学基层学术组织变革的论述,也为本书探讨外部生境变化对大学基层学术组织生态系统生成演进的作用提供了思路。受埃里克·阿什比的影响,西方高等教育生态学的相关研究大都集中在对高等教育生态主体与环境之间关系的研究上。特别是近年来,这方面的成果主要集中在对高等教育生态环境变迁的反思上,包括对课程、学习生态环境建构的反思。比如,有学者针对当前高校所面临的办学成本增加、公共资助不断削减、学生多元化、外部生态环境急剧变化等问题,呼吁"重塑大学"③。有学者认为,当前新技术、新类型学生的出现和工作要求的变化已经开始动摇高等教育传统的治理结构和过程,并激发新型组织模式的产生。高等教育组织主导的专业模式正在被基于市场力量和管理逻辑的模式所取代。高等教育长期以来的生态场域要么被塑造,要么被破坏。④ 有学者通过调查认为,发展中国家高等教育的机构和系统被置于凸显公共利益的理念所框定的社会生态之中,这导致其自身发展定位模糊,所以应简化关系、明确角色和规则、改进数据分析、注重质量而非数量,以建立一种

---

① [英]埃里克·阿什比:《科技发达时代的大学教育》,滕大春等译,人民教育出版社1983年版,第7页。
② [英]埃里克·阿什比:《科技发达时代的大学教育》,滕大春等译,第139页。
③ W. K. Michael, L. S. Mitchell, *Remaking College: The Changing Ecology of Higher Education*, Stanford, CA: Stanford University Press, 2015.
④ W. R. Scott, Manuelito Biag, "The Changing Ecology of U. S. Higher Education: An Organization Field Perspective," *Research in the Sociology of Organizations*, Vol. 46, No. 2, February 2016.

新的高等教育社会生态。① 也有学者从课程生态视角，提出建构参与型高等教育课程与伙伴关系。② 还有学者着眼于在非正式学习空间中进行自我调节的学习③、参与式生态学习方式的应用④等微观学习生态环境的研究。

  国内对高等教育生态学的研究起步于20世纪90年代末，主要从高等教育生态观、学术生态、生态环境、可持续发展等视角展开。杨移贻将学术生态定义为由"学术—人—环境"共同构成的与外界不断进行能量、物质和信息交换的自组织结构系统，参与学校活动的人处于一定的环境之中，结成一定的群体，而"学术"是系统的生态功能，即追求的目标。⑤ 杨连生、陈素姗、乔锦忠、徐建军等研究者对大学学术组织特性、学术生态失衡及治理、学术生态环境建构等问题进行了探讨。牛东红、王磊⑥、许刚等围绕"生态大学"的建构，运用组织生命周期理论，对研究型大学创新学术团队的内涵、要素、环境、生命周期等进行深入探究，并提出打破基层学术组织的学术壁垒，重构大学基层学术组织的思考。王梅、张梅珍⑦等研究者提出学科生态系统的概念，尝试建构学科生态系统的理论分析框架与发展模型，并在坚持可持续、系统和协同发展的原则下，提出自组织和竞争与互补等学科协同进化方式，进行学科生态的重构。何绍福、吴叶林、沈亚平等⑧运用生态学理论，从宏观视角对中国

---

  ① William G. Tierney, Nidhi S. Sabharwal, "Re-imagining Indian Higher Education: A Social Ecology of Higher Education Institutions," *Teachers College Record*, Vol. 120, No. 5, December 2016.

  ② Carol A. Taylor, Catherine Bovill, "Towards an Ecology of Participation: Process Philosophy and Co-creation of Higher Education Curricula," *European Educational Research Journal*, Vol. 120, No. 5, October 2017.

  ③ Kimberly S. Scott, Keeley H. Sorokti, Jeffrey D. Merrell, "Learning 'beyond the Classroom' within An Enterprise Social Network System," *Internet and Higher Education*, Vol. 29, No. 4, April 2016.

  ④ M. Harvey, D. Coulson, A. McMaugh, "Towards A Theory of the Ecology of Reflection: Reflective Practice for Experiential Learning in Higher Education," *Journal of University Teaching and Learning Practice*, Vol. 13, No. 2, April 2016.

  ⑤ 杨移贻：《知识经济时代的学术生态》，《教育发展研究》1999年第12期。

  ⑥ 王磊：《大学创新学术团队生命周期初探》，《高等教育研究》2007年第5期。

  ⑦ 张梅珍：《行业特色大学综合改革进程中的学科生态重构》，《中国高教研究》2015年第12期。

  ⑧ 沈亚平、陈良雨：《高等教育治理现代化的生态位困境及优化策略》，《中国高教研究》2016年第3期。

高等教育急剧发展所带来的质量失衡、区域失衡、结构失衡等生态困境提出优化策略，探索适应高等教育生态环境变化的系统管理模式与运行机制。与此同时，随着高等教育生态学研究的日益深入，一批专著和博士学位论文集中对高等教育生态系统的生态特质、大学生态治理等论题展开研究。贺祖斌在《高等教育生态论》一书中，就生态系统的关联性、适应性、共生性、平衡性、遗传性与变异性以及可控性等方面展开研究，尝试建立整体性的生态观，并对高等教育系统的生态承载力、生态区域发展、生态环境等方面进行了系统分析。郭丽君在其专著《高等教育生态学引论》中将中国高等教育生态系统分为宏观高等教育生态系统、高等学校生态系统和课堂生态系统三个层次，基于系统原理和生态平衡原理尝试构建高等教育生态分析框架。

4. 大学生态治理的相关研究

大学生态治理方面的相关研究，主要从大学宏观生态环境、大学内部生态治理、大学学术生态治理、大学文化生态治理等维度展开。一是围绕大学宏观生态环境，李军、孟丽菊①等对高校间的竞争排斥、竞争重叠、竞争回避、竞争分离等原理进行了阐述，对大学—政府—市场关系体现出的双重生态位关系进行了揭示。王凯运用生态系统理论，探索构建强化产学间知识网络嵌入性关系、提升产学知识协同创新绩效的协同创新机制。② 杨同毅、龙梦晴等围绕大学内部生态治理，基于生态学的个体、种群、群落和系统等层次，对大学人才管理、人才培养质量进行了生态学分析。王梅、郭树东等对学科进化和种间竞争等生态关系进行了研究，并尝试建构了仿真模型。许刚对高校科研团队所处的内部生态环境进行研究，从个体、团队和学术环境三个层面提出高校内部科研团队等基层学术组织的优化路径。③ 二是围绕大学学术生态治理，刘贵华在《大学学术发展研究——基于生态的分析》一书中，立足生态哲学与大

---

① 孟丽菊：《基于生态位理论的大学—政府—市场关系研究》，博士学位论文，大连理工大学，2009年。
② 王凯：《区域创新生态系统情景下产学知识协同创新机制研究》，博士学位论文，浙江大学，2016年。
③ 许刚：《高校科研团队学术生态系统分析与优化》，博士学位论文，河北工业大学，2012年。

学教育思想改革的思考，将"主体与环境""遗传与变异""平衡与失衡""共生与竞争"等生态学核心范畴作为研究工具、研究对象和研究视角，对大学"学术生态"开展深入研究，提出学术共同体的信念、活动与成果受到校内外生态环境的影响等创新性观点及学术生态模式，对本书有重要的借鉴意义。耿益群的《自由与和谐：大学教师学术生态研究》结合中外教师生态建构对大学教师学术生态的内外部因素进行了分析，探索构建良性大学教师学术生态的可行性路径。三是围绕大学文化生态治理，戴联荣认为，大学处于内生态和外生态的共生之中，文化生态是大学知识人的精神生长和大学精神复归的重要外部生态。[①] 张绍荣基于布迪厄的生态场域理论，将大学文化生态分解为教学、学术和管理文化生态，提出平衡联系、互利共生、有机聚合以及整体谐动、互动共生和资本转化的特征，倡导实施以大学文化各生态要素多元重组关联而成的场域治理。[②] 此外，还有学者运用生态学有关理论，对大学整体治理和战略规划等进行了研究。李维安、王世权的《大学治理》一书，对大学内部行政权力和学术权力形成的权力生态进行中外比较研究，提出应从促进二者的匹配进行大学治理。[③] 张庆辉在《生态学视野中的大学战略管理》一书中认为，生态学不仅是一种理论，而且是在生态科学与复杂科学结合的基础上形成的一种思维方式，因此生态世界观的整体性思维、价值性思维和过程性思维对大学战略管理具有重要的方法论意义。[④]

（三）简要述评

综观国内外已有的关于大学基层学术组织生态学、高等教育生态学研究成果，生态学理论视角和生态治理理念的引入，对于认识教育组织系统内部及其与外部环境之间的关系，解决大学基层学术组织生态系统治理过程中存在的生态失衡问题，提供了较好的参考借鉴。尤其是在中

---

① 戴联荣:《大学生态：文化人格共生和建构》，博士学位论文，南京师范大学，2005年。
② 张绍荣:《走进精神场域：信息时代大学文化生态治理研究》，中国社会科学出版社2017年版。
③ 李维安、王世权:《大学治理》，机械工业出版社2013年版。
④ 张庆辉:《生态学视野中的大学战略管理》，中国海洋大学出版社2016年版。

国推进高等教育治理体系和治理能力现代化、加快"双一流"建设的背景下,对大学基层学术组织生态系统的结构惰性、生态位、种群演化、外部环境等内外部生境的认识还有较大空间;对大学基层学术组织生态系统内部以及组织之间的权力错位、职能重叠、环境恶化等生态问题的关注还需深入;对构建自我意识明确、管理重心下移、组织结构扁平、组织运行网络化、充满动力和活力的大学基层学术组织生态系统,还需进一步探索。

一是本土化理论研究相对滞后。一方面,现有研究多以借鉴20世纪六七十年代伯顿·克拉克等高等教育学家的理论为主,在本土化的理论创新上还有较大空间。对于以埃里克·阿什比等学者为代表的高等教育学家的教育生态学思想以及国外组织生态学的相关理论缺少系统借鉴。另一方面,具体运用大学基层学术组织生态系统治理实践的本土化理论研究成果还不多见。国内已有研究成果主要集中在高校"211工程""985工程""2011计划"以及"双一流"建设等重大政策的颁布实施前后,其他时间段的成果则相对较少。这在一定程度上表明,国内大学基层学术组织的变革主要受到国家宏观政策环境的较大影响[①],而本土化理论研究的自觉性还需进一步强化。

二是研究中的史论结合还有待进一步加强。"教育历史离不开一系列的具体历史事件,教育历史事实和史料是认识和理解教育历史的客观基础"[②],认识和理解教育历史的根本目的在于揭示、把握其发展的内在规律。任何一种教育组织制度的诞生和消亡是多种因素长期影响和作用的结果,大学基层学术组织制度的诞生和变迁亦是如此。大学基层学术组织生态系统的生成演替历程与人们对它的认识也存在历史的和逻辑的一致性。因此,对大学基层学术组织生态系统的考察应站在历史的视角上,历时性地探究影响其变迁的内在机制和外部影响因素。

三是对大学基层学术组织生态系统的整体研究还相对欠缺。已有研究从权力、文化和功能视角对大学基层学术组织生态系统本身进行治理

---

① 杨朔镔:《学科·学术·学人:我国大学基层学术组织研究的热题表征与进路预判》,《现代教育管理》2018年第10期。

② 郭元祥:《教育的立场》,安徽教育出版社2009年版,第349页。

探讨得较多，而对大学基层学术组织生态系统如何以结构的优化实现功能的提升还探讨得不够；从学科、学系、教研室、研究所等基层学术组织个体视角，对大学基层学术组织生态系统的治理探讨得较多，而从相互之间的关系以及系统整体的视角，对大学基层学术组织生态系统内部各组成单元、组织之间以及与外部环境之间的关系研究得较少，对如何构建充满生机和活力的网络化组织体系探讨得不够。

四　概念界定

（一）大学基层学术组织

"大学基层学术组织"这一术语，虽然在目前的官方政策文本中尚未明确出现，但在中国高等教育管理和高校治理研究中已经成为一个约定俗成的固定术语。作为一个功能性存在的语言符号，它指涉一定的事物，表达一定的含义。语言学家索绪尔认为，语言符号由"能指"与"所指"两个方面构成，"能指"由"音响形象"构成，"所指"是该音响形象反映在头脑中的抽象概念。但语言符号的能指与所指之间的关系并不严格对应，具有"任意性"，随着主体的心理经验、思想意识或外部语境的变化而游移变迁。[①] 因为"大学基层学术组织"所包含的类型繁复、层级多样、内容各有不同，所以这一概念的"能指"极为丰富。要理解"大学基层学术组织"这个语言符号的具体内涵，就需要牢牢把握其"所指"的唯一性。

伯顿·克拉克的相关论述曾深刻揭示出大学基层学术组织的三个方面的显著特征：其一，位于大学的最底层，是基本单位；其二，随着知识的专业化将更加分化和松散；其三，大学基层学术组织遵循学科或专门知识的逻辑。因此，大学基层学术组织的概念意涵着重体现在"组织""学术"和"基层"三个限定性关键词上。

"组织"是从组织学的视角审视大学基层学术组织的基本限定。《现代汉语辞海》对组织的解释是"按照一定的宗旨和系统建立起来的

---

① ［瑞士］费尔迪南·德·索绪尔：《普通语言学教程》，高名凯译，岑麒祥、叶蜚声校注，商务印书馆1980年版，第101—105页。

集体"①。这具有三重意蕴：一是组织具有明确的目标和任务；二是强调群体性，是非个人的形态；三是组成组织的内部各个单元之间存在协调配合的关系。在高等教育管理学中，组织被界定为"作为实体的组织"和"作为活动过程的组织"两方面含义。前者是名词，是指一种组织结构的安排及表现形式；后者是动词，是指一个组织的结构如何设计和组织机构如何设置。② 以高深知识作为基本操作对象的基层学术组织在进行教学、科研和社会服务活动时，其专门化程度日益提高，各个知识领域的聚集形式越来越松散，不断走向分化，朝着松散型结构方向演化。

"学术"表征大学基层学术组织是以学术传承、学术创新和学术应用为志业的"学术人"组成的大学内部"学术共同体"。大学从根本上讲是一个学术组织，"学术"首先表明大学基层学术组织是将大学置于学术组织的基本前提和外在框架下进行思考的。因此，大学基层学术组织生态系统是大学内部基于知识的专业化而建立的非线性系统，无法用投入和产出的线性关系来进行衡量，由此决定了大学基层学术组织不同于采用追求权力执行效率的政府机关的科层制结构，也不同于企业为追求经济利益而采用的多元利益相关者治理结构。而且，从"学术"的视角来看，大学基层学术组织可分为两类：一类是围绕学科和专业而建立的相对固定的基层学术组织；另一类则是面向问题而建立的相对松散的基层学术组织。③ 还有学者将大学学术共同体分为自发性和制度性两种类型样态，即自发性学术共同体和自主性学术共同体。前者指由学者自发组织的类似于"小作坊"式的机构，如师缘团队、学科团队或项目团队；后者指由学校各职能部门在制度范畴内设立的组织。需要特别指出的是，"学术"与"科研"在一些语境中会被混用，所以人们往往将大学基层学术组织等同于大学基层科研组织，这是对这一概念外延的窄化。需要强调的是，本书中的"学术"并不仅仅等同于"科研"，而是如前所述包含着

---

① 《现代汉语辞海》编辑委员会：《现代汉语辞海》，中国书籍出版社2003年版，第127页。
② 薛天祥：《高等教育管理学》，广西师范大学出版社2001年版，第219页。
③ 魏小琳：《治理视角下大学基层学术组织的重构》，《教育研究》2016年第11期。

教育教学、社会服务等更为丰富的内涵。

"基层"表明大学基层学术组织是大学组织内部结构中最为底层和基础性的结构。《现代汉语词典》对"基"的解释是"起头的""根本的","基层"是各种组织中最低的一层，跟群众的联系最直接。① 伯顿·克拉克对学术组织分层学说的影响深远。他认为，大学基层学术组织就是指在从组织的视角划分大学学术系统部类时稍窄一些的群类，"即一般称之为讲座（chair）、研究所（institute）和学系（department）的群类，是基本的建筑块料或操作单位"②。他将高等教育系统大致划分为底层结构，即以学科为主的层次；中层结构，即院校这一层次；上层结构，即系统这一层次。他还指出："底层结构由许多操作单位组成，它们存在于大学和学院内部，其中较大的操作单位可以是学部、学院和准学院。"③ 借鉴伯顿·克拉克的分层系统，可将大学组织系统划分为学校、学部及院系三层。作为基层的学术组织，主要承担教学、科研和社会服务的具体活动。需要特别指出的是，由于中国大学组织具有行政化色彩，因此中国大学基层学术组织具有行政的属性。特别是隶属于学院以及部分科研平台的学术组织表现得更为明显。目前国内大学的学院院长和部分大学直属的科研平台一般都是具有行政级别的处级单位。

结合上述研究，本书的大学基层学术组织是指大学内部组织体系中基于二级学科建立的、具有稳定结构的、最为底层的学术组织，是担负大学人才培养（学术传承）、科学研究（学术创新）、社会服务（学术应用）、文化传承创新（学术文化）和国际交流合作（学术开放）等系统功能的"学术共同体"④。知识形态的学科是大学基层学术组织的内在组成"质料"，知识形态学科的分化整合也是大学基层学术组织变革、演替、发展的根本动力。大学基层学术组织之间因知识形态的学科而形成

---

① 《现代汉语词典》（2002 年增补本），商务印书馆 2004 年版，第 585 页。
② ［美］伯顿·克拉克：《高等教育系统——学术组织的跨国研究》，王承绪等译，杭州大学出版社 1994 年版，第 42 页。
③ ［美］伯顿·克拉克：《高等教育系统——学术组织的跨国研究》，王承绪等译，第 229 页。
④ 目前学界有知识形态学科和组织形态学科的界分。如无特别说明，本书中的"学科"一般是指知识形态的学科，"学科组织"则主要指组织形态的学科。

组织生态体系，相互关联，共生共荣。需要指出的是，本书所指的大学基层学术组织目前通常是以系、研究所、实验室命名的组织形式，因科研团队、项目组、学术论坛等一般不是基于二级学科建立的组织形式，故不纳入本书研究范围；单个教学科研人员不能被称为基层学术组织，因为其不具有组织所应有的结构；由多位学术人员组成的学术会议等非常设组织形式也不被认为是基层学术组织，因为其缺少稳定的组织结构；大学设立的从事学科咨询服务的校办公司也不属于基层学术组织，因为它们的组织目标主要在于获取经济利润，不属于以学术为志业，围绕学术使命而开展学术活动的"学术共同体"。

学院一般是基于一级学科设立的大学基层学术组织种群依托的载体，但其本身并不是本书所指称的基层学术组织，因为它不仅是大学学术管理机构中的一个层级，其主要负责人也都具有行政职级，而且其内部通常设置多个基于二级学科建立的、更为基层的学术组织，不符合"基层"的辨别指标。因研究的需要，本书基于学院的视角，对大学基层学术组织种群生态系统的存在样态和问题进行考察。

学部一般是基于多个学科门类设立的大学基层学术组织群落所依托的载体，但其本身并不是本书所指称的直接的基层学术组织，因为它不仅是大学学术管理机构中的一个层级，其主要负责人也都具有行政职级（通常由某个学院的院长或副校长兼任），加之其内部通常包括多个基于一级学科设置的学院或基于二级学科设置的基层学术组织，因此也不符合"基层"的辨别指标。因研究的需要，本书基于学部的视角，对大学基层学术组织群落生态系统的存在样态和问题进行考察。

作为生态系统的学校包括不同层级，不同形式的大学基层学术组织，严格来说，其内部既包括了大量学术行政组织、专门技术组织，也包括了大量在职能和性质上介乎二者之间的学术决策咨询组织。本书根据实际研究的需要，在不同语境中聚焦其不同特质。比如，在运用生态系统理论将大学组织视作生态系统进行探讨时，主要的研究对象是作为基层学术组织集合的大学。在对大学组织中的科层制、行政化进行探讨时，主要的研究对象是作为学术管理机构的大学。

（二）大学基层学术组织生态系统

"生态"一词源于古希腊语，原本是指生物的"住所"或"栖息地"状态。后来发展为指称生物在一定自然环境下生存、发展的态势，以及生物与环境之间的相互关系，也指生物的生理特性和生活习性。因此，"生态"在实质上是一种关系的复合体。生物物种的生存态势指生物物种个体的健康状态、生物物种繁衍或栖息场所的状态以及个体之间关系的状态。生物物种的发展态势是指基于生物物种的生存状态以及与生存环境的关系状态对生物物种未来发展的预测。现代意义上生态的内涵不仅局限在生物的生存和发展态势上，还进一步扩展到生物之间及其与环境之间的相互关系上。因此，"生态"不仅作为名词使用，产生了诸如自然生态、政治生态、社会生态、教育生态、学科生态、文化生态、制度生态等名词术语，还作为形容词被普遍使用，如生态农业、生态社区、生态大学、生态牧场、生态场域等，也包含人与自然、人与社会、人与人之间的相互关系，有美好、生动、和谐、共生的意境。

1935年，在"生态学"一词诞生近70年之后，英国植物学家坦斯利在将生态学与系统科学结合的基础上提出"生态系统"的概念，极大地丰富了生态学的内容，并逐渐成为生态学理论的核心。自然界中的生态系统一般是指由生物群落及其生存环境共同组成的系统。在自然生态系统中，生物群落同其生存环境之间以及生物群落内不同种群之间不断进行着物质交换和能量流动，并处于相互作用和相互影响的动态平衡之中。[①] 按照这一认识，在一定范围内，具有相同基因的物种被称为物种个体；在相同时空内的某种生物物种个体的总和被称为种群；在相同时空内，不同生物种群组成的复合体被称为群落。同样，在相同时空内，任何一个生物种群与周围非生物环境形成的统一体就是生态系统。在现代生态学中，生态系统被认为是在一定时空范围内生命系统和环境系统共同形成的综合体。

"生态系统"这一概念在组织研究中作为一个强有力的隐喻，有助于

---

① 《大辞海》"环境生物学"，http：//www.dacihai.com.cn/search_index.html？_st=1&keyword=生态系统。

处理当代组织环境的复杂性，并实现向共生与共进化的组织网络迈进。①现代社会生态学认为："任何一个社会系统，只要有人类活动，就会构成人与周围事物的关系，从而形成一种特定的生态。"② 大学基层学术组织生态系统是基于与自然生态系统的对比和模拟而提出的。根据生态的含义和特质，它包括人、社会和自然等在内的一切与生命现象相互关联的领域，都遵循组成部分普遍联系且相互作用的规则，且通过物质循环、能量流动和信息传递维持系统平衡。在对自然生态进行认识的基础上，以人和组织等为构成主体的社会生态也具有相似的特征。在一定的时空中，大学基层学术组织生态系统及其之间的关系结构和自然生态系统相似，不仅与环境之间进行着物质和信息的交流，其内部各个组织以及与环境之间也一直进行着物质、能量和信息的交流，形成一个稳定的关系集合体。

大学基层学术组织类型多样、结构多元、影响因素复杂。作为一种独特的"生命有机体"，每一个大学基层学术组织都是一个包含多个组成部分或因素的生态系统。这一系统不仅有着自己的组织边界和组织使命，而且具有相对稳定的结构、功能和演替，并具有内在自生、新陈代谢和环境适应的基本特质。因此，任何一所大学的基层学术组织不应仅仅被视作一个具有单一层次和结构的组织，而是处于大学这一独特环境中，以学术人群体为基本构成单元，以开展教育教学、科学研究、社会服务、文化传承创新和国际交流合作等学术活动为载体，由自然环境、社会环境、人文环境以及心理环境等多种因素的共同作用形塑而成的生态系统。它与自然系统之间存在着大量的相似性。从系统论视角来看，大学基层学术组织生态系统符合系统有机关联性、层次性、结构性、功能性等特征，大学基层学术组织生态系统具有与生物群落高度相似的成长性、竞争性、环境适应性、周期性等特征。这也为借鉴生态学的相关理论构建大学基层学术组织生态系统的治理体系提供了可行性和适切性（见表1—1）。

---

① G. Fragidis, A. Mavridis, A. Vontas, A. Koumpis, K. Tarabanis, "A Proposed Conceptual Framework for the Study of Research Ecosystems," *2008 2nd IEEE International Conference on Digital Ecosystems and Technologies*, September 2008, pp. 71–76.

② 王铭玉：《高校学术生态文明之构建》，《中国高校科技》2016年第6期。

表1—1 自然生态系统与大学基层学术组织生态系统的共性特征

自然生态系统		大学基层学术组织生态系统	
研究对象	特征	研究对象	特征
基因	具有稳定性和连续性的基本遗传单位,存在于细胞的染色体上	学术知识	大学基层学术组织赖以存在的信息载体
物种	具有相同基因的生物个体	单个基层学术组织	围绕二级学科分化整合及相关活动形成的系统
种群	在相同时空中,同类物种个体所组成的复合体	同类基层学术组织	围绕一级学科分化整合及相关活动形成的系统
群落	在相同时空中,不同类物种种群所组成的复合体	不同类型基层学术组织	围绕学科门类交叉融合及相关活动形成的系统
生态系统	在特定环境下,生物群落和非生物群落所组成的复合体	基层学术组织与环境形成的系统	基于学术组织整体与环境形成的系统
物质、能量和信息传递	生态系统内部物质、能量和信息的流动与转移	物质、能量和信息传递	物质、能量、信息等在组织群落中的流动与转移
环境	影响生物个体与群体生活的一切事物,可分为生物环境或非生物环境	环境	大学组织系统、高等教育系统或社会环境系统
协作	种群为适应环境而进行的合作活动	协同	大学基层学术组织系统共同开展与学术有关的活动
进化	种群里的遗传性状在世代之间的变化	演进	大学基层学术组织生态系统的"学术生态治理力"不断提升

"系统流主要包括物质流、能量流和信息流。"① 在一定的时空中，大学基层学术组织生态系统和自然生态系统一样，不仅其内部子系统之间、系统与其他系统之间以及系统与环境之间，时刻进行着物质、能量和信息的交流，与外部环境之间也发生着同样的作用。大学基层学术组织生态系统在吸收外部环境中的物质、能量和信息，获得自身生存和发展的同时，为外部环境输送人才、学术成果以及文化产品。在内部环境的各种生态因子和外部环境的各种生态因子相互作用、影响下，最终演进成为物质、能量和信息动态平衡的生态系统。

基于此，大学基层学术组织生态系统是以学科知识的分化整合为联结网络、以学术活动的社会化存在方式为载体，由不同层级基层学术组织相互之间的关系及其与环境交互作用形成的关系集合，是用来描述大学基层学术组织个体、种群、群落之间及其与环境相互作用、协同共生的建制化组织体系。

（三）治理

治理是伴随着西方以"多中心治道变革"为主题的新公共管理运动和政府职能大转变的趋势而兴起的一种新的管理理念和思维模式。英语中的治理"governance"，其原意为引导、控制和操控，主要被运用于政治学领域。

20 世纪 90 年代，在经济全球化、公民社会兴起、第三部门力量壮大以及信息技术飞速发展的背景下，在公共服务管理领域产生了两方面问题：一方面，由于国家发展方式的转型，传统的全能型政府无法有效提供更多优质的公共服务与产品，人们渴望用新的社会发展方式来增进公共服务的效率；另一方面，由于企业内部信息不对称而引发的委托—代理问题，阻碍了对公司股东和利益相关者权益的更好保障。面对政府和市场对公共资源配置手段的失灵，治理被赋予新的含义，成为一种指导公共行政和公共管理的重要机制。1995 年，联合国全球治理委员会在《我们的全球伙伴关系》中对治理做出界定："治理是各种公共的或私人

---

① ［美］W. 理查德·斯科特、杰拉尔德·F. 戴维斯：《组织理论——理性、自然与开放系统的视角》，高俊山译，中国人民大学出版社 2012 年版，第 101 页。

的个人和机构管理其共同事务的诸多治理方式的总和，它是使相互冲突的或不同利益得以调和并且采取联合行动的持续过程。"① 这实际上是对"治理"进行了一系列动态性界定。

国内学者俞可平较早对治理展开研究，并将权责划分的制度化安排纳入"善治"的基本构成要素中，使其具有了丰富的本土内涵。② 与此同时，2013 年 11 月，党的十八届三中全会颁布的《关于全面深化改革若干重大问题的决定》将"完善和发展中国特色社会主义制度，推进国家治理体系和治理能力现代化"作为全面深化改革的总目标正式提出，对于中国政治乃至社会主义现代化事业有着重要的理论和现实意义。③ 2019 年 10 月，党的十九届四中全会提出，要构建系统完备、科学规范、运行有效的制度体系，把中国制度优势更好转化为国家治理效能。④ 近年来，"治理"逐渐突破政治学领域，成为一个更具广泛性应用意义和社会实践价值的热点议题。随着"治理"概念在管理学领域的引入，特别是在现代企业管理中，治理作为一种理念的引入，对解决由于信息不对称所带来的委托—代理问题产生了效用。治理逐渐被视为对管理的升华，并成为超越"统治""管理"等传统概念内涵的新管理学概念。尽管不同领域对治理概念的界定千差万别，众说纷纭，但治理主体的多元化、责任界限的模糊化、治理过程的博弈化、自主自治的网络化成为不同流派治理理论的共同特征。更为重要的是，与"管理"不同，治理更为强调主体的多元化、方式的协商性和激励的兼容性。同时，更为广义上的关于"治理"的概念认识，被赋予两大意义特征：其一，多元主体的存在以及治理方式；其二，多元主体之间存在民主、协作和妥协的精神。总之，治理不是通过一套制度来实施单一的控制，而是一个持续的、上下互动的协调过程。

---

① 全球治理委员会：《我们的全球伙伴关系》，牛津大学出版社 1995 年版，第 23 页。
② 俞可平主编：《治理与善治》，社会科学文献出版社 2009 年版，第 10 页。
③ 中共中央：《关于全面深化改革若干重大问题的决定》，http://www.gov.cn/jrzg/2013-11/15/content_ 2528179. htm。
④ 中共中央：《关于坚持和完善中国特色社会主义制度 推进国家治理体系和治理能力现代化若干重大问题的决定》，http://www.gov.cn/zhengce/2019-11/05/content_ 5449023. htm。

虽然治理理论的出现与政府和企业组织相关，但对于追求学术自由与学术规范相统一、遵循教育自身规律与资源配置效益并存的大学组织，同样产生了深远影响。"教育治理中的多元主体参与是教育管理民主化与科学化的内在统一，体现了教育管理现代化的本质要求。"① 2021 年，中共中央、国务院印发《中国教育现代化 2035》，提出"大力推进教育理念、体系、制度、内容、方法、治理现代化"。具体从"提高教育的法治化水平和政府管理服务水平，健全教育督导体制机制，提高学校自主管理能力，推动社会参与学校管理和教育评价"② 等维度，推进教育治理体系和治理能力现代化。在教育治理现代化和"双一流"高校建设的背景下，治理理念的引入，不但可从静态上促进大学组织形成一套协调各利益相关者的治理结构，也可从动态上推动大学组织实现不断优化演进。大学作为学术组织，具有自身鲜明的学术特性，无论是组织的构成要素，还是组织的结构和功能，都与政府类和企业类的社会组织不同。尤其是作为大学组织内部最为重要的"细胞"和学术"终端"，大学基层学术组织生态系统具有相对松散的结构、追求学术权责平衡的权力诉求以及倡导自主自治的精神禀赋，一般性的治理理论和治理方式并不完全适用，需要在借鉴的基础上不断进行调适改进，从而达到"因时制宜""因地制宜""因事制宜"的治理效果。

对生态系统的治理借用生态学的核心理念，强调一个生态系统中的各个参与者为了维持自身的利益和生态系统的可持续发展而共同参与到治理过程中来。对生态系统的治理既体现为对生态系统本身的治理，又体现为基于生态思维、生态逻辑和生态路径的治理。对生态系统的治理不同于"财产—契约"的市场化治理，也不同于"命令—服从"的科层治理。其倡导的核心价值是"依赖—合作"，"依赖"表征一种开放的、互惠互利的行动基调和氛围，"合作"表征各个参与者都是积极的、充满

---

① 褚宏启、贾继娥：《教育治理中的多元主体及其作用互补》，《教育发展研究》2014 年第 19 期。
② 中共中央、国务院：《中国教育现代化 2035》，http：//www.gov.cn/xinwen/2019 - 02/23/content_ 5367987. htm。

自信和活力的。对生态系统的治理强调，在多个参与主体之间建立一种和谐共生、互惠互利、互帮互助的生态关系，从而达到有序有为、朝气蓬勃、欣欣向荣的效果。

就大学基层学术组织生态系统的治理而言，从语法上看，"大学基层学术组织生态系统"是"治理"的宾语，"治理+大学基层学术组织生态系统"是动宾结构。即是说，将生态的理念和价值融入大学基层学术组织生态系统治理的全部架构之中。在此意义上，本书所要研究的生态系统治理的基本内涵是如何以生态化的手段和方式，对大学基层学术组织生态系统进行治理。因此，本书的生态治理是指在遵循高等教育规律和组织生态学规律的基础上，运用生态学的理念、思维和策略，对大学基层学术组织生态系统的内部构成要素、不同层级系统之间的关系以及系统与外部环境的关系进行再造。具体而言，治理的目标是追求善治和良治；治理的主体既包括代表政府的教育管理服务机构等参与大学管理的"利益相关者"，又包括大学基层学术生态系统中的教师和学生等参与大学办学的"利益相关者"，还包括参与大学监督评价的"利益相关者"；治理的对象既包括各层级系统内部要素的关系，也包括组织生态系统的价值、结构、功能及演替，以及组织生态系统与环境之间的关系；治理的策略是以权力的重新优化配置为突破口，既包括从纵向上对大学基层学术组织生态系统与其他利益相关者之间的关系进行调整，也包括从横向上对其与其他利益相关者之间的关系进行调整。质言之，大学基层学术组织生态系统的治理既是把大学基层学术组织生态系统作为对象来治理，也是将组织生态系统中的人作为治理的观照对象，实现组织与人内在统一的治理。因为组织是人的集合，组织生态系统的本质是人的系统。所以对组织生态系统的治理本质上即是内在地对组织生态系统最基本的构成要素"学术人"的治理。因而，从某种意义上也可以说，大学基层学术组织生态系统的治理就是探讨如何通过组织生态系统的治理，以激活大学基层学术组织生态系统的"学术生态治理力"，最终实现和谐善治与"学术人"的合理化生存。

五 研究过程

（一）研究假设

一种管理行为往往取决于某种命题和假设，一种管理研究也必然基于特定的研究假设。本书的基本假设有四：其一，学科知识的分化整合是大学基层学术组织生态系统生成演替的内在动力。大学基层学术组织以知识为载体，具有"知识化"和"组织化"的双重属性，正是缘于学科知识的分化与整合，推动学科组织形式从个体、种群、群落向生态系统演进，并产生知识传承、创新和应用等社会化存在方式，形成体系化的组织建制。其二，大学基层学术组织生态系统是一个复杂的生命系统。系统内部组织单元之间以知识为载体，实现相互联系和相互作用，并通过与外部环境之间进行物质、能量与信息的交换，维持自身的生存和发展。其三，大学基层学术组织生态系统是内外部因素共同作用的结果。针对生态系统的异化问题，采用由内而外、自下而上、由局部到整体的生态视角与关系重塑的生态治理方式进行矫治，能够实现大学基层学术组织生态系统"创新、协调、绿色、开放、共享"发展。其四，大学作为一个复杂、混沌的社会组织生态系统，其治理遵循分形规律，呈现出分形组织的明显特征。根据分形理论，组织的部分和整体之间具有相似性，通过部分能够深化对整体的认识。正因为大学基层学术组织生态系统个体、种群、群落乃至整体存在结构上的相似性，对组织生态系统的分析也可分解为个体、种群、群落等不同层级的分析，从而为整体性把握大学基层学术组织生态系统生成演替的本质性特征与规律提供了可能。

（二）研究设计

本书主要在生态学理论的方法论框架下思考大学基层学术组织生态系统治理的基本问题。因此，本书所谓的方法论，就是把大学基层学术组织生态系统的不同层级乃至整体视为一个复杂生态系统，在通过"调研体认"获得相关现实信息、经典资料和前沿成果的基础上，通过对要素及其关系的全面动态性考察体认大学基层学术组织生态系统应有的生存样态；在价值、结构、功能与演替的统一中把握基层学术组织生态系统的动力和活力，赋予其自然有机性的生生和谐、环境适应性的协变和谐与价值合理性的臻善和谐，从而激活大学基层学术组织个体、种群、群落生态系统及生态系统整体的"学术生态治理力"。

具体而言，以生态学相关理论为基础，形成本书的理论分析框架，并结合文献研究、访谈调查以及案例研究，从纵向和横向两个维度，对大学基层学术组织这一重要而独特的组织形式进行分层分阶段的历时性考察，对大学基层学术组织生态系统的内部生态因子及其与外部环境关系，进行"自下而上""由内而外""由局部到整体"的多维审视。首先，聚焦"生态系统"和"生态治理"等核心概念，对大学基层学术组织生态系统治理的理论基础和分析框架进行探讨，把握大学基层学术组织生态系统的特质，厘清大学治理的生态逻辑框架。其次，基于自组织理论、生态位理论、边缘效应理论、生态平衡理论，从纵向上对组织个体、种群、群落和生态系统进行分层，从横向上从生态价值、结构、功能和演替多个维度，分别以学系、学院、学部、大学为视角，探讨大学基层学术组织生态系统的应然样态与实然现状，进行问题反思与归因分析。最后，以激发大学基层学术组织生态系统的"学术生态治理力"为价值指向，以学术权力的优化配置为切入点，探寻大学基层学术组织生态系统治理的生态逻辑、任务目标和现实路径，并以 A 大学新型 PI 制学科组织模式创新为案例，对大学基层学术组织生态系统的治理实践进行分析，以期探索因应中国特色现代大学制度变革的大学基层学术组织生态系统治理规则与结构体系，为大学治理体系和治理能力的现代化建构提供借鉴参考。

（三）研究对象

本书的研究对象是大学组织系统内部的基层学术组织生态系统及其与之相关的内外部生态环境。不同类型和样态的大学基层学术组织个体、种群、群落生态系统和系统整体都可以被看作不同层次的生态系统。具体而言，可以划分为三个层次的研究对象：

基于宏观的视角，本书不仅对这一生态系统整体的治理进行探讨，也涉及对大学基层学术组织生态系统的外部生境进行探讨，即对国家教育管理服务部门和社会组织等各方外部利益相关者以及与之进行的产学研相关合作关系进行探讨。

基于中观视角，本书不仅对由大学基层学术组织聚合而成的生态系统内部各组成单元之间的关系进行探讨，还对大学基层学术组织个体、种群、群落及生态系统之间的关系进行探讨，并分别基于自组织理论、生态位理论、边缘效应理论、生态平衡理论，对应选取学系、学院、学部及大学整体视角，对大学基层学术组织个体生态系统的自组织、种群生态系统的竞争合作、群落生态系统之间的学科交叉融合以及生态系统整体与外部生态环境间的和谐共生进行探讨，尝试构建理想样态的生态系统，重构大学学术共同体的底部生态，为大学治理体系和治理能力现代化提供路径借鉴。

基于微观视角，本书不仅从组织角度分析大学基层学术组织生态系统治理，还从"以人为本"的面向，对大学基层学术组织生态系统中学术人之间的关系以及学术人的生存状态进行探讨。实质上不仅是对组织治理的探讨，也是对组织中学术人治理的探讨。

（四）研究方法

恰切而可行的研究方法是展开有效研究、确保实现研究目标的前提条件。生态学是一门探究有机体如何在实现自身生生不息的同时与环境共生演进的科学。组织生态学则可以视为是一门指导组织如何在多变失衡的状态下规范自己和发展自己的实践哲学。本书实质上是建立在生态学方法论基础之上的，在组织生态学视角下整体性思考大学基层学术组织生态系统的治理问题。因此，本书把大学基层学术组织迁移隐喻为一个内外部具有多种规定性和复杂关系的生态系统，在通过对相关现实信息、经典资料和前沿成果进行整体分析的基础上，整体性考察这一生态系统变迁发展的全过程要素和关系，分层、分类、分阶段把握基层学术组织生态系统异化的原因，尝试建构能够激活"学术生态治理力"的理想型治理体系，探寻能够有助于推动实践的可行性策略。

当然，任何研究都需要具体的研究方法。根据对以上研究内容和研究问题的分析，拟采用理论研究与实证研究相结合、群体研究与个案研究相结合、问题剖析与典型经验借鉴相结合的研究思路。具体运用文献研究法、访谈研究法、案例研究法以及内容分析法。

1. 文献研究法

文献研究法主要是指通过查阅文献资料以更全面、翔实地分析、了解所要研究的问题及实质的研究方法。使用文献研究法对大学基层学术组织生态系统治理进行研究，既要围绕这一关键词对相关文献进行大量搜集整理，又要在已搜集资料的基础上进行有用信息的提取。一方面，本书对所在高校建校以来的各类规章制度、年鉴、网站主页机构设置信息等文献资料进行了广泛搜集整理与分析鉴别，并在相关章节的具体论述中加以使用；另一方面，对近年来国外多所世界知名高校及国内十余所"双一流"建设高校的组织变革情况及内部治理情况的相关文献资料进行搜集整理。同时，本书还集中对137所"双一流"建设高校的大学章程以及42所"世界一流大学"建设高校首轮建设方案等进行了收集。通过对上述历史文献资料的梳理和分析，追根溯源，探寻大学基层学术组织生态系统演替的生态逻辑及内在规律。

2. 访谈研究法

访谈研究法是指研究者通过与访谈对象面对面的交谈、询问，以直接搜集资料、了解情况的一种方法。与日常生活中的非正式访谈相比，研究性的访谈法具有较强的针对性，是紧紧围绕研究主题开展的一种有目的、有计划、有准备的谈话。访谈者主要是对访谈的形式加以控制，包括安排合适的时间、地点、环境，把握好采访的节奏和顺序，并对访谈的内容进行整理。通过访谈往往能够使研究者更加深入、全面地探寻到受访者对一些敏感问题的看法和个别化的内心感受。由于大学基层学术组织的异质性较强、类型层次复杂多样，因此，本书分别从基层学术组织个体、种群和群落生态系统等方面，设计了三份内容各异但主题相近的访谈提纲。

关于基层学术组织个体生态系统的访谈主要针对学系、院属研究所；关于基层学术组织种群生态系统的访谈主要针对校属研究中心、实验室、研究所；关于基层学术组织群落生态系统的访谈主要针对国家级协同创新中心、国家重点实验室、国家工程实验室、国家地方联合工程研究中心等机构，按照国家"双一流"建设高校和其他高校两大类型，采取分层抽样和简单抽样相结合的方式，确定不同的访谈对象（详见表1—2）。基于二级学科设立的大学基层学术组织主要访谈了一些大学的学系/院属研究所负责人或成员，学院院长或主管教学、科研的副院长（详见附件

1），主要通过他们了解大学基层学术组织个体生态系统的组织使命、权力结构和文化氛围情况；基于一级学科设立的基层学术组织主要访谈了校属研究中心/实验室/研究所的相关负责人或专职科研人员，学院院长，发展规划处处长，科研处处长，主管科研平台的副处长、科长，主要通过他们了解大学基层学术组织种群生态系统的规划调整、学科交叉融合以及组织之间的运行关系情况（详见附件2）；基于跨一级学科设立的基层学术组织生态系统主要访谈了国家级协同创新中心/国家重点实验室/国家工程研究中心/国家地方联合工程研究中心相关负责人或专职科研人员，学院院长，主管科研副校长，发展规划处处长，科研处处长，主管平台副处长、科长，主要通过他们了解大学基层学术组织群落生态系统的边界跨越情况（详见附件3）。

表1—2　　　　　　　　　受访者信息和研究编码

编号	层次	研究代码	受访者身份
1	基于二级学科设立的大学基层学术组织（共9人）	S-X-A1	某院属研究所负责人
2		S-X-A3	某系主任
3		S-X-B1	某系主任
4		V-X-D1	某系主任
5		V-X-I1	某系专任教师
6		S-X-K1	某院属研究所研究员
7		S-X-L1	某系专任教师
8		S-X-M1	某系专任教师
9		V-X-Q1	某系专任教师
10	基于一级学科设立的大学基层学术组织（共9人）	S-Y-E1	某校属研究中心研究员
11		S-Y-F1	某校属研究中心副所长
12		S-Y-F3	某校属实验室研究员
13		S-Y-F4	某校属研究所副所长
14		S-Y-G1	某校属实验室研究员
15		V-Y-N3	某校属实验室负责人
16		V-Y-J1	某校属研究员
17		V-Y-J2	某校属研究院研究员
18		V-Y-J3	某校属研究院研究员

续表

编号	层次	研究代码	受访者身份
19	基于跨一级学科设立的大学基层学术组织（共5人）	V-Z-C1	国家重点实验室学术委员会办公室主任
20		V-Z-C2	国家重点实验室负责人（中国工程院院士）
21		S-Z-E2	国家工程实验室主任
22		S-Z-K2	某国家级协同创新中心教授委员会成员
23		S-Z-U1	国家地方联合工程研究中心研究员
24	学校层面行政管理人员（共7人）	S-A4	社科处平台管理科科长
25		S-A5	主管科研副校长
26		S-F2	社科处平台管理科科长
27		V-N2	社科处平台管理副处长
28		V-O1	发展规划处处长
29		V-P1	教务处处长
30		S-S1	学科办主任
31	学院层面行政管理人员（共5人）	S-A2	某学院副院长
32		S-H1	某学院副院长
33		V-N1	某学院院长
34		S-R1	某学院院长
35		S-T1	某学院院长

说明：1. 表中将跨一级学科设立的大学基层学术组织中的负责人作为学术人员统计。 2. 表中将各学院院长、副院长作为学院层面行政管理人员统计。

访谈内容根据研究思路和理论分析框架进行设计，并经与两位学系负责人、一位研究所负责人、两位专任教师及一位平台管理人员讨论修改后形成。本书采用了半结构式访谈，访谈提纲只是给访谈划定一个主题和范围，并不是实际访谈时"一成不变"的问题和顺序。因此，所有问题在实际访谈过程中都进行了调整，并尝试练习了多种开始访问的方法以便与受访者建立融洽和谐的合作关系，访谈时根据受访者的语言和思路变化，进行了灵活调整和互动提问。在向受访者保证个人信息不会被泄露的前提下，征得被访谈者同意进行了录音（包括所有通过电话进行的访谈）。访谈结束后均由笔者对文字进行了转录和二次校对，并以微信方式将记录发给了受访者。除三位受访者对访谈记录提出修改意见外，其他32位受访者完全同意访谈记录的相关内容。根据意见对记录内容进行修改，并形成了6万字左右的访谈记录，从而保证了访谈所得材料的真实性和可靠性。在对基层学术组织负责人、专任教师和行政管理人员三方利益相关治理主体进行访谈时，引导他们从不同角度对基层学术组织的权力配置和运行情况进行分析评价，形成"三角互证"，提高了研究的效度。

质性资料的编码具有分类意义，通过对资料的编码可以把资料汇集到一定的主题之下，并建立联系，使资料所蕴含的意义由特殊上升到一般，由具象上升到抽象。本书在初步整理的基础上，对不同的访谈对象进行了编码，用字母和数字表示资料的意义。国家"双一流"建设高校用字母S表示，非"双一流"建设高校用字母V表示。用字母X表示基于二级学科建立的基层学术组织，用Y表示基于一级学科建立的基层学术组织，用字母Z表示基于跨一级学科建立的基层学术组织。用字母A至U表示受访的35所高校。如S-X-A1表示访谈对象是"双一流"建设高校基于二级学科建立的基层学术组织A1；V-Y-B1表示访谈对象是非"双一流"建设高校基于一级学科建立的基层学术组织B1；S-F2表示访谈对象是"双一流"建设高校中的行政管理人员F2；V-N1是指非"双一流"建设高校中的行政管理人员N1。

3. 案例研究法

案例研究"是通过收集背景中多方面的数据，对一个系统或者一个案例进行的长期而又细致的研究"[1]。案例可分为多种类型，可以是一定时间空间内的一个项目、一个事件、一次活动或一组个体。案例研究的焦点可以是针对一个实体的研究，也称单实体或多实体的研究。同时，案例研究"既不是资料收集技术，又不仅限于研究方案本身，而是一种

---

[1] ［美］詹姆斯·H.麦克米伦、萨利·舒马赫：《教育研究——基于实证的探究》，曾天山等译，教育科学出版社2013年版，第30页。

全面的、综合的研究思路"①。通常认为，对单个案例进行深入研究，是为了解释一组更为庞大的案例。即是通过对个别单位的关注来获得对总体的研究。因此，对案例的选择往往是基于典型的、多变的、极端的等缘由进行的跨案例分析，依赖对更大的潜在案例的总体分析，或者至少依赖对总体的某些假设。②

本书主要选取了以下11个案例：

【案例1】某校"人才特区"建设中遭遇"短板效应"
【案例2】某校撤销教育学院引发的争议
【案例3】某校学部制改革的争议
【案例4】一位高校科研人员利用科研成果谋取不当利益的不归路
【案例5】某校一流学科建设规划中的行政干预与师生"缺位"
【案例6】清华国学研究院的学术组织使命传承
【案例7】香港科技大学的"游戏规则"与"裁判制度"
【案例8】宾夕法尼亚州立大学的学术组织种群生态系统建设情况
【案例9】剑桥大学卡文迪什实验室的文化维系
【案例10】加州理工学院喷气推进实验室的组织边界跨越变迁
【案例11】国内A校新型PI制学科组织模式创新

通过对案例中组织变革情况开展分析研究，力求在域外与本土融合的基础上进行比较借鉴。"诠释效度"是指评价诠释性研究人员知识断言的可信度。本书将个案设置在具体情境中，并采用报告文体等方式来保持案例研究的效度和信度。

4. 内容分析法

本书在第六章行文中主要采用了内容分析法。内容分析法是近年来

---

① ［美］罗伯特·K.殷：《案例研究——设计与方法》，周海涛译，重庆大学出版社2004年版，第16页。
② ［美］约翰·吉尔林：《案例研究：原理与实践》，黄海涛等译，重庆大学出版社2017年版，第68页。

在扎根理论视域下兴起的一种分析方法。内容分析法通过将法律条文、规章制度、报告演讲等质性文献材料转化为定量数据，从而对内容做出定量分析和事实推断。从本质上说，内容分析法"是研究者在分割、总结、整理资料的基础上，结合具体历史文化场景诠释材料，进而形成概念或理论的过程"[①]，是一种质性编码的分析技术。它"以文献中传递情报的文字符号为研究对象，有较严密的推理基础和途径，文献信息的稳定性保证了研究的有效性、预测性及可操作性"[②]。内容分析法在一定程度上能够克服定性研究的主观性和不确定性，有助于实现对文献"质"的更深刻、更精确的认识。内容分析法一般分为六个操作步骤：（1）决定使用内容分析；（2）确定哪些材料应该包含在内容分析中；（3）选择分析单元；（4）制定编码分类；（5）对材料就行编码；（6）分析和解释结果。[③] 本书主要使用内容分析法对"双一流"建设高校方案中的学科组织边界跨越问题进行分析，明确大学基层学术组织生态系统跨边界互动方面存在的相应问题，并在此基础上对问题的原因进行深入发掘。在具体研究中，采用开放性编码、主轴编码和选择性编码三个步骤对网络上公开的 41 所"世界一流大学"建设高校的方案进行编码分析。内容分析法的信度是指编码员之间的信度，或者编码员之间一致性的范围和程度。在编码之前，为保证研究的信度和编码的一致性，特邀请另一位与笔者同专业的博士生对 41 个样本进行编码，从而开展信度检验。霍尔斯提公式是内容分析法中常用的信度检验公式之一，具有简单易行、便捷有效等特点。本书通过对两位编码员之间的平均相互同意率的计算来获取信度。利用公式求得两位编码员相互同意率为 0.82。

$$平均相互同意率 = \frac{2M}{N1 + N2}$$

$$信度 = \frac{n \times 平均相互同意率}{1 + [(n-1) \times 平均相互同意率]}$$

其中，M 为编码员之间完全同意数目；$N1$ 表示第一位编码员应有的

[①] 王惟晋：《质性编码技巧在国际关系研究中的应用》，《社会科学》2018 年第 6 期。

[②] 吴世忠：《内容分析方法论纲》，《情报资料工作》1991 年第 2 期。

[③] US General Accounting Office, *Content Analysis: A Methodology for Structuring and Analyzing Written Mate-Rial*, Washington D C: Free Press, 1996, p.8.

同意数目；N2 表示第二位编码员应有的同意数目；n 表示参与编码人员数目。① 代入信度公式求得本书的信度约为 0.901（一般认为，信度 > 0.80 即为合格），编码可采用度符合标准。

5. 技术路线

本书运用生态学的价值观和方法论，按照"提出问题—理论研究—实证研究"的逻辑线索，以"学术生态治理力"的回归为要旨，在"学系""学院""学部""大学"视角下，对大学基层学术组织个体、种群、群落生态系统和生态系统整体的理想样态和实然现状进行探讨，对大学基层学术组织生态系统治理中存在的问题进行整体性和过程性观照，尝试建构生态治理策略。具体的技术路线如图 1—1 所示。

第一部分为导论，即第一章，主要论述大学基层学术组织生态系统治理的问题"缘何提出"。导论提出研究的缘起及问题，并在对研究目的与意义加以分析的基础上，对已有相关文献进行综述，探讨进一步开展研究的空间。立足大学基层学术组织生态系统是一个分层多维的系统假设，其演替动力是学科知识系统体系的分化整合，提出研究设计、研究对象、研究方法和技术路线。

第二部分为第二章，主要论述大学基层学术组织生态系统治理的"理论基础"。基于对生态学及组织生态学中的自组织理论、生态位理论、边缘效应理论、生态平衡理论等进行分析，从纵向上提出组织个体、种群、群落和生态系统等的分层，并从横向上提出价值、结构、功能及演替等多维矩阵式理论分析框架。

第三部分为第三、四、五、六章，主要论述中国大学基层学术组织生态系统治理的"应然样态""实然现状"与"异化反思"，分别从个体、种群、群落生态系统和生态系统整体四个层次对大学基层学术组织展开研究。基于自组织理论，在学系生态系统的视角下对基层学术组织个体生态系统进行审视，揭示组织个体生态系统内部运行的应然样态、实然现状，并进行原因反思；基于生态位理论，对基层学术组织种群生态

---

① 倪星、林蓉蓉：《公共部门领导特质与战略目标的相关性分析——以中国 31 个省级政府为例》，载马骏等主编《第二届公共管理学术峰会暨"中国'行政国家'六十年：历史与未来"学术研讨会文集》，格致出版社 2012 年版，第 277—311 页。

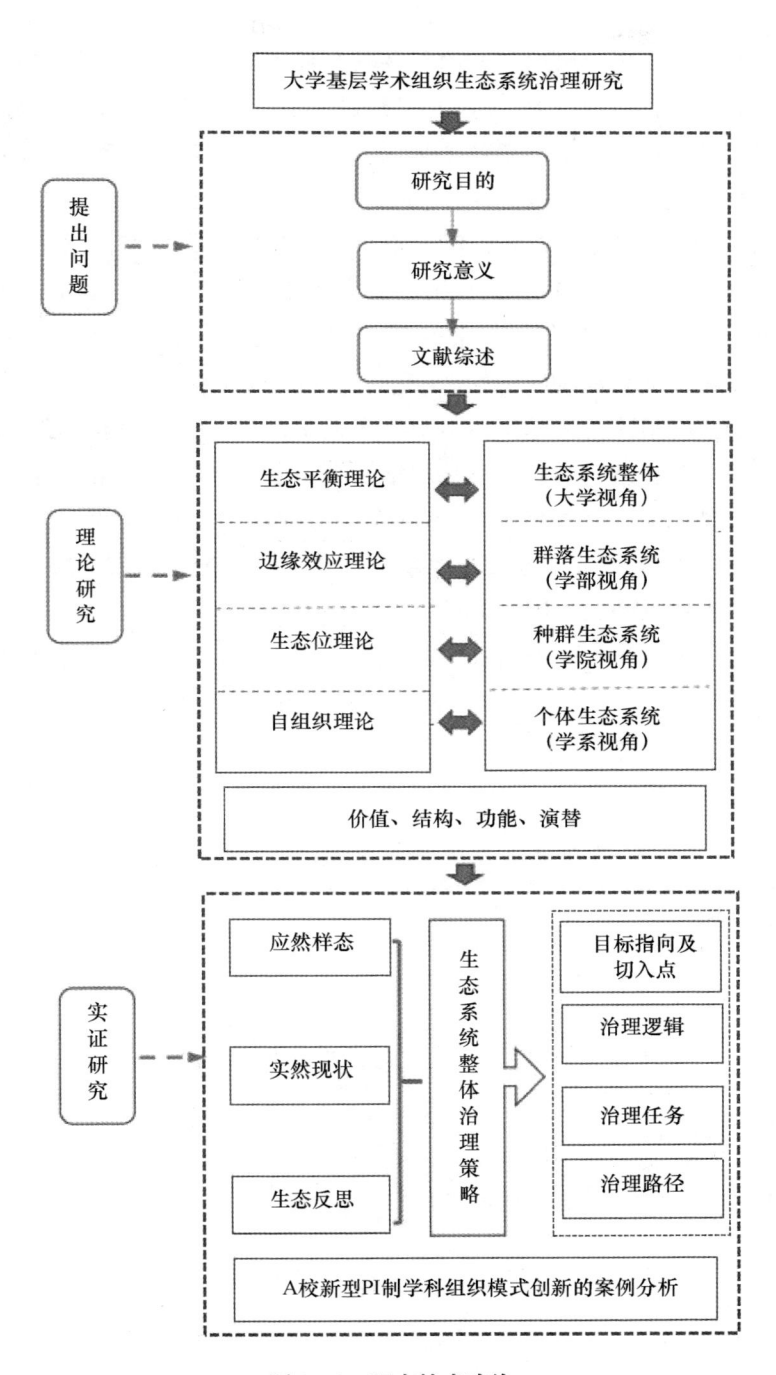

```
                      大学基层学术组织生态系统治理研究
                                    ↓
        ┌─────────────────────────────────────────────────┐
        │                   研究目的                        │
        │                     ↓                           │
  提出  ┆                  研究意义                        │
  问题  ┆                     ↓                           │
        │                  文献综述                        │
        └─────────────────────────────────────────────────┘
                                    ↓
        ┌─────────────────────────────────────────────────┐
        │   生态平衡理论   ↔   生态系统整体（大学视角）      │
        │                                                 │
  理论  ┆   边缘效应理论   ↔   群落生态系统（学部视角）      │
  研究  ┆                                                 │
        │   生态位理论    ↔   种群生态系统（学院视角）      │
        │                                                 │
        │   自组织理论    ↔   个体生态系统（学系视角）      │
        ├─────────────────────────────────────────────────┤
        │            价值、结构、功能、演替                 │
        └─────────────────────────────────────────────────┘
                                    ↓
        ┌─────────────────────────────────────────────────┐
        │   ┌──────┐     生   ┌──────────────┐            │
        │   │应然样态│    态   │ 目标指向及切入点│           │
        │   └──────┘    系   └──────────────┘            │
  实证  ┆   ┌──────┐    统   ┌──────────────┐            │
  研究  ┆   │实然现状│    整  →│  治理逻辑     │           │
        │   └──────┘    体   └──────────────┘            │
        │   ┌──────┐    治   ┌──────────────┐            │
        │   │生态反思│    理   │  治理任务     │           │
        │   └──────┘    策   └──────────────┘            │
        │                略   ┌──────────────┐            │
        │                    │  治理路径     │            │
        │                    └──────────────┘            │
        ├─────────────────────────────────────────────────┤
        │    A校新型PI制学科组织模式创新的案例分析           │
        └─────────────────────────────────────────────────┘
```

图1—1 研究技术路线

系统进行考察，揭示组织种群内部及其与环境之间的生存演进关系及实然现状，并进行问题反思；基于边缘效应理论，对基层学术组织群落生态系统进行考察，揭示大学基层学术组织群落内部及其与环境之间的生存演进关系及其生态困境，并进行问题反思。

第四部分为第七、八章，第七章主要论述中国大学基层学术组织生态系统整体的"治理策略"。在第三部分第三—六章进行实证研究的基础上，基于生态平衡理论，尝试提出激发"学术生态治理力"的治理目标和"学术权力优化配置"的切入点。并以此为基础，建构大学基层学术组织生态系统整体的治理框架，对生态逻辑、目标任务与现实路径进行探讨。第八章在第七章对大学基层学术组织生态系统治理策略进行整体性探讨的基础上，以 A 校新型 PI 制学科组织模式创新为案例，对大学基层学术组织生态系统的构建进行案例研究，检验生态治理策略的效用，总结提出有待进一步探讨的空间。

第二章

理论基础与分析框架

　　作为一个以学科知识分化整合为基础，以知识生产、传承和应用为目的的社会单元，现代大学相较于其他社会组织，恐怕是生命周期最为长久、存在形态最为稳定的社会组织。著名高等教育学者克拉克·克尔曾统计分析指出，"西方世界在1520年以前建立的大约75个公共机构仍旧以可辨认的形式存在，有着类似功能和未中断的历史"，这其中有"61所左右的大学"。它们"大部分仍在同样的地点、拥有同样的校舍，教授和学生们从事很多相同的事情，学校管理按基本上相同的方法进行"，教学、学术研究和服务是其永恒的主题，"是所有公共机构中变化最少的机构"[①]。现代大学组织何以能够打破从萌生到消亡的组织生命周期规律而"永葆青春"呢？其中恐怕有一个所有现代大学组织的研究者们都绕不开的共识，那就是大学作为一个学术组织蕴藏着"生生不息"的生命力。其原因有两方面：一方面，大学是与社会环境互相依存的有机体。从现代生物学的视角来看，大学组织是"遗传和环境的产物"。在其内部生态因子的相互作用下，与外部环境实现共生共荣。"它保存、传播和丰富了人类文化。它像动物和植物一样地向前进化。"[②] 其生命力特征表现为组织能够不断进行自我新陈代谢、自我复制和自我更新。另一方面，大学基层学术组织生态系统为其提供了"源源不断"的生命之源。"树高千丈赖根深"，这是中国关于底层社会生命力最形象而又最生动的言说。正是

[①] [美]克拉克·克尔：《高等教育不能回避历史》，王承绪译，浙江教育出版社2001年版，第50—51页。

[②] [英]阿什比：《科技发达时代的大学教育》，滕大春等译，人民教育出版社1983年版，第7页。

作为大学最为底层的基层学术组织生态系统"蕴蓄"了"绵延不断"的生命源泉，大学组织才能够具有生生不息的精神禀赋，"坚持学术自由、学术民主、学术包容和学术开拓创新，影响新生学术力量，促进人才培养，传承学术精神，从而使大学的生命力得以不断延续和增强"[①]。理论是行动的先导。要真正探究大学基层学术组织生态系统内在的生态因子及生态关系，破解大学基层学术组织生态系统生成演进的"生态之谜"，有必要基于生态学及组织生态学等相关理论，对大学基层学术组织生态系统治理的理论基础和分析框架进行深入探析。

一 生态学及其基本原理

（一）生态学与生态系统

"生态学"（ecology）一词源于古希腊语中的词根"oikos"和"logos"结合而成的"Oekologie"。因为"oikos"原义为"住所"或"栖息地"，"logos"原义为"学问"或"科学"，所以"Oekologie"的本义为研究生物栖息环境的科学。生态学原本是生物学的一个分支，自从1866年德国动物学家海克尔将生态学的概念定义为"包括生物环境与非生物环境相关联的科学"起，生态学的视野就开始从生物界和自然界扩展到了人类生存的整个世界，并发展成为一门关注生物有机体与无机环境之间关系的科学。

根据不同的分类方法，生态学可以分为具有多个分支的基础生态学或多个亚属的应用生态学。前者包括种群、群落或生态系统生态学，后者包括海洋、草原、沙漠、河流、湖泊、农业、城市、农村等生态学。按生态系统的层次，生态学也可分为个体生态学、种群生态学、群落生态学和生态系统生态学。个体生态学以生物个体为研究对象，主要研究不同生物个体之间及其与生存环境之间的关系。种群生态学以生物种群为研究对象，主要研究生物种群内物种的数量、分布及其与其他生物种群之间的关系，生物种群与生存环境之间的关系。群落生态学以生物群

---

① 郭德红：《建设"双一流"重在培育追求真理的学术精神》，《北京教育》（高教版）2016年第3期。

落为研究对象，主要研究群落内部不同种群之间的竞争、适应和依赖关系，及其与生存环境之间的关系。生态系统生态学从整体性的视角，将其内部层次不同却又相互联系、相互制约或相互依存的生物种群、群落以及生存环境作为研究对象，揭示大自然内部共生共荣、高度融合的整体特征。

  现代生态学的核心概念是"生态系统"。1935年，英国生态学家阿瑟·坦斯利首先提出"生态系统"的概念，后经"现代生态学之父"、美国著名生态学家尤金·P. 奥德姆的进一步完善，形成生态系统生态学的理论框架。① 他在引入整体论和系统论后指出，生态系统不仅仅是一个地理单元，还是一个具有输入和输出功能的系统单位。生态系统是开放的系统，具有群落相互作用、能量流动和物质循环三个基本的整体性特征。"奥德姆的这一贡献是对传统生态学在研究范围和研究主题上的一种超越。"② 根据他的研究，生态系统是指生物群落与生存环境之间，以及生物群落内的物种之间密切联系、相互作用的系统，是依靠物质交换、能量转化和信息传递成为占据一定空间、具有一定结构和执行一定功能的动态平衡整体。简单而言，生态系统就是"在一定时空范围内生物群落与非生物环境相互联系、相互作用所构成的统一体"③，是由不同层次的生命系统与非生命系统构成的一个相互作用、动态平衡的复合体。如此一来，在这一生态系统中就存在着两个大的子系统。一个是生命子系统，"具有一定的结构和调控功能的生命单元，即生物群体系统"；另一个是非生命子系统，"是自然界中各种有机物和无机元素相互作用构成的空间"④。物质循环、能量转化和信息传递是生态系统存在的基础，也是其存在的本质特征。正是这三种特征的存在，使生态系统在一定的目的性导向下，形成一定的关系，生成一定的结构，并在特定结构的基础上形成特有的功能，最终推动生态系统不断演进和变迁。

---

  ① ［美］尤金·P. 奥德姆、加里·W. 巴雷特：《生态学基础》，陆健健等译，高等教育出版社2009年版，第15—17页。
  ② 包庆德、张秀芬：《〈生态学基础〉：对生态学从传统向现代的推进——纪念E. P. 奥德姆诞辰100周年》，《生态学报》2013年第12期。
  ③ 高志强、郭丽君：《学校生态学引论》，经济管理出版社2015年版，第20—21页。
  ④ 冯尚友：《生态系统结构、功能、演替及生态规律》，《水利电力科技》1993年第2期。

根据系统论的观点，系统的存在必然依托其与外部环境之间不断进行的物质、能量与信息的输入和输出活动。物质是生命生存必需的元素之一。生物有机体由40余种化学元素组成，再经过由生产者、消费者和分解者组成的营养级依次转化，即从无机物到有机物再到无机物的转化，最后将营养元素归还给环境，以备生物的再次吸收利用。这一循环过程实质上实现了营养元素在有机物和无机物之间的交换。能量是无机养分转化为有机物质的形式。植物只有把来自太阳光的太阳能转化成植物有机体内部的有机物质并供给于生态系统，循环才能维持下去。生态系统中的能量流动遵循热力学的熵增定律和能量守恒定律，沿着食物链做单向流动且呈金字塔状逐渐递减。这时候生态系统为保持自身的平衡稳定，就需要从外界环境向系统中不断输入能量，以达到生态系统内外部能量的平衡。信息传递是生态系统用来沟通生物群落内部各生物种群之间、生物群落与其生活环境之间的纽带。生态系统的信息既包括声、光、电等物理信息，也包括生物代谢所产生的激素酶和激素等化学信息、各种食物的营养信息以及动物种群的行为信息。信息传递功能的存在使生态系统联结成为一个能够进行自我维持、调节与反馈的系统。生态系统的平衡依靠自我调节机制，而自我调节机制依靠信息的反馈，生态系统在信息反馈的基础上最终实现自我控制，保持生态系统的平衡。

（二）生态学的基本原理

原理是对事物运行规律的主观性认识和系统性、科学性归纳总结。由于原理本身是一个不断发展和完善的过程，随着生态学学科的不断演进和发展，关于生态学原理的认识也不断深入。从广泛的意义上看，生态学具有一系列丰富的基本原理，且其中一些原理是自然生态系统和社会生态系统共同遵循的。

1. 多样性和主导性原理

一定范围内的生态系统、生物种类及遗传物质总是存在着丰富性、差异性及均匀性特征。生物的多样性是物种与物种、物种与环境相互作用、共同进化的结果，既体现出生物基因及物种遗传的多样性，也体现出生物群落与生境之间的复杂关系。生物多样性是生态系统稳定、有序和进化的基础。生物多样性程度越高，异质性就越强，自我修复能力也就越高,从而使生态系统能够保持在较高水平的稳定有序上。但多样性并不同于均等性和同质化,系统必须以优势物种为主导,才会保持系统的稳定,实现可持续发展。

2. 胜汰原理

生态系统的资源承载力、环境容纳总量在一定的时空范围内是恒定的。① 生物群落中的生物种群与其他种群之间的比例维持在某一特定密度水平上,也被称为密度水平。密度因素是调节生态系统平衡的重要因素。由于一个生态系统内的空间和资源是有限的,只能承载一定数量的生物,各个生物物种之间相互依赖、相互制约,使种群的数量处于相对稳定的密度平衡上。生物物种数量的增加导致种群数量的增大,又必然会加剧种间竞争,捕食作用以及寄生作用的加强,从而导致种群数量的下降。

3. 协同进化原理

不同物种之间相互适应或物种与环境之间相互作用的过程往往存在着协同进化作用。在大多数情况下,物种之间的进化常常会相互影响。一个物种的进化会对另一个物种的进化带来选择压力,从而引起相邻物种的变化。不同生物之间由此建立的竞争和共生关系,体现出协同进化原理。竞争关系又分为种间竞争和种内竞争两类。前者指发生在不同种群生物之间的竞争,多发生在生态位重叠时。后者指发生在生物种群内部对资源的需求相同时,生发出的生物之间的共生关系。这种关系又分为互利共生和偏利共生的寄生关系。前者指不同生物在演化中彼此依赖对方,生存方式对双方都有利;后者指一个物种寄生在另一个物种体内或体表,生存方式仅对一方有利。同时,物种的进化也是其与环境长期作用的产物。比如,生物与环境之间主动或被动的改造关系。

由于生态学的基本原理都是从某一角度对不同情形下生物演进发展规律的阐释,因此,除上述基本原理之外,还有拓适原理、生克原理、乘补原理、瓶颈原理、循环原理、生态发展原理等多个原理,以及由此产生的耐度定律和最适度原则、群体动力原理、花盆效应、限制因子定律等。贯穿这些原理的主要思想是生态系统的动态平衡。因与本书所要

---

① 刘贵华:《大学学术发展研究——基于生态的分析》,华中师范大学出版社 2005 年版,第 32 页。

解决的问题相关性不大，故此处不予赘述。

二 生态学及生态系统相关理论

由于生态学理论体系十分庞杂，关涉到生态系统治理的方方面面。为便于有针对性地解决问题，本书尝试以个体、种群、群落和生态系统为研究视角，选择性地灵活运用相关理论。针对组织个体生态系统，主要运用自组织理论；针对组织种群生态系统，主要运用生态位理论；针对群落生态系统，主要运用边缘效应理论；针对生态系统，主要运用生态平衡理论。

（一）自组织理论

无论是由纯自然物种构成的自然生态系统还是具有人为因素的复杂生态系统，都具有自组织的理论特征。因此，对生态系统的分析，尤其是将大学基层学术组织的个体生态系统作为研究对象进行系统分析时，自组织理论分析视角的运用都大有助益。自组织理论是一种以生命系统或社会系统为研究对象发展起来的系统理论，主要研究一定条件下的复杂系统如何在没有外界特定干预下从无序到有序、从低级有序走向高级有序的演进机制问题。自组织理论认为："如果系统在获得空间的、时间的或功能的结构过程中，没有外界的特定干预，我们便说系统是自组织的。"[①] 由普利高津等创立的耗散结构理论、H. 哈肯等创立的协同学理论是自组织理论体系中颇具代表性的两大理论分支。

耗散结构理论回答了系统自组织与环境条件之间的相互作用关系问题，主要是当一个开放系统通过与外部不断进行物质、能量和信息的交换，在内部非线性作用机制下远离平衡态，最终发生非平衡相变而产生涨落，从而实现系统从无序向有序演进的状态，系统便形成了耗散结构。开放、远离平衡态、内部存在非线性相互作用以及涨落是一个系统形成

---

① ［德］H. 哈肯：《信息与自组织——复杂系统中的宏观方法》，郭治安等译，四川教育出版社1988年版，第29页。

耗散结构的必备条件。① 耗散结构理论的基本结论有四个：其一，开放是系统发展的必要前提，封闭没有发展。耗散结构理论引入热力学概念"熵"来说明系统开放的重要性。开放是耗散结构存在的必要条件，但不是充分条件。根据热力学定律，"熵"是对一个系统无序程度的度量，熵增越高，系统无序程度越高。耗散结构理论认为，系统只有通过与外部环境进行不断的交流，才能减少熵增，使系统朝有序的方向转化。其二，非线性作用机制是指复杂系统内部各要素之间并不完全产生的简单因果关系或线性叠加关系，是整体作用与各部分作用之和不相等的关系。当系统内部的要素不断增多，相互之间的非线性关系相应地不断累积时，系统就具有了更加复杂多变的特点。这时，初始条件的任何微小的变化都可能引起系统的巨大变化。著名的"蝴蝶效应"的例子，就是非线性作用机制的最好证明。复杂生态系统中存在的确定性和不确定性，平衡和非平衡，稳定性和不稳定，均质性、异质性和多均衡性等，均源于这种非线性机制的存在。在社会生活中，"三个臭皮匠顶一个诸葛亮"的故事就说明整体的作用之和可能会大于部分，而"三个和尚没水喝"的故事反而说明了整体作用之和并不一定等同于各部分之和，部分反而小于整体作用之和。其三，非平衡是有序之源，无序和有序之间存在着联系和转化。平衡态是物理学上对系统内部可测物理性质处于均匀状态的衡量标准。生态系统的平衡态是指系统的状态参量不随时空的变化而变化、并体现出具有确定关系的规律性样态。与平衡态相对的是远离平衡态，生态系统在远离平衡态区域时则呈现出从线性到非线性规律的变化。② 只有系统远离平衡态，在经过一段时间的演化之后才会发生突变，呈现出一种充满活力的有序结构。需要指出的是，由于生态系统内部各要素之间存在复杂的联系和作用，因此远离平衡态区域的生态系统不再局限于要素之间的单一线性的组合，而是随着负反馈和熵增随时出现波动和涨落变化。因此，耗散结构理论中的远离平衡态与生态系统中期望达成的

---

① 钱学森、于景元、戴汝为：《一个科学新领域——开放的复杂巨系统及其方法论》，《自然杂志》1990 年第 1 期。
② 关峻：《复杂生态系统的系统特性》，《武汉理工大学学报》（信息与管理工程版）2006 年第 10 期。

平衡态具有相似性，两者都需要具有非线性的特征。其四，涨落是系统内部各要素独立或协同运行以及环境随机干扰导致的波动幅度，是系统在内外部作用下偏离宏观均衡状态的偏差情况。非线性作用机制是涨落作用发生的基础和前提。正是由于非线性作用机制的存在，生态系统中的某个微小的涨落能够在整体效应下无限放大成为各种关联作用，最终形成巨涨落，从而引起系统的改变。在内外部环境变迁的刺激下，大学基层学术组织生态系统是一个耗散结构系统，具有自组织的典型特征。大学基层学术组织个体生态系统与外部环境之间的交流不断扩大，以知识为载体的内外部物质、能量和信息等生态因子之间的势差也相应扩大，使系统远离平衡态，形成内部各学科知识领域等不同组分之间的非线性相互作用，从而引发生态系统出现被动的涨落，实现学科知识的协同创新，培养出创新型人才，输出社会效益。

协同学解决了自组织的动力问题，是探讨支配生物界和非生物界结构或功能的某些自组织形成过程中的普遍原理。20世纪60年代，德国学者H. 哈肯在研究激光理论的过程中提出了协同学的理论基础和核心观点。所谓协同，就是指协调两个或者两个以上的不同资源或者个体完成同一个目标，实现协同发展的过程。在自然界和人类社会中广泛存在着有序和无序现象，在一定的条件下，两者会相互转化。当一个系统的多个子系统之间相互配合，产生"1+1＞2"的协同效应时，系统便会处于自组织状态，从而在整体上形成一定的结构和功能。大自然是一个高度复杂的协同系统，这些系统中的要素可以相互竞争、合作或共存。"有生命自然界中涉及的变化过程完全不同于在化学反应、激光或流体运动中的变化过程，但在所有这些过程中，仍是相同的基本原理在起作用。"[①]

协同学还认为，系统内部各要素之间的协同是系统自组织过程的基础，系统演化的直接动力来源是内部各要素之间的非线性交互作用，而序参量在这一过程中起到了控制作用。系统演化的状态或过程从始至终都受到序参量的影响，序参量不仅在内部子系统的协同中发挥支配作用，还在外部为系统自组织结构的形成提供适当的控制参量，为系统向有序

---

① ［德］H. 哈肯：《协同学引论：物理学、化学和生物学中的非平衡相变和自组织》，徐锡申等译，原子能出版社1984年版，第73页。

发展提供保障。据此，在一定的生态系统环境条件下，大学基层学术组织个体生态系统内部知识子系统或要素按照协同方式进行整合、相互合作和协调，从而具备互补性和一致性，各知识主体承载的物质、能量、信息形成序参量，发生相互作用，促发整个系统远离平衡态，实现系统自涌现、自创生、自发展，产生整体作用大于各部分之和效应，从而推动整个系统走向新的有序状态。

（二）生态位理论

"生态位"概念是生态学理论中最为核心，其内涵也最为丰富的概念。生态位是对一个物种所处的环境及其本身生活习性的总称，是指一个种群在自然生态系统中所占据的时空位置及其与相关种群之间的功能关系与作用。在生物群落中，生态位是物种最小的分布单元，如果没有任何竞争者和捕食者的存在，该物种就占据着生存空间的最大值，即基础生态位。每个物种都有自己独特的生态位，借以跟其他物种相区别。而事实上，很少有物种能够全部占据基础生态位，在面临竞争时，生态位相似的两个物种之间会产生排斥。竞争越激烈，这种排斥性就越强烈。这时生物所占据的实际生态位就会较基础生态位大幅缩小。由于竞争排斥的作用，生态位相似的物种不能在同一个区域共存，如果两个物种的生态位完全重叠，必然会导致两个物种通过竞争来削减生态位的重叠，甚至使一个物种死亡，直到生态系统达到平衡为止。如果两个物种共同存在于同一生态环境中，则一定是生态位分离的结果。因此，生态位分离是不同生物物种共存共荣、共同发展的关键。①

1917年，克利莱尔首先提出"生态位"概念，主要指环境空间划分单位和一个物种在环境中的地位。其后，英国学者埃尔顿和植物分类学家哈钦森从空间、资源利用等多方面定义了生态位概念。1983年，尤金P. 奥德姆把生态位的内涵界定为"一种生物在其群落中的生态作用"②，

---

① 赵泽虎、颜世颀：《从治理到善治：生态学视野中的大学治理研究》，苏州大学出版社2012年版，第87—88页。

② ［美］尤金·P. 奥德姆：《生态学——科学与社会之间的桥梁》，何文珊译，高等教育出版社2017年版，第43页。

并把生物的"栖息地"比作生物的"居所",而把生态位比作生物的"职业",包括如何与其他物种相互作用,且受到其他物种的限制。生态位理论经过不断发展,逐渐形成了包括生态位重叠与分离、生态位扩充与压缩、生态位态势等理论在内的理论群,不仅适合于生物界,而且被引入社会科学领域,"成为研究人类社会巨系统中的一个行之有效的分析工具"①。社会学领域的"生态位"不仅包括人类生活的时间、空间环境,还包括个人的智力及创造力等能力的大小。比如,个人在群体中的工作关系与工作积极性的提高和工作效果的好坏有较强的关联性。

需要指出的是,生态位理论并不只是片面地强调竞争,随着共生概念的提出,人们认识到要辩证地看待自然生态中的生态位现象。1879年,德国真菌生物学家德贝里首次提出"共生"的概念,用以指两种或两种以上生物相互依赖、共同依存和互惠互利地生存在一起的现象。生物的多样性及高度分化使物种在生物圈中占据着不同的生态位,并在时间、空间和资源的利用方面相互补充而不是直接竞争。由于某一个物种往往只适应于某种有限的生存环境,其结果才导致生态系统具有生物多样性。而生态系统的整体关联性正是通过其所涵盖的全部可能生态位的相互叠加、牵扯与渗透而发挥作用的。如果两种生物拥有的生态位不发生交叉,那么这两种生物之间就不会存在竞争关系;反之,如果两种生物拥有的生态位发生交叉,那么这两种生物之间就存在竞争关系。因此,"任何生态位指的都是在生态系统整体中的关系结构,指的是事物与周围事物和系统整体的关系,是事物为生态系统的结构所赋予和规定的存在条件"②。

事实上,竞争与共生是生态系统中种群生存发展的基本机制,也是大学基层学术组织生态系统生存发展的内在机制。在大学基层学术组织生态系统中引入生态位原理,能够进一步明确组织个体、种群、群落和生态系统中各个主体的生态位及其相互竞争或排斥的关系。"物竞天择,适者生存",在大学基层学术组织生态系统中,为了获取资源赢得自身的发展,大学基层学术组织会自发自为地参与竞争,发挥其优势和特长,

---

① 包庆德、夏承伯:《生态位:概念内涵的完善与外延辐射的拓展——纪念"生态位"提出100周年》,《自然辩证法研究》2010年第11期。

② 谢斌:《人本生态观与管理的生态化》,科学出版社2009年版,第29页。

争取对其有利的生态位，从而推动组织群体的发展。大学基层学术组织群体特别是种群之间的生态位竞争主要表现在两个方面：一方面，组织种群中的每一个组织个体与其他组织的生态位不同，存在着资源、财力、人力等的区别，体现出生态位的"势差"，强势组织会通过变革不断固化其既得利益而形成竞争优势；另一方面，不同层次的大学基层学术组织生态子系统之间的竞争表现得更为明显，特别是在组织种群之中，大致占有共同时空的学科组织为了获得相对独立的实际生态位，会产生较为激烈的竞争。组织会通过竞争促进生态位的分离，以实现整个种群的协调发展，获得实际生态位。

（三）边缘效应理论

"边缘效应"最初由美国动物学家奥尔多·利奥波德提出，是指在群落生态交错区内物种的种类和个体数目比在群落生态单一区内更多的现象。根据奥德姆的研究，"生态交错区并不只是一段界限或边缘，这一概念假设它是两个或两个以上的生态系统间相互作用活跃的空间，这导致了生态交错区具有任意一个邻近生态系统都不具备的特征"①。"群落交错区"实质上是一个边界模糊化了的生态系统，其内部结构的复杂性使这一系统表现出复杂的功能，有效地改变了处于这一区域的物种的生态位。在这个生态交错区，某些生态因子或系统属性的差异和协合作用会引起系统某些组分及行为发生较大变化。由于每个物种在多维的生态空间里都占据一定的生态位，也即最小的生存空间，群落的交错区往往为生物的繁衍提供了更大的自由度和更为丰富的资源供给。这一交错区的生境条件的特殊性、异质性和不稳定性的大大增加，使身处其中的每一个物种尽可能多地占有生态位，从而引发毗邻两个群落生态系统的生物向这一区域聚集，使更多的生物可能在这一生境中生存，物种多样性和种群密度增加，活动强度和生产力进一步增强，这一现象便被称为"边缘效应"。在一些论著中，边缘效应也被称为"边界效应"或"边际效应"，

---

① ［美］尤金·P. 奥德姆：《生态学——科学与社会之间的桥梁》，何文珊译，高等教育出版社 2017 年版，第 42—43 页。

且认为"边际不仅存在于自然界，也存在于人类社会"①，自然界存在的边际效应对分析人类社会组织生态系统中个体与个体和群落之间的相互作用，包括反馈、互补、共生等自组织机制具有启示意义。

　　大学基层学术组织群落作为一个生态子系统，也存在边缘效应。关于大学基层学术组织生态系统的边缘效应，可以有两种不同的理解。一种是正效应。即在两个或多个不同学术组织生态系统的交叉处，由于不同学科知识之间的差异而形成的跨学科、跨专业交流合作，因此产生新的学科知识领域，推动学科知识创新。学科知识是大学基层学术组织生态系统十分重要的本质属性之一，伴随着科技的日新月异，学科知识的分化整合速度不断加快，知识的"边缘"得到不断开拓，原有的学科知识的"中心"不断转移，围绕新兴学科知识的"中心"形成了新的知识边界。基于边界的开放性，多样的学科知识之间能够产生交叉融合，促成学科知识的不断更新和新兴学科领域的产生，也相应地产生了新的学科知识"领地"的交错。这些"组织群落交错区"形成一个新的系统，只是这时的系统边界并不清晰反而相对模糊，众多的要素以一定的数量混杂于同一个时空区域里。当外界环境达到某一特定条件时，"组织群落交错区"便形成了一个相对固定和清晰的系统边界，群落生态系统内部的组成要素也呈现出时空和功能的有序状态，表现出稳定的结构，产生边缘效应。而结构决定功能，于是边缘效应便成为组织群落生态系统的一个功能。② 另一种是负效应。大学组织资源总量和发展规模的有限性使得大学基层学术组织生态系统所占有的资源和发展规模受到相应的限制。比如，"双一流"建设高校的基层学术组织的发展状态总体上会比一所普通高校的基层学术组织要好。在人才培养的质量、拥有的高层次人才数量以及资源的占有量上，大多时候前者会明显高于后者。在同一所大学的内部，也会因为发展资源获取能力、人才队伍的数量以及发展路径的偏差等多方面原因，导致大学基层学术组织的发展存在一定的差距。一些基于强势学科形成的基层学术组织的发展状态，会明显好于一些基于

---

① 马世骏主编：《现代生态学透视》，北京科学出版社1990年版，第45页。
② 郭丽君、陈中、刘剑群等：《高等教育生态学引论》，社会科学文献出版社2018年版，第2—3页。

弱势学科形成的基层学术组织。一些基层学术组织相对而言甚至显得特别弱势，处于大学组织生态系统的薄弱环节。这些基层学术组织还可能会消耗大学生态系统的整体资源，与优势基层学术组织的发展形成"掉队"或"脱节"现象。但是，边缘效应本身并无优劣之分，从生态系统发展的角度来看，主观能动性的发挥对边缘效应的产生起着决定性作用。在遵循生态规律的前提下，有目的地引导边缘区域的非线性作用，促进其正效应的发挥，阻滞其负效应的产生，对激发生态系统的边缘效应明显是有效的。

（四）生态平衡理论

生态平衡是指生态系统中的生物或生物群落之间及其与生存环境之间维持的一种协调状态，主要表现为生态系统内部的生物种类组成、种群数量、食物链营养结构相对稳定；生物群落与非生物环境之间物质和能量的输入输出基本恒定，信息传递通畅，与生存环境之间达到相互适应和协同共生。这主要表现在系统结构稳定、输入输出平衡和自我调控良好三个方面。一是系统结构稳定。处于平衡态的生态系统中的不同生物种类组成和数量相对稳定，生产者、消费者、分解者的分布相对均衡，生物生存环境的各组成部分之间也存在合理的结构，能够有效保障和调节生态系统功能的正常发挥。二是输入输出平衡。生态系统是一个开放的系统，通过不断与外界环境之间进行物质、能量和信息的交换以达到平衡。如果输入大于输出，则系统内部积累的能量过剩；如果输出大于输入，则会造成入不敷出，生态系统也会处于失衡状态。三是具有调控能力。生态平衡是一种动态的平衡，这是源于生态系统具有调控的能力。生物进化和群落演替本身是一个不断打破旧平衡、建立新平衡的过程。但如果生态系统所受到的外界干扰超过了它自身的调节能力，将彻底打破生态系统的平衡。这时候，以自我为主的生态平衡调节机制就会发生作用，与外部力量通过对物质、能量和信息等外部生态因素输入的改变，或者对导致生态位重叠的因素进行控制，以促进生态系统结构合理、功能优化，使系统达到平衡状态。生态平衡的自我调控建立在生态系统的复杂性和多样性基础上，越是复杂的生态系统结构，自我调节和自我维持的能力就越强，也就越能够抵御来自外界对系统的干扰和冲击。

生态平衡是大学基层学术组织生态系统研究的核心问题。当高等教育生态系统处于平衡状态时，它能够对外表现出"综合平衡、运行高效、功能优异及其与社会环境的良好协同"①。大学基层学术组织生态系统是大学内部不同层面学术组织之间及其与外部环境之间相互作用形成的开放系统。通过与系统外部进行物质、能量与信息的交流形成一定的"营养输送结构"，实现系统内外部之间的良性循环。根据生态平衡理论，大学基层学术组织生态系统的生态平衡主要表现在生态系统与外部环境之间的物质、能量和信息输入输出在较长一段时间里趋于对等，具体表现为生态系统的结构和功能平衡。结构是大学基层学术组织生态系统内部各组织之间以及组织与环境之间相互联系和相互作用的关系总和。生态系统的结构平衡表现为各个基本单元之间的比例适当，相互协调。生态系统的结构平衡性直接决定了大学基层学术组织生态系统的功能发挥。大学基层学术组织生态系统也具有自我调节控制能力。当遇到外来干扰和信息反馈时，大学基层学术组织生态系统会做出自动调节，以适应外部变迁的需要。但是，大学基层学术组织生态系统的调节也具有一定的限度，即"生态阈限"。一旦外来干扰超出"生态阈限"，大学基层学术组织生态系统的自我调节功能就会降低或失效，随之而来的是整个系统的生态危机。

三　理论分析框架

系统思想要求把认识对象视为一个系统和要素、要素和要素、系统和环境相互联系、相互作用的体系。大学基层学术组织生态系统具有明显不同于其他社会组织生态系统的特征。其目标多维、要素多样、环境多变，使大学基层学术组织的异质性显得更为突出。而生态的系统观较一般系统观的不同之处在于，前者能够进一步简化系统内部各要素之间及其和生存环境之间的联系，这有利于深入探寻该领域存在的生态规律和生态问题。因此，系统视角下的大学基层学术组织生态系统的分析可以从价值、结构、功能以及演替等维度展开。三角形的三个角分别代表价值、

---

① 秦小云、贺祖斌：《论高等教育系统的生态平衡》，《教育理论与实践》2004年第11期。

结构、功能，它们共同组成本书关于大学基层学术组织生态系统的理论分析框架，即一个三角形，而多个三角形则强调基层学术组织生态系统随时间的不同而呈现出的动态变化，处于持续的演替过程中（见图2—1）。

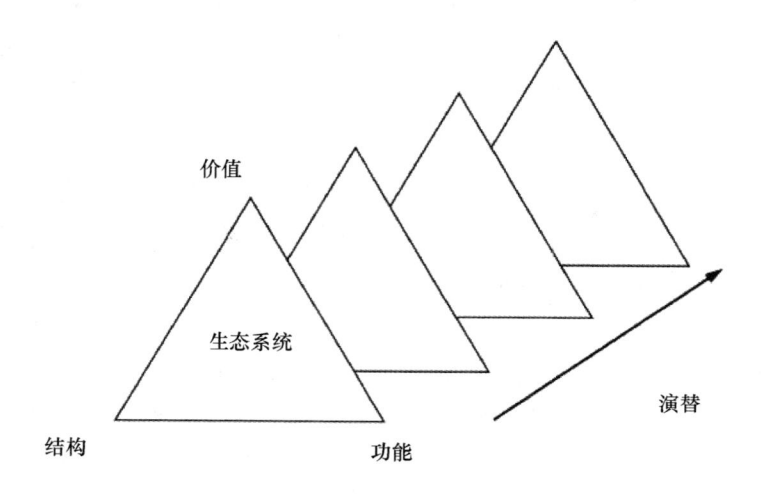

图2—1 生态系统理论分析框架

（一）生态学视角下的大学基层学术组织生态系统

大学基层学术组织生态系统的"一体多样"特质要求相关研究更需秉持一种"整体"和"相互联系"的生态系统观。结构的多样性、形式的多样性和遗传的多样性三个方面是大学基层学术组织生态系统稳定性的重要保障，正是这种多样性支撑了大学基层学术组织生态系统的整体稳定性。具体而言，其一，大学基层学术组织生态系统的整体性是多样性的基本依托。大学组织作为一个整体生态系统，其办学总目标对大学基层学术组织个体目标具有引领导向作用，对大学基层学术组织的发展方向、内部结构、功能组合、形式演替具有一定的规范和限制能力。其二，大学基层学术组织生态系统的多样性是其生存和发展的前提基础。对于一个生态系统而言，物种多样性越丰富、有序程度越高、结构越复杂，其内部控制调节和抗干扰的能力就越强。相应地，系统保持稳定的整体性也就越强。反之，系统抗干扰的能力就越弱，就越不利于系统保持其稳定性。其三，大学基层学术组织生态系统的整体性和多样性内在统一。基于整体性，松散联结的大学基层学术组织才不至于呈现出"散沙一盘",而是在"形式的"松散中形成"学科知识体系的实质"联结,这就更加有利于对学科知识体系进行制度规训。基于多样性,大学基层学术组织生态系统之间不至于"壁垒森严",而是在联结中存在松散的自由度,有利于学科知识的开放互动和交叉融合。大学基层学术组织生态系统的"一体多样"也呼应了大学基层学术组织的组织属性和学科知识属性相统一的本质特征。

基于上述分析,大学基层学术组织生态系统是由多种生态因子交织而成的复杂系统,具有稳定性、可塑性和开放性等特征。其所处的环境可以分为内部环境和外部环境。前者指大学基层学术组织个体、种群、群落之间及其与大学内部环境之间的生态依赖关系;后者指大学基层学术组织往往会受到政治、经济、社会、文化等外部因素的影响或规制。在一定的时空中,大学基层学术组织生态系统和自然生态系统一样,系统内部及其与环境之间进行着同等交流。大学基层学术组织生态系统在吸收外部环境中的物质、能量和信息以获得自身生存和发展的同时,为外部环境输送人才、学术成果以及文化产品。在各种内部环境生态因子和外部环境生态因子的相互作用和相互影响下,最终演替成为动态平衡的生态系统。

(二) 大学基层学术组织生态系统的价值

自然生态的价值是指生态系统以自身为尺度,维持自身复杂性、有序性、自组织性和完整性等固有属性的目的性指向。传统的生态学价值观认为,生态学的价值只有在为人类服务中才能体现出来,因为人被认为是世界上唯一的价值主体。这种价值观在实质上是人类中心主义在生态系统价值判断中的反映,即一切价值都是对于人的价值,是事物特定属性相对于人的特定需要所具有的意义。这种价值观实际上是生态系统的工具性价值观。

直到 1922 年,英国著名哲学家摩尔才最早明确提出内在价值的概念。他认为,价值是内在的,是不依赖于人这一主体而存在的,是由事物自身的属性所决定的。随着内在价值的提出,诸多学者对自然本身的内在价值不断形成新的认识。美国生态学家霍尔姆斯·罗尔斯顿创立的深层生态学,把生态系统视为一个有机整体,主张整个生态系统中的全部存在物都具有内在价值。深层生态学还认为，地球上的所有生命都有价值评价的能力，并将其分为七个层次①：

（1）有价值能力的人类。人类总是从外界事物对自己的需要出发对其做出目的性评价，是价值的衡量者、评价者和生成者。

（2）有价值能力的动物。动物也有需要和利益，能够感受到自己与事物之间的关系，因而对与其相关的事物也具有评价能力。

（3）有价值能力的生物，植物主要指植物。植物虽然不是主体，但也不像石头那样只是一个没有活性的客体。因为植物也有自己的需要和利益，能够捍卫对自己有价值的状态，也同样具有价值评价能力。

（4）有价值能力的物种。一个物种总是遵循着一定的发展路径和规范方式以捍卫特定的生命形式，因此也具有价值能力。

（5）有价值能力的生态系统。生态系统为物种供给生态位，使其多样化的物种之间因相互联系而形成网络，并维持物种间的特定关系，因而具有系统性的价值。

（6）有价值能力的地球。地球把宇宙中的一些元素结合成一个具有自组织机制的、活的系统，从而使人类能够在地球上生存繁衍。地球维持其生命的生成以及生命活力也是有条件的，因此也是一个有价值能力的存在。

（7）有价值能力的自然。地球既是自然界大系统中的一个特殊存在，也是自然界系统综合的结果。自然界本身的存在也有其内在要求和规律，因而也具有价值能力。

可以说，正是在生态危机步步紧逼的形势下，非人类中心的生态伦理观将人类的范畴逐渐扩展到了动物、有机体以及生态系统。价值不再是人类的独有物，不仅人类社会能够创造价值，存在价值关系，地球上的所有生物共同体也能够创造价值。只不过这种价值的参照系不是人类，而是包括人类在内的一切生物进化的生态。因此，生态系统的内在价值

---

① ［美］霍尔姆斯·罗尔斯顿：《自然的价值与价值的本质》，刘耳摘译，《自然辩证法研究》1999年第2期。

也被称为"非工具价值""无关关系的价值"以及"客观价值"①。

生态价值具有整体性、层次性、综合性和客观性的基本性质。生态系统价值与生态系统整体密切相关。对于人类生态系统来说，任何生态系统的价值都是由生态系统各个组成部分和要素相互关联而形成的整体性价值。生态系统的层次性价值只是从生态中的个体、种群、群落和系统等不同生态层次中抽象出来的价值。而生态价值的综合性是从层次性认识到整体性把握的系统整合，这要求重视对架构、功能和演替的整体性掌握。生态价值的客观性表明生态价值客观地存在于生态系统之中，像任何事物的属性不依赖主体的需要而改变一样，它也不依赖于人们的主观认识和评价而改变。

就大学基层学术组织生态系统而言，根据其生态历时和现时的运行规律，可以将其价值概括为"生、和、合、进"。"生"就是指生机、生命之义。生态学以生物有机体生命与其环境的关系为研究对象，追求目标是使整个生态系统中的物种与环境之间能够健康生存，保持勃勃生机。在此意义上可以认为，大学基层学术组织生态系统是对组织群落的仿生学研究，通过仿生学的生态治理以达成激活组织与环境生机活力的目标。"和"的本义是和谐、调和之义。和谐是古今中外哲人孜孜以求的社会治理理想。"和"是指相互对立的事物之间相反相成、互补共生。但是，"和"的观念并不排斥竞争，而是强调在竞争中实现互促共进。大学基层学术组织因学科知识的划分和演进而呈现出不同形态，具有多样性和丰富性。正是这一特性保障着基层学术组织之间在竞争中实现合作，最终实现"共赢"和"双赢"。"合"就是指合作、融合之义。生态学中的"合"指的是把互补协作的关系上升到合作创生的新水平，是系统的协调与配合，是不同因素和子系统之间的融合和合作。任意一个大学基层学术组织都不是由不同系统要素简单聚合而成的，而是在多样性和丰富性的基础上，经过成长、发展、自我修补和整合创造，最终形成有序的整体。当然，这种"合"是以差别和多样性为前提的，而不是简单的"统一"和"同化"。否则个体的特质和潜能将受到抹杀。"进"是指演进、

---

① 盛华夏：《基于生态系统价值的海岸带战略决策技术方法研究》，博士学位论文，厦门大学，2014年。

进取之义。生态系统本身是一个不断上升演化的过程，生态的"和谐"与平衡并不是静态的"死寂"状态，而是不断超越自我的生成状态。这也解释了大学基层学术组织生态系统何以能够随着学科知识的不断分化、整合而处于持续的演替状态。

（三）大学基层学术组织生态系统的结构

层次等级是自然生态系统十分鲜明的本质之一。"根据系统论的观点，任何复杂系统在结构上都是分层次的。"[①] 比如，生物系统的等级结构就是这样一个令人熟悉的事实。以细胞为基础，细胞被组织成组织，再成为器官，器官再成为系统。而细胞内部也有细胞核、细胞膜、微粒体和线粒体等明确的子系统。

在生态学中，英国生态学家埃尔顿曾提出生态金字塔理论，即生态系统中各个营养级有机体的个体数量、生物量或能量是按营养级顺序排列成金字塔顺序的。这一理论说明，生态系统是按照从分子到细胞、器官、机体、种群、群落等不同层次结构逐层演进的，生命的高级层次功能也是由构成它的低级层次发展而来的。因此，对高层生态系统结构和功能的研究必然要从低级层次开始。一定自然区域内的种群生物之间、生物与所处的自然环境之间存在着直接或间接的联系，这些联系集合、形成了一个以物质循环、能量流动和信息传递为基础的、多层次的生态系统。一般系统论强调，层级性是复杂系统的基本属性。但这种层级性并不是地位和权力意义上的等级体制，而是一种分层聚集的机制。[②]

为更加深入地认识大学基层学术组织生态系统的结构，需要对本书导论部分所提到的自然生态系统层次结构进行再认识。自然生态系统通常可以分为物种、种群、群落和生态系统四个等级层次。其中，物种是指具有相同基因的生物个体，是一些变异很小的相同的有机体，是生物分类的基本单元；种群是指生态学上在一定时间内占据一定空间的同种

[①] Herbert A. Simon, *The Sciences of the Artificial*, 3rd edition, Cambridge: MIT Press, 1996, p. 174.

[②] [美] W. 理查德·斯科特、杰拉尔德·F. 戴维斯：《组织理论——理性、自然与开放系统的视角》，高俊山译，中国人民大学出版社2012年版，第111页。

生物的所有个体；群落是指具有直接或间接关系的多种生物群体的有规律组合。生物群落是指居住在一个地区的一切生物物种所组成的共同体，彼此通过各种途径相互作用和相互影响；生态系统是指在一定的空间和时间范围内，在各种生物之间以及生物群落与其无机环境之间，通过能量流动和物质循环而相互作用的一个统一整体。组织生态学在借鉴生态学理论的基础上，将研究的对象拓展到组织个体、组织种群、组织群落和组织生态系统四个递进层次系列。相应地，组织生态学的研究对象也可以分为个体生态、种群生态、群落生态和系统生态四个基本层次。而"生态学研究的对象主要是个体以上的系统层次"①。

一般系统论进一步认为，所有复杂系统具有的共同属性是，"系统由多个子系统组成，本身又是更大系统的一部分"②。因此，按照不同的研究对象，可将大学基层学术组织生态系统分为四个相对的层级进行分析，即大学基层学术组织个体生态系统、种群生态系统、群落生态系统和生态系统整体。个体生态系统是指基于二级学科建立的单个大学基层学术组织内部各要素及其与外部环境之间的关系系统，在整个大学基层学术组织生态系统中属于微观层次生态系统。比如，大学内部生态因子基于学系、研究所、实验室等基层学术组织形成的生态系统。重点研究组织内部的要素构成，探究组织个体生态系统的要素对结构、功能及演替的影响机制。种群生态系统是指基于两个以上基层学术组织及其与外部环境建立的关系系统，在整个大学组织生态系统中属于中观层次生态系统，主要是由两个或两个以上基于同一个一级学科下设的二级学科建立的基层学术组织形成的种群生态系统。比如，大学基于一级学科设立的学院中的两个以上基层学术组织形成的生态系统。重点研究组织种群生态系统的要素对结构、功能及演替的影响机制。群落生态系统是指基于两个以上基层学术组织种群及其与外部环境之间的关系建立的系统，在整个大学组织生态系统中属于宏观层次生态系统，主要是由两个或两个以上

---

① [美] 尤金·P. 奥德姆、加里·W. 巴雷特：《生态学基础》，陆健健等译，高等教育出版社2009年版，第4页。
② [美] W. 理查德·斯科特、杰拉尔德·F. 戴维斯：《组织理论——理性、自然与开放系统的视角》，高俊山译，中国人民大学出版社2012年版，第111页。

基于同一个学科门类建立的基层学术组织种群形成的群落生态系统。比如，大学基于同一个学科门类设立的学部中的两个以上基层学术组织种群形成的生态系统，主要研究群落内部各组织种群之间的结构、功能、演替及其与环境之间的关系。大学基层学术组织生态系统整体是指基于两个或两个以上组织群落及其与外部环境之间的关系建立的系统，是大学组织生态系统本身，由两个或两个以上基于跨学科门类形成的组织群落，主要从大学组织整体上探讨大学组织系统内部组织群落及其与环境之间的关系（详见图2—2）。

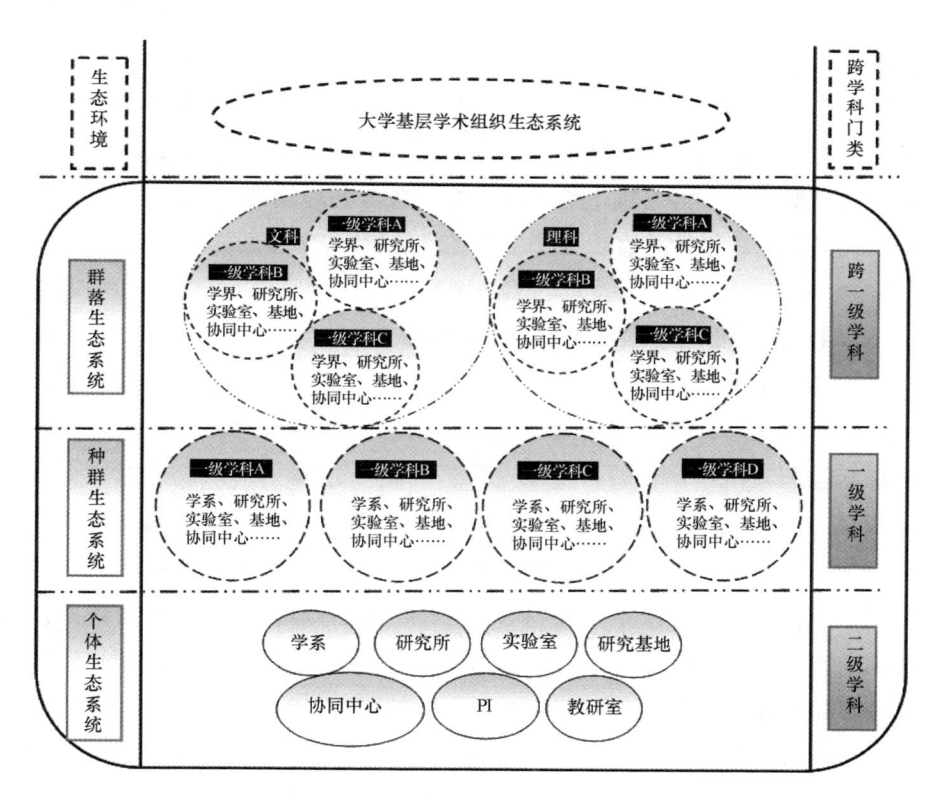

图2—2 大学基层学术组织生态系统层次

与之相对应，生态学也可分为四个不同层次。即组织个体生态学是以单个组织为对象，重点研究在组织内部，构成组织生态的要素对组织结构、行为及结果影响的规律；组织种群生态学是以多个具有某种相同特征的组织集合即种群为对象，重点研究种群的结构、行为及作用结果的基本规律；组织群落生态学以多个组织种群集合为对象，重点研究种群之间的结构、行为、作用结果以及与环境之间关系的基本规律；生态系统生态学则是以生态系统为对象，研究生态系统的组成要素、结构与功能、发展与演替以及人为影响与调控机制的生态科学①，是组织生态学研究的最高层次。在大学基层学术组织生态系统整体中，个体生态系统、种群生态系统和群落生态系统也是分层存在的，每一个层级是更大层级的一个子集，且是一个相对独立的系统。而大学基层学术组织生态系统整体则涵盖了各类各层基层学术组织、相互之间的关系及其与外部环境之间的关系。同时，大学基层学术组织生态系统的层级性和松散耦合联系之间的关系是辩证统一的，各层级内部的联系和相互依赖的程度要高于部件之间的联系和相互依赖程度，使得子系统具备了"稳定部件"属性——"具有无须经常的上级干涉也能维系自己的能力"。这也是为什么层级比其他系统结构具有更显著生存优势的原因之一。②

（四）大学基层学术组织生态系统的功能

大学基层学术组织生态系统的功能发挥源于生态系统的自组织催化循环。自组织理论认为，在生命从有机物向生命体进化时，存在着一个核酸与蛋白质相互耦合的自复制过程。在这一过程中，系统的每一个部分都是一个能够进行自我复制、自我更新的单元，各部分之间通过功能耦合形成一个从低级到高级的催化循环网络。这一催化循环网络具有两个特点：一是每一个子系统在自复制、自更新的同时为相关子系统的创生演化提供有利条件。每个子系统在单独运作时就是一个反应循环，在自身发生催化反应的同时，子系统之间又相互作用、紧密关联，在功能上发生耦合，并为其他子系统的催化反应提供支持，形成一个更大的催化循环的组成部分。二是各子系统的变异存在相互选择、相互约束的正负反馈作用。如果子系统的变异相对其他子系统是支持性的，就会被采

---

① 陈春花、杨忠、曹洲涛：《组织行为学》，机械工业出版社2013年版，第382页。
② ［美］W. 理查德·斯科特、杰拉尔德·F. 戴维斯：《组织理论——理性、自然与开放系统的视角》，高俊山译，中国人民大学出版社2012年版，第111页。

纳，否则就会被淘汰。

大学基层学术组织生态系统作为复杂系统，学科知识的分化整合是该系统实现催化循环的"催化酶"，并在"催化酶"的作用下，实现系统内部及系统之间的循环。围绕"学术"功能，大学基层学术组织个体生态系统可分为人才培养（学术传承）、科学研究（学术创新）、学术应用（社会应用）、文化传承创新（学术文化）和国际交流合作（学术交流）五个自主循环的功能子系统。在人才培养子系统中，立足专业平台，教学研究为教学活动提供理论依据，教学活动为教学研究提供方法支撑，形成自主催化循环的子系统；在科学研究子系统中，立足科研平台，科学的理论研究和应用研究相互促进，产生创新性的成果；在社会服务子系统中，立足创新创业平台，成果转化和实践活动相互促进，为理论联系实际提供路径；在文化传承创新子系统中，立足艺术展演和科普宣传等平台，实现文化理论研究与文化传播实践活动相互促进；在国际交流合作子系统中，立足国际交流合作项目，开展师生对外交流，实现"引进来"与"走出去"相结合。

从组织系统的更高层次来看，五个功能子系统之间又产生相互联系，形成更大的循环系统。这些子系统之间基于学科知识的分化整合，在自催化、自循环的同时，"又在功能上耦合起来形成更高层次的超循环"①，进而形成一个更大的功能循环系统。在教育教学子系统与科学研究子系统之间，科学研究为教育教学提供理论引领，教师将理论形态转化为知识形态再转化为教育形态，从而完成教育教学全过程。如果科学研究不强，很难有与科学研究相适应的高水平教学，更不可能培养出拔尖创新人才。而教育教学是科学研究的问题来源，大学的教学研究和教学活动在本质上是学术人对知识的发现、发展与创造。教学相长，教师正是由于结合教育教学中所面临的困惑开展了有针对性的研究，才能不断提升自身的科研水平。教育教学子系统又可为社会输送高层次人才，社会服务子系统又为教育教学子系统提供实践教学的空间和教学改革的需求。同时，社会服务子系统也为科研子系统提供课题与数据来

---

① 张智光：《提升一流大学人才培养质量的根本出路——教学—科研—社会服务的超循环共生系统》，《国家行政学院学报》2019年第3期。

源,对理论进行验证,科研子系统则为社会服务子系统提供政策咨询和解决方案。文化传承创新子系统以先进的大学文化引领社区文化发展,在国际合作与交流中弘扬和传承中华文化,并为人才培养、科学研究和社会服务提供文化氛围。国际交流合作子系统则在为教育教学、科学研究和社会服务提供国际视野的同时,为文化传承创新提供国际路径(详见图2—3)。

大学基层学术组织生态系统内部及其相互之间这种作用所形成的催化循环机制,实现了生态系统的功能子系统之间的耦合,使大学基层学术组织生态系统由相互割裂甚至对立的圈层状态,向互利共生的状态演进。在这种演进状态下,即使是某一功能子系统的循环出现对整体系统循环的阻滞、偏离甚至倒退,都会被整体循环产生的正向反馈作用所克服,从而实现系统整体相对稳定的演化。比如,当教育教学功能子系统中出现学生实践能力不足的问题时,就需要发挥社会服务功能子系统的作用,建立以社会实践为导向的教学模式和课程体系,引导学生早进实验室、早进实践基地,在实践中检验和发展理论知识。

(五) 大学基层学术组织生态系统的演替

自然生态系统的演替是指在一定的地域空间内,由于物理环境条件的改变,在有机体与环境的反复作用下,生态群落从一种类型向另一种类型转变并逐步实现稳定发展的不可逆的顺序过程。"生物群落的演替是群落内部关系(包括种内和种间关系)与外部环境中各种生态因子综合作用的结果。"[①] 其所经历的变迁过程大致是,从种间关系的不协调到协调、从物种单一性到多样性,最后到一个与环境相适应的、稳定的生态系统。演替现象体现出生态系统自调节、自修复、自维持和自发展的能力,以及趋向系统平衡的特征。与自然生态系统的演替相似,大学基层学术组织也不断发生着一个群落代替另一个群落的现象。在学科知识分化整合的内在机制和外部环境的共同作用下,大学基层学术组织生态系统在不同历史时期形成不同的样态。

---

① 李振基、陈小麟、郑海雷编著:《生态学》,科学出版社2014年版,第165页。

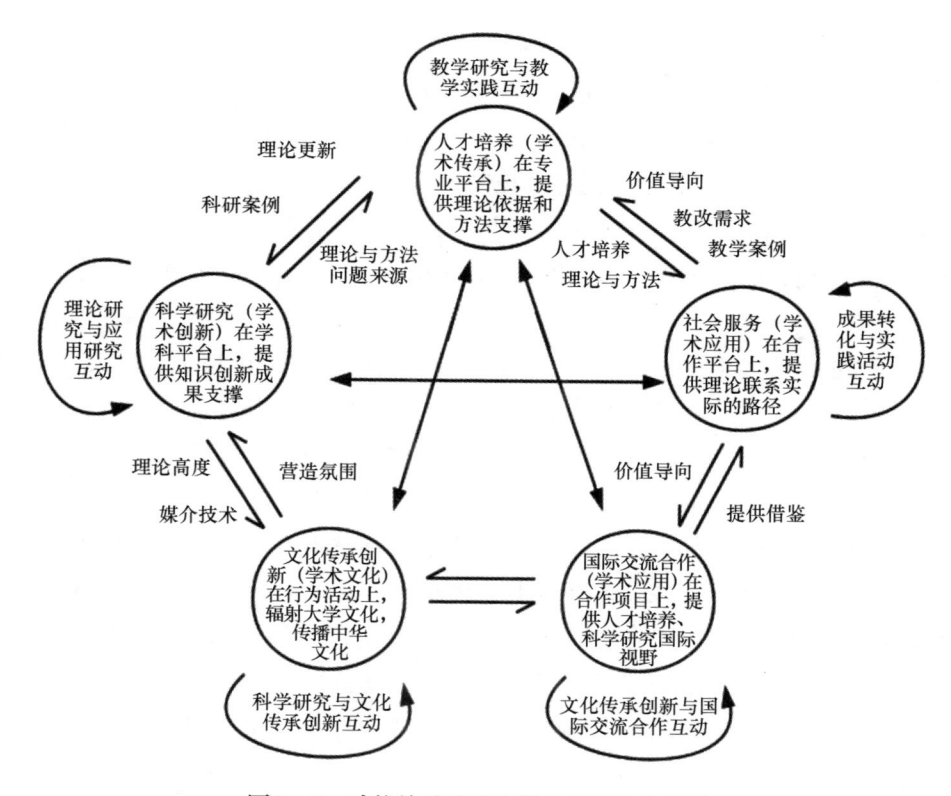

图 2—3　功能关系子系统催化循环共生模型

资料来源：张智光《提升一流大学人才培养质量的根本出路——教学—科研—社会服务的超循环共生系统》，《国家行政学院学报》2019 年第 3 期。

1. 现代大学基层学术组织生态系统的生成演替

欧洲中世纪是学界公认的现代大学的滥觞时期。虽然在此之前，大学作为一种组织已经经历了漫长的演进，但真正具有组织意义的大学基层学术组织的发端，还是在现代大学制度诞生之后。

（1）欧洲中世纪时期的欧美大学基层学术组织生态系统

11 世纪左右，商业文明的繁盛使希腊、阿拉伯古典知识被重新发掘，职业知识分子大量涌现，为最初的大学组织诞生创造了条件。从 1075 年开始，在罗马教廷和帝国发生重大政治冲突的主要地区，独立于当地教会学校的私立法律教学组织大量兴起。这些教学组织快速增长的学生，为了与当地的居民或市政当局斗争以维护集体权利，便仿照当时意大利流行的行会组织形式，自觉按照来源地成立了"同乡会"①。后来，这些"同乡会"又逐渐高度结构化，演变成为具有选举权的独立组织。"同乡会"联合起来之后，形成"大学"，并选举校长作为他们的领导人。同时，通过"同乡会"，学生们完全控制了学习的组织和管理。自己雇用教师，确定教师的薪金，与教师签订契约，要求他们保证严格遵守民法或教会法规定的有关内容。可以说，"大学在这个时期作为一个机构完全稳定下来了"②。

12世纪初，巴黎作为法国的文化中心，已有不少讲授神学、文法、医学、法律或辩证法的学校，有些由独立行动的教师开办，有些则由传统的教会或教堂学校转变而来。在这些学校的基础上，先后形成了一些叫作"大学馆"的松散联合的社团组织。教师们在"大学馆"中开展教学与研究，并逐步拥有了选举校长来集中管理整个大学的权力。在"大学馆"的基础上，后来又逐渐诞生了"学舍"和"学院"两种重要的基层学术组织。③"学舍"最初是巴黎大学为贫穷学生提供的客房或公寓等住所，后来逐渐演变为提供食宿和进行学术交流的自治或半自治学术团体。到中世纪末期，巴黎大学共建立了40余所学舍，成为讲座者和学生们活动的知识中心。"在与学院的竞争中，学舍的地位不断上升，学院的作用逐渐被削弱到仅仅授予学位。"④ 学院是巴黎大学早期逐步形成的另一类传承至今的基层学术组织，主要是教师基于学科知识的划分而形成的学术团体。草创时期的巴黎大学长期由神学院、文学院、法学院和医学院组成。每个学院均由一名从事教学的高级教师担任院长，作为教师集会的主席，并设有财务、教务等方面的主管。

---

① 有些著作中使用"行会"即拉丁语"universitas"一词来指称"同乡会"这一社团组织，该词也因此成为大学英语单词university的词根。

② ［瑞士］瓦尔特·吕埃格主编、［比］希尔德·德·里德—西蒙斯分册主编：《欧洲大学史：中世纪大学》（第1卷），张贤斌等译，河北大学出版社2007年版，第50—52页。

③ 在不同语境中，"学院"对应的英语单词有"faculty""college""school""house""hall""hostel"等，为了避免语词使用上的混乱，结合中文对"学院"一词的界定，本书借鉴张正军、李自修等学者的研究成果，将剑桥大学的college译为"学舍"，以与faculty进行区别。

④ ［瑞士］瓦尔特·吕埃格主编、［比］希尔德·德·里德—西蒙斯分册主编：《欧洲大学史：中世纪大学》（第1卷），张贤斌等译，第65页。

在巴黎大学日渐衰落之时，同样产生于中世纪的牛津大学和剑桥大学迅速发展起来并后来居上，成为欧洲高等教育的中心。与博洛尼亚大学和巴黎大学相似，牛津大学的发端也源于自发性质的社团组织。当时，在牛津城已有的法律学校或修道院学校的基础上，学者行会广泛招募教师开设课程讲学，从而形成了"同乡会""大学馆"或高等学科研习所等学术组织。到 15 世纪末 16 世纪初，"同乡会"等组织衰落之后，原本主要为学生提供住宿地的"学舍"逐渐增加了向本科生和研究生提供通识课程、学术交流及图书阅览的组织功能。与此同时，牛津大学内部组织体系中还形成了按学科知识划分的专业性"学院"，主要由稳定的教师队伍和从事专业学习的学生构成。① "中世纪的牛津大学也逐渐成为除巴黎大学之外极少数几所拥有文学、法学、医学和神学全部四个学院的大学之一。"② 这些"学院"与提供住宿和导师制的"学舍"互相补充，较好地实现了学生通识教育与专业教育的结合，直至今日还为世界大学所广为效仿。

（2）近现代时期的现代大学基层学术组织生态系统

从欧洲中世纪结束到 18 世纪的 300 多年间，欧洲社会经历了从封建社会向资本主义社会过渡的漫长时期。近代科学的诞生使自然科学领域的相关新兴学科开始不同程度地进入大学的学术领域，与此相关的学院和讲席教授职位大量设立。学院制度的理想以及基于寄宿制学院（学舍）体系的原则在欧洲得到进一步发展，传统的形而上学和神学学科不再成为大学机构必须讲授的课程，医学及各类自然科学学科的开设使"神学丧失了它在大学的领导地位"，哲学院和法学院逐渐取而代之。③ 学院以知识传授为主的教学功能得到强化，教师和学生在学院里共同生活和工作，学术自由和教学自由的原则在大学组织内部开始得到确立。英、法

---

① 在欧美大学的演进历程中，"学院"被视为不含行政职能的纯学术组织，这与中国大学明确将"学院"作为二级行政组织不同。因此，此处特别将"学院"纳入对欧美大学基层学术组织的演进历程进行了考察。

② 张正军：《大学的起源与演进——组织视角下的历史和逻辑》，中国社会科学出版社 2015 年版，第 161 页。

③ ［瑞士］瓦尔特·吕埃格主编、［比］希尔德·德·里德—西蒙斯分册主编：《欧洲大学史：近代早期的欧洲大学（1500—1800）》（第 2 卷），贺国庆等译，河北大学出版社 2007 年版，第 652—656 页。

等国大学内部原有的神学院、文学院和医学院三足鼎立的格局逐渐发生改变，不同的大学继续以自己独特的途径发展，表现出不同的大学和学院模式。

19世纪初，德国柏林大学的建立将现代大学带入了新的历史时期，大学基层学术组织的演进也迈入快车道。自柏林大学创建伊始，"现代大学之父"威廉·冯·洪堡就把凸显大学科学研究的职能作为根本要求，提出"独立性、自由与合作相统一""教学与研究相统一"的原则。按此原则，柏林大学创设了一系列影响深远的学术制度，极大地推动了讲座和研究所等基层学术组织形式的完善。"讲座"最先由大学分科设立，通过将分科教授取代全科教授的做法，少数教授逐渐被固定在某个学科的讲座教授岗位上。后来，教师的薪金也与讲座教授岗位挂钩，并纳入政府的预算中，有效保证了讲座教授在大学治理体系中的地位。经过长期运行，讲座教授有效地将研讨班、实验室与研究所成果集中起来，实现了科研、教学与学习的有效统一。柏林大学又在习明纳制的基础上，结合讲座教授制度，成立了由讲座教授主持的融合教学和科研职能的研究所。自此，研究所成为一种融合教学科研功能的基层学术组织形式。同时，受法国大学的影响，德国的部分大学也初步尝试实验教学。1826年，吉森大学的化学家李比希创建了现代教育史上的首个实验室。该实验室在完成理论教学的同时，组织学生利用实验仪器开展科学研究，实现了理论教学与实验教学的结合，改变了原来纯理论的自然哲学教学方式。随后，解剖学与生理学实验室、化学实验室、心理学实验室等一批大学实验室在德国诞生，为自然科学研究和人才培养开创了新的基层学术组织形式。

19世纪中叶以后，英国在承袭苏格兰一个学科由一名教授负责的"教授制"基础上，借鉴德国讲座制并进行了改良，形成"一门学科一个系"的学系制，建立了牛津大学克莱伦顿实验室、剑桥大学卡文迪什实验室等一批实验教学组织，并根据自然科学发展需要调整了研究机构。法国在国家统一开办并管理大学的体制下，取消了院系设置，根据教学的需要，借鉴德国讲座教授的设置，设立了高度统一的教学管理制度。但法国大学的讲座教授并不承担科研组织的职能，而是由国家设立的中央研究机构统一负责。① 明治维新后，日本的大学也对德国大学的讲座制进行了借鉴，并形成具有日本特色的讲座制。日本大学的讲座制不仅承担教学功能，还负责不同学科的研究活动。美国大学传承借鉴了德国大学基层学术组织的多样性，将德国大学的办学理念和学术制度移植到美国，"有组织的研究单位"和"有组织的教学单位"不断涌现。在霍普金斯大学开创研究型大学、威斯康星大学开创社会服务型大学模式的引领下，美国大学尝试面向社会需求建立专业实验室，以改造传统学院和专业。这些大学基层学术组织基本上实现了相对独立的教学运行机制、"教授治学"的民主决策机制和相对灵活的学术研究合作机制，推动了美国高等教育的崛起。

（3）20世纪中叶以来的大学基层学术组织生态系统

20世纪五六十年代至20世纪末期，战后和平社会环境的到来、世界经济复苏和第三次科技革命为大学的高速发展创造了条件。知识生产方式由分化向综合转变成为大势所趋。不同学科知识之间的交叉融合不断加快，新兴学科不断产生。这要求大学在提供"公共知识"的传统基础上，"更愿意去服务社会，通过将知识运用于经济、社会、产业、政治与毕业生工作等其他问题的解决，来完成研究与教学"②。在这一时期，跨学科知识活动的兴起必然导致大学组织结构的变化。一方面，面向问题的跨学科知识活动打破了学科组织中教学与科研相统一的制度平衡，教学、科研活动开始从传统学科组织中漂移而出，打破了基层学术组织赖以存在的制度结构。另一方面，20世纪科学发展呈现出的"大学科"这一显著特征，使科学成为系统工程，单一的大学基层学术组织已难以单独提供科研所需的条件。③ 促进知识交叉融合的实验室、交叉研究中心等跨学科组织不断涌现，大学基层学术组织呈现出多样化的发展态势。

---

① ［加］约翰·范德格拉夫等编著：《学术权力——七国高等教育管理体制比较》，王承绪等译，浙江教育出版社2001年版，第50页。

② Co-Operation OOFE, *Development. University Research in Transition*, Paris: OECD publications, 1998, p.14.

③ 伍醒：《知识演进视域下的大学基层学术组织变迁》，浙江大学出版社2016年版，第142页。

在高校数量和规模大幅扩张的同时，西方各国结合本国人才培养和科学研究的需要，对高等教育有意识地规划调整也随即展开，形成多样化的大学基层学术组织样式。联邦德国于 1976 年颁布《高等学校总纲法》，在对高等学校的办学活动进行规范的同时，撤并研究所，创立学系以取代学部。德国大学内部治理体系由此形成了以学系和研究所为主的基层学术组织种群形式。英国于 20 世纪 60 年代创办的 10 所"新大学"在传承牛津和剑桥大学学院制的基础上，对传统的学院制进行了改革。打破传统的系科设置惯例，建立了直接由学科组成的学群，形成大学与学群两级结构。法国则于 1968 年通过《高等教育方向法》，对大学结构进行改革，将 23 所大学及其学部解散后重新组建为 730 个跨学科的教学与科研单位，法国大学的治理结构也由三级变为两级。与此同时，日本大学在借鉴美国模式的基础上，探索新的本土化大学基层学术组织形式。东京大学等 5 所国立大学均采用学部的基层学术组织方式，并在学部下设讲座制，形成"大学—学部—讲座制"的三级结构形式。在这种形式下，学部和讲座是大学基层学术组织的主要方式，讲座主持人和学部主任既是学术带头人，也是行政负责人，既承担学术事务也承担行政事务。日本筑波大学采用了学群、学类和学系等新的基层学术组织，设有"人文、社会、自然"三个学群，在学群进一步分化后设立学类，学类以下再设立类似于研究所的"学系"，直接隶属于学校。

第二次世界大战后，成体系的跨学科教育和研究活动开始兴起，跨学科、跨院系治理理念逐步向大学内部渗透，"兴趣浪潮自 20 世纪 70 年代以来并未明显减弱"[①]。特别是进入 21 世纪，随着现代科技知识由分化向综合演变速度的加快，跨学科成为大学主动适应社会知识生产需要、维系自身生存发展的必然要求。欧美大学通过自主设立跨学科的教学和研究机构来推动跨学科研究活动的开展。德国大学先后进行了以"学域"代替"学部"、建立研究生院和推行讲座制的改革。法国大学则取消原有的学部和讲座，组建了教学与研究单位 UER，并与政府和

---

① L. R. Lattuca, *Creating Interdisciplinarity: Interdisciplinary Research and Teaching among College and University Faculty*, Nashville: Vanderbilt University Press, 2001, p. 18.

企业共建研究中心。英国大学推进"学群"制改革,创办了大批科技园和校企联合研究机构。牛津大学还专门在《战略计划 2013—2018 年》中将"加强跨部门、学院和大学的协作机构"作为首要发展愿景,并确定五大优先战略。美国联邦政府早在第二次世界大战时期就通过在大学设立跨学科研究的专门实验室,并为其提供包括科研技术人员、专项经费在内的丰厚保障条件,促进学科的交叉融合。比如,20 世纪 40 年代后,由美国联邦政府主导,先后在麻省理工学院、加州大学、斯坦福大学等高校建立一批实验室和工程中心,推动能源、通信工程、航空航天等领域的学科交叉与创新。2004 年,美国国家科学院发布《促进跨学科研究报告》,明确提出"以学院、各系组成纵向一维,跨学科研究中心、研究所为横向一维的矩阵式跨学科研究机制和支撑体系"[①]。2005 年,美国联邦科学基金会要求工程研究中心推进有团队合作的跨学科问题研究,一大批跨学科研究中心和实验室随后在各个大学诞生,推动大学内外部的开放协同。近五年来,美国先后启动了《本科生科研项目计划》和"跨学科研究生培养计划",建立跨学科实验室交叉学科专家委员会,实施教师跨学科跨院系《集群聘任计划》,推动跨学科、跨领域的集成与创新。哈佛大学、密歇根大学、南加州大学等高校也进一步将跨学科跨院系治理列入长期战略计划进行推动,加快交叉学科平台建设。这些举措有力地推动了西方国家大学基层学术组织向多样化方向发展。今天,仅仅在哈佛大学、剑桥大学、斯坦福大学等世界知名高校的网站上,就能看到名称多样、种类繁多、数量庞大的跨学科组织代码从 A 排到 Z,并且这一数量还在不断增长之中。

2. 中国大学基层学术组织生态系统的生成演进

中国现代大学制度是在借鉴西方现代大学制度的基础上,不断进行本土探索而形成的。在此背景下,大学基层学术组织生态系统大致经过了清末至民国时期、新中国成立至改革开放前、改革开放至今三个演进阶段。

---

① 赵晓春:《跨学科研究与科研创新能力建设》,博士学位论文,中国科学技术大学,2007 年。

(1) 清末至民国时期的大学基层学术组织生态系统

虽然教育史上通常将清末建立的"北洋公学"（天津大学前身）和京师大学堂（北京大学前身）作为中国现代大学的开端，但从上述大学当时的内部组织结构来看，却远没有形成现代大学内部治理体系。比如，尽管京师大学堂实行了分科教习制度，下设预备科、速成科、博物实习科等多个学科，但各级人员之间仍然建立了明确的上下级隶属关系，没有脱离官僚制的性质。事实上，现代意义上的大学内部治理体系的形成，则晚至南京临时政府教育部成立之后。国民政府通过系列法律法规，对包括学校宗旨、学制、学科、课程、制度以及教职员薪俸等方面的内容进行了规范，这些内容对大学内部组织的建构无疑产生了直接影响，客观上推动中国新型大学基层学术组织的诞生（详见表2—1）。

表2—1　国民政府法律法规中对大学基层学术组织的规定

法律名称	颁布时间	相关规定（部分摘录整理）
大学令	1912年10月	大学分为七科，各科设学长和讲座教授
修正大学令	1917年9月	各科设学长一人，主持一科事务。设大学院
国立大学校条例令	1924年2月	国立大学各科分设各学系，各科、各学系及大学院各设主任一人。设教务会议，审议学则及关于全校教学、训育事项，由各科各学系及大学院之主任组织之
大学规程	1929年8月	大学各学院或独立学院各科，分若干学系。各学系遇必要时，再分组；设立"大学院"，为大学教授与学生"开展极深研究之所"
大学组织法	1929年7月（1934年4月修正）	大学设学院、学系；各学系设主任一人，由院长商请校长聘任之
大学研究院暂行组织规程	1934年5月	依大学组织法规定设研究院，分文、理、法、教育等研究所。具备三研究所以上者，称研究院。各研究所依其本科所设各系分若干部，称某研究所某部。研究院、所、部的设置须得教育部核准

续表

法律名称	颁布时间	相关规定（部分摘录整理）
大学及独立学院各学系名称	1939年9月	各学院按一级学科设若干系，两学门以上合并组成之学系，由各校院就合组情形拟定名称呈请教育部核定。医学院不分系，教育学院分设教育原理、教育心理、教育方法及其他各系
大学研究所暂行组织规程	1946年12月	取消研究院与各部，仅设研究所，与各学系打成一片，依学系名称称为某研究所。设主任一人，由相关学系主任兼任
大学法	1948年1月	大学学院下设学系，各学系主任职责权限设置遵照大学组织法

资料来源：《大学令》《大学组织法》《大学法》等法令相关条文摘自中央教科所教育史研究室编纂的《中华民国教育法规选编（1912—1949）》，江苏教育出版社1990年版，第430、416—417、430—432页；《修正大学令》《国立大学校条例令》等法令条文摘自中国第二历史档案馆编纂的《中华民国史档案资料汇编》（第三辑），江苏古籍出版社1991年版，第165—167页；《大学组织法》的法令条文摘自中国第二历史档案馆编纂的《中华民国史档案资料汇编》（第五辑），江苏古籍出版社1994年版，第171—173页。其余相关法律法令条文摘自骆威所著的《南京国民政府时期的高等教育立法》（附录2），选自《民国时期重要高等教育法律、法规、法令》，南京大学出版社2016年版，第199—232页。

国民政府通过直接介入大学内部治理体系的建构，对学系和研究所等基层学术组织做出基本规定。学院、学系和研究所等基层学术组织形态先后出现，并且系主任和教授等学术人员被赋予了相应的职责、职能。

在政府等外部力量介入的同时，知识体系的演进则在大学基层学术组织变革中发挥了内在推动作用。20世纪初叶，随着现代教育、学术、传播等领域的观念革新和技术进步，知识生产领域的劳动分工程度和流动速度不断提高，从而呼唤新型学术组织方式的产生，以培养从事专门研究的学者，合理配置学术资源，开展同行间的学术合作。在蔡元培、胡适、吴宓在内的一大批留学归国学者的推动下，国内大学掀起内部治理结构变革和学术组织创设的热潮。1920年前后，北京大学效仿欧美等国大学制度，先后设立国学研究所、外国文学研究所、社会科学研究所、自然科学研究所及北京大学国学门，首开中国学术组织和学术制度改革的先声。北大国学门的成功创设很快在国内大学中产生了引领带动作用。燕京大学国学所、齐鲁大学国学所等一批专事国学传承研究的现代学术机构得到建立，带动了民国时期大学基层学术组织的创设和革新。1924年前后，北京大学将原来学科下设立的"门"改为"学系"，各系设系主任和教授委员会，主要负责定期讨论各系的教学计划、设置学科课程、确定研究方向以及发放学生教学金等事宜。学系由此成为北京大学传承至今的基层学术组织形式。

总体来看，民国时期的大学主要采用了校—院—系（所）的结构模式，系和研究所是主要的基层学术组织形式，这一模式延续了以学科分类为基础的建制传统。更为重要的是，在结构不断完善的同时，大学基层学术组织也获得了参与大学层面学术事务的制度渠道，人事聘任权、教学组织权、发展规划权等相关学术权力得到进一步明晰。一些教学和科研工作的组织任务最先由学科来完成，后来再转移到"门"或"系"，开创了近代大学学科组织根据知识的学科分类设立基层学术组织的学科逻辑模式。[①]

（2）新中国成立至改革开放时期的大学基层学术组织生态系统

中华人民共和国成立后，因教育服务社会主义政治经济建设的需要，国家通过高等教育政策对大学内部治理体系的建构施加了更为直接的影响。1949年12月，在国家政务院颁布的《关于成立中国人民大学的决定》中，提出"接受苏联先进的建设经验"[②]，将系作为大学基本的基层教学组织，研究所由此很快退出了大学内部治理结构。1950年6月1—9日，第一次全国高等教育会议通过《关于高等学校领导关系的决定》《关于高等学校课程改革的决定》《高等学校暂行规程》等文件，对中国大学内部制度做出进一步明确规定。特别是《高等学校暂行规

[①] 斯日古楞：《中国近代国立大学学科建制与发展研究（1895—1937）》，中国社会科学出版社2016年版，第306页。

[②] 关保英主编：《教育行政法典汇编（1949—1965）》，山东人民出版社2016年版，第3页。

程》要求："教学研究指导组织（教研组）为教学的基本组织，由一种课目或性质相近的几种课目之全体教师组成之；各教研组设主任一人，由校（院）长就教授中聘任，报请中央教育部备案。"同时，将系作为大学的"教学行政基层组织"，并规定学院为行政组织。① 以苏联的大学制度为蓝本，将过去的"大学—学院—系"的内部组织三层次系统改为"大学—系"两个层次系统。② 这是新中国成立以来对大学基层学术组织进行明确规范的国家政策，甚至被学者认为是"中国特色现代大学制度的原点"，成为较长一个时期里中国大学进行内部基层学术组织创设所遵循的主要依据。

1952年至1956年，高等教育开启全面学习苏联模式。在社会主义改造时期，为使高等教育与国民经济的发展更加紧密地结合起来，培养更多适应经济建设需要的"专才"，国家对高等教育实行了高度统一的计划体制。按照"削减综合大学、增加单科院校"的主导思想，大规模的院系调整开始。一大批以人文科学见长的综合性大学纷纷被拆散，代之而起的是大量以工科类学院为主体的专科性大学。与此同时，大学内部则"按产业部门、行业甚至按产品设置学院、系科和专业"③。在这次调整中，大学的学院建制逐渐被取消，大学开始实施校系两级管理。系之下设置专业，国家按计划以专业为单位分配招生名额，每个专业都被严格限定了开设的不同类型课程以及比例，以适应经济社会发展对专业人才的急切需要。为进一步保证人才培养的质量，每个专业又根据开设的课程设置了一个到多个教研组或教研室。教研室除了主要承担教学任务外，还承担一些科研工作和行政管理职能，成为中国大学至今仍有一定影响的基层学术组织形式。

1963年1月，教育部召开直属高校自然科学研究工作会议，指出科学研究是高校的一项重要任务，应在开展教学的同时进行科研工作，并

---

① 国务院法制办公室：《中华人民共和国法规汇编（1949—1952）》（第1卷），中国法制出版社2005年版，第271—271页。

② 胡建华：《现代中国大学制度的原点：50年代初期的大学改革》，南京师范大学出版社2001年版，第3页。

③ 高田钦：《"文革"时期我国高校组织及制度变迁》，南京大学出版社2015年版，第24页。

决定在直属高校中建立一批研究机构。因为这些机构以"研究所"命名，无下属基层学术组织，这实质上是对民国时期大学"研究所"的一种形式上的回归。因为在一段时间内，科学研究主要由中国社会科学院为首的官方研究体系承担，高校则主要承担人才培养的任务，科学研究的功能一度从大学剥离。但经过一段时间的运行后，这一模式的弊端逐渐暴露出来。科研与教学的分离直接导致高校科研水平的急剧下降，教学质量无法得到保障。与此同时，高校缺乏服务经济社会发展的渠道，进一步增大了封闭化办学的风险。然而，这种持续演进的历程随着"文化大革命"的到来很快被打断。在"文化大革命"期间，部分大学被停办或解散，大学组织制度遭受严重破坏，大学基层学术组织的形式被瓦解。从整体上看，这一时期的大学基层学术组织主要采用了校—系（所）的结构模式，教学与科研在功能上出现相互分离的问题，政治、经济等外部环境中的生态因子在演进中产生了主导性影响。

（3）改革开放后的大学基层学术组织生态系统

20世纪80年代初，在改革开放的大潮中，经济社会发展呼唤知识的交叉融合和实际应用，以教研室为主的大学基层学术组织暴露出管理封闭和学科划分过细等问题。中国高等教育开始放弃苏联模式，再一次将学习的目光投向欧美国家。从1983年开始，一大批高校陆续实施学院制。同时，研究所、电教中心、实验室等教学研究组织形式不断涌现。1985年，中共中央颁布《关于教育体制改革的决定》，明确要将高校建设成为教育中心和科研中心，"以满足经济社会发展的需要"。在这一政策的指导下，国家教委于1988年印发《直属高等学校科学技术研究机构管理暂行办法》，要求高校可以有重点地设立相对稳定、确有特色而又精干的研究机构，或与校外单位合办研究机构，以形成更多先进的科研、教学基地。这一举措的实施，直接推动了大学基层学术组织复归教学和科研功能相互融合的传统。与此同时，为加快综合性大学建设，在国家通过颁布《关于教育体制改革的决定》等政策赋予高校更多办学自主权的前提下，中国高校掀起撤系建院的热潮，绝大多数大学的学系和教研室等基层学术组织被纳入学院之中进行管理，成为沿袭至今的大学基层学术组织形式。

自20世纪90年代开始，随着高校办学自主权的不断扩大和国家对重点学科建设支持力度的加大。国家"211 工程""985 工程""2011 计划"等重大高等教育发展战略启动实施，使中国大学基层学术组织"千校一面"的形式逐步得到改善，在系和研究所的基础上，出现了教育部委托高校建立或管理的各类重点科研机构。先后建立了国家重点实验室（省部共建国家重点实验室）、国家工程研究中心、国家工程技术研究中心、教育部人文社会科学重点研究基地、国家实验室、教育部重点实验室、教育部工程研究中心、国家工程实验室、国家地方联合工程研究中心（工程实验室）、2011 协同创新中心、前沿科学中心。据不完全统计，截至 2021 年，其总数达到 2000 余个。[①] 2004 年，教育部、财政部印发《关于继续实施"985 工程"建设项目的意见》（教重〔2004〕1 号），"985 工程"进入二期建设阶段。该意见提出，重点建设一批"985 工程"科技创新平台和哲学社会科学创新基地。虽然对平台没有做出明确定义，但提出要建设三类平台，即创新研发平台、技术创新与成果转化基地、公共服务基地。其后，教育部和一些省份率先共建了一批国家级科研机构。

与此同时，为配合国家级科研机构的建设，许多大学对教学科研组织进行了调整，并开始从"校—院—系"三级管理向以院为实体，校院两级管理体制过渡。学系、研究所的行政管理功能回归学院，成为比较纯粹的学术组织。高校在大学基层学术组织建设中不断突破，呈现出更加自主、灵活、多样的特征。比如，在 1952 年、1956 年、1989 年、2014 年四个时间节点，清华大学、北京大学、浙江大学、中国人民大学、南京大学、同济大学、东北大学、武汉大学、哈尔滨工业大学、中国农业大学 10 所大学设置的基层学术组织总数分别为 70 个、89 个、196 个、270 个，大学设置的基层学术组织的平均数分别达到 7 个、8.9 个、19.6

---

① 本书将近年来中国高校承建的国家级科研机构或平台纳入基层学术组织的考察范围，主要基于两点考虑：第一，这些科研机构均设在高校内部，与中国科学院和中国社会科学院等政府专门科研机构承担的职能不同，除了承担科研职能之外，还需要承担大学人才培养、文化传承创新、国际交流与合作等其他相关职能，因此不能仅仅将其视作科研机构；第二，虽然绝大部分科研机构或平台并不是主要设立在基层，但本书认为，无论其规模如何庞大，其本身都是由更小的大学基层学术组织聚合而成的，仍然可以视为大学基层学术组织的种群或群落形式，在落实大学功能上发挥着基层学术组织的作用。

个、27 个。其中，武汉大学 2014 年较 1952 年增加了 34 个，北京大学和浙江大学均增加了 31 个，居 10 所高校的前三位。同时，10 所大学所有基层学术组织以学系为主逐步向以学院为主转变，"学院设置制度在各大学基本替代了学系设置制度"①。清华大学自 1995 年起至 2018 年共撤销各类基层学术组织 242 个。截至 2019 年 3 月，清华大学运行的各类基层学术组织共计 421 个。这些基层学术组织基于不同学科和知识领域的协同创新，承担着培养拔尖创新人才，探索科学前沿，开展跨学科交叉研究，与国（境）外大学、研究机构或组织交流合作等多项职能。②

（4）新时代以来的大学基层学术组织生态系统

党的十八大以来，中国从科技教育大国迈向科技教育强国。站在新的历史节点上，无论是出于完善中国大学教育治理制度和治理体系、加快世界一流大学建设的现实需要，还是出于超常规培养紧缺人才，助力解决中国面临的科技"卡脖子"问题的长远需求，都凸显出高校交叉学科建设及其制度创新的重要意义。在此背景下，"双一流"建设充分吸纳"211 工程"和"985 工程"以学科建设为抓手的经验，进一步突出学科建设在一流大学建设中的作用。将交叉学科建设作为"双一流"建设的重要载体和依托，学科交叉与高校的发展实现了深度融合。

2017 年 1 月，教育部、财政部、国家发展改革委印发《统筹推进世界一流大学和一流学科建设实施办法（暂行）》，强调在打造高峰学科的同时，鼓励新兴学科、交叉学科建设。2018 年 8 月，三部委再次联合印发《关于高等学校加快"双一流"建设的指导意见》，对学科交叉融合的路径做出更为细致的规定，提出要打破学科壁垒，探索跨院系、跨学科、跨专业交叉培养创新创业人才机制，促进哲学社会科学、自然科学、工程技术之间的交叉融合。2020 年以来，国家又密集出台了一批加快交叉学科建设、促进学科交叉融合的政策文件，学科交叉制度得到不断完善。2020 年 5 月 12 日，教育部印发《未来技术学院建设指南（试行）》，提

---

① 胡仁东：《我国大学学院组织制度变迁研究》，中国海洋大学出版社 2016 年版，第 91—93 页。

② 清华大学校园网主页，https：//www.tsinghua.edu.cn/publish/newthu/newthu_cnt/research/research-2.html。

出利用四年左右的时间在专业学科综合、整体实力强的部分高校建设一批未来技术学院，探索专业学科实质性复合交叉合作规律以及未来科技创新领军人才培养新模式。7月29日，国家召开新中国成立以来的第一次全国研究生教育会议，此次会议决定将新增交叉学科作为新的学科门类，以超常规方式加快培养一批紧缺人才，为国家解决科技"卡脖子"问题和科技创新做出贡献。9月4日，为深入落实全国研究生教育会议精神，教育部、国家发展改革委和财政部联合印发《关于加快新时代研究生教育改革发展的意见》，提出"建立基础学科、应用学科、交叉学科分类发展和动态调整新机制""设立新兴交叉学科门类"①。9月11日，习近平总书记在科学家座谈会上强调："鼓励具备条件的高校积极设置基础研究、交叉学科相关学科专业"。12月15日，教育部、财政部、国家发展改革委联合印发《"双一流"建设成效评价办法（试行）》，强调将依据学科特色与交叉融合趋势进行分类评价。12月30日，国务院学位委员会、教育部联合印发《关于设置"交叉学科"门类、"集成电路科学与工程"和"国家安全学"一级学科的通知》，将新增交叉学科作为我国第14个学科门类，下设"集成电路科学与工程"和"国家安全学"两个独立的一级学科。虽然下设一级学科数量不多，但这一举措是我国学科与学位制度建设史上的一次里程碑式的变革，从根本上解决了我国学科交叉的制度"合法性"问题，是我国学科交叉制度性变革的开端。随着我国科研评价体制机制的颠覆式变革，学科交叉的评价制度建设也被提上日程。2021年4月19日，在清华大学建校110周年之际，习近平总书记在视察清华大学时指出："要用好学科交叉融合的'催化剂'，加强基础学科培养能力，打破学科专业壁垒，对现有学科专业体系进行调整升级，瞄准科技前沿和关键领域，推进新工科、新医科、新农科、新文科建设，加快培养紧缺人才。"2022年1月，教育部、财政部、国家发展改革委印发《关于深入推进世界一流大学和一流学科建设的若干意见》，指出要推动学科交叉融合。建立交叉学科发展的引导机制，以跨学科高水平团队为依托，建设交叉学科发展第一方阵。创新交叉融合机制，搭建交叉学

---

① 教育部、国家发展改革委、财政部：《关于加快新时代研究生教育改革发展的意见》，http：//www.moe.gov.cn/srcsite/A22/s7065/202009/t20200921_489271.html。

科的国家级平台，大力推进科研组织模式创新，推动高校内部科研组织模式和结构优化。

在此背景下，高校加快了跨学科和交叉学科基层学术组织的创设。首批在"双一流"建设信息中公开的41所高校"双一流"建设方案，几乎无一例外都提出要推进学科交叉建设，以交叉学科为抓手建设一流学科，具体包括打造学科集群，建立交叉学科研究院，搭建跨学科、跨院系合作平台等方式。北京大学在全国率先成立了前沿交叉学科研究院，下设纳米科学与技术、生物医学、大数据科学、环境与健康、科学史与科学哲学、脑科学和类脑科学等十多个研究机构，涵盖数学、物理学、化学、生物学、医学、工学等学科的众多交叉研究领域；清华大学成立跨学科交叉研究工作领导小组和科研机构管理办公室，出台教师跨院系兼职和交叉学科学位授予制度；浙江大学以人工智能省部共建协同创新中心为依托，推动高校学科交叉、激发技术创新、赋能场景应用，为加快培养人工智能领域高层次人才创造条件；吉林大学新办人工智能学院、国家安全与发展研究院，并设立了相应的人工智能、国家安全学科；西北大学通过建立实体性跨学科研究机构、创新学科建设资金分配模式、优化教师职称评审办法等措施，推进学科交叉融合。2021年5月26日，根据教育部上一年印发的《未来技术学院建设指南（试行）》等文件要求，北京大学、清华大学等12所高校入选未来技术学院建设试点高校。与此同时，一大批新型书院和学科交叉研究院也如雨后春笋般在高校中涌现，推动大学基层学术组织生态系统迈向新的变革期。

需要明确的是，在漫长的历史演进过程中，大学基层学术组织一直是一个动态的概念。始终处于未完成状态的持续变革之中。因此，不能以当下的标准对历史上存在的大学基层学术组织进行简单框定，而应以发展的视角对其生态系统进行动态的考察。比如，在其诞生之初，除了教师和学生团体之外，并没有中层或高层组织，而"同乡会""教师会"和"学舍"等团体，具备了大学基层学术组织的结构特征和职责职能，在实质上其无疑是大学基层学术组织生态系统生成演进的雏形，应将其作为大学基层学术组织进行考察。可以说，直到今天，大学基层学术组织生态系统的演替还远未完成，大学基层学术组织也未形成统一或固定的形式。

3. 大学基层学术组织生态系统演替的特征

在学科知识不断分化与整合的作用下，大学基层学术组织生态系统不断发生演替。纵观世界大学基层学术组织生态系统的历史变迁，它呈现出以下不同特征。

（1）演替形式从单一扁平到多样分层转变

在现代大学制度诞生之初，大学基层学术组织生态系统主要以"同乡会""大学馆""学舍"等少数几种基层学术组织形式为主，虽然在不同大学之间，甚至在不同国家的大学之间相互交流借鉴，全世界大学基层学术组织的基本形式仍主要体现为少数几种共同的形式。但进入19世纪中叶以后，随着人类文明全球交流的进程不断加快、现代科技的繁荣以及现代大学规模的急剧扩张，大学基层学术组织的形式不断拓展，先后出现了"实验室""讲座""教研室""研究中心""学系"等多种替代形式。到20世纪中期以来，现代高新科技的发展与知识生产方式的转变推动着大学组织制度和学科制度发生相应转变，特别是学科交叉融合服务经济社会发展的需要，要求大学基层学术组织的形式向多样化发展。"跨学科研究院""高等研究院""书院""虚拟实验室"等多种形式的基层学术组织不断涌现。与此同时，随着大学基层学术组织种类和形式的不断拓展，大学基层学术组织生态系统内部也出现分层特征。一些大学大致呈现出"校—院—系"三个层级，一些大学则呈现出"校—院"两个层级，还有一些大学则呈现出"校—学部—院—系"四个层级。不同层级的大学基层学术组织之间相互作用，竞争与合作并存。值得一提的是，世界大学基层学术组织的演进总体上呈现出两个趋势：一个趋势是由分散化向体系化转变。原来分散在大学内部彼此分割的基层学术组织呈现出彼此关联、相互作用的体系；另一个趋势是在政治经济制度与大学发展日益紧密的背景下，各个国家大学基层学术组织样式趋于一致，分层情况和样式呈现出同构化的特征。

（2）演替动力从外因性向内因性转变

按控制因素划分，大学基层学术组织的演替可分为内因性演替和外因性演替。内因性演替是指首先改变群落中生物的内部生态环境，通过内部环境的改变反作用于群落本身，从而促进群落的演替不断向前发展。在这一演替模式中，群落内部环境的变化是演替的主要动力，与群落外部生态环境的变化关系不大。外生性演替是指生物群落由于外界环境因素的作用而引起的群落变化。在这一种演替模式中，外部环境条件的变化是主要诱因。按演替的方向划分，大学基层学术组织生态系统的演替可以分为进展演替和逆行演替。在早期的演替阶段，大学基层学术组织往往会受到内外部生态环境中的政治权力、宗教势力、社会经济、大学目标、文化基因等多种生态因子的交互影响。在面对外部环境的作用时，大学基层学术组织的回应不仅仅是单向的条件反射，还能够根据自身需求，对环境进行改造以使之适合自己，在与环境的互动中达成平衡的输入与输出关系。当生态平衡实现后，大学基层学术组织又会主动适应新的生态环境，对原有的结构、功能进行"扬弃"，将外部环境的生态因子转化为内在的发展动力，实现对原有生态发展阶段的超越。而随着大学组织的发展演进，大学基层学术组织源于知识体系变革的内在需求更加强烈，以外因为主的演替逐步演变为以内因为主的演替。尤其是随着学科交叉融合的趋势日益明显，大学内部组织变革不得不主动适应这一趋势，对自身的内部生态因子及其与环境的关系做出调整，以与内外生境建立起更加协调的关系。

（3）演替路径与学科的分化整合同向同行

大学基层学术组织从根本上讲是大学开展社会实践活动的基本单元。学科知识体系的演进既成为大学基层学术组织生态系统生成和演进的动力，又成为大学基层学术组织生态系统生成演进的外部形式表达。一方面，学科知识的分化与综合本身并不构成悖反，反而直接形成了推动基层学术组织生态系统演进的内在动力。无论东西方，"学科分化的一个重要特征都是由比较单一的初级综合学科向多门学科分化，而多门学科分化到一定的时候又产生了比较高一级的综合学科"[①]。这种"综合—分化—综合"的学科知识体系变革逻辑，表征了大学基层学术组织生态系统的内在演进逻辑。另一方面，学科知识的分化与整合直接对应着基层学术组织的群体性变迁。基于学科知识的不断演进，大学基层学术组织在追求真理、学术自由等共同价值观的影响下，形成共同追求高深学问的坚定信念，使不同学科文化发生相互的吸收、融化和调和，大学基层

---

① 孙绵涛：《学科论》，《教育研究》2004年第6期。

学术组织生态系统在多元文化的张力下脱离分崩离析的危险，呈现出多样而又统一的组织形式。随着现代科学技术的不断发展和大学之间交流的日渐频繁，六艺或七艺等学科逐渐演化为神学、文学、法学、医学、自然科学等多个学科，大学基层组织的样式也更加丰富多样。到了 20 世纪末 21 世纪初，学科知识的交叉融合使学科由分散进一步走向综合，跨学科的基层学术组织形式在高校中大量涌现，种类更加多样。因此，一部大学基层学术组织的发展演进史，就是一部学科知识分化整合的演进史。或者说，大学基层学术组织分化整合的群体性发展历程是学科知识演进的直接投射。

第 三 章

激活大学基层学术组织个体生态系统

如果用生态哲学的观点来审视世界，所谓生态的含义就是"生命态"，是生态系统相对稳定的"平衡态"。世界是一个以"生命形态"生存着的"活的世界"，生存是其追求的最高价值。这样的世界是一个具有组织性、秩序性的巨大系统，无时无刻不进行着"自组织""自维生"的生存活动。①

社会自组织是自然生态系统自组织概念在社会学领域的延伸。从价值论视角来看，社会自组织往往指向自创生、自协同、自催化等生命体的本质特征，倡导对"自为""开放""有序"和"活力"等更高层次目的态的永恒追求。知识生态学的先驱乔治·珀尔首先提出"知识生态系统"这一概念，它主要指学术知识系统的生成、结构、动力、演化，以及与环境的作用关系。② 由于大学基层学术组织个体生态系统是基于学术知识的传播、创新、应用和交流等本质特性而形成的"知识生态系统"，其基本构件是内部学术人、课题组或项目组掌握的大大小小异质化的知识单元。③ 知识系统与生态系统具有许多相似的特点，知识系统

---

① 刘福森：《人与自然生命共同体理念的哲学意蕴》，《光明日报》2021年5月24日第15版。

② 刘卫东、余长春：《本科人才培养的知识生态系统属性及运行机制》，《国家教育行政学院学报》2016年第12期。

③ 杨桂通：《涌现的哲学——再学系统哲学第一规律：自组织涌现律》，《系统科学学报》2016年第2期。

也有所谓知识金字塔，存在着进化现象，知识系统存在着知识的演替。[①]因此，一个基层学术组织就是一个知识生态系统。其知识的生成、结构、动力、演化以及与环境的作用关系构成了基层学术组织生态系统的基本内容。

自组织理论强调开放复杂系统内部子系统有序演进的方法即是通过加强物质、能量与信息的输入，通过系统内部各要素的非线性协同作用，为系统自组织提供动力，促进系统在与环境的互动作用中独立自主地开展与学术相关的活动。需要强调的是，在这一过程中，外部动力不会直接施加作用，而是通过使命重塑、政策措施调整以及文化氛围营造，诱发系统内生变化，从而激发系统内部各子系统的要素自发组织起来，相互发生作用，实现自创生、自催化、自协同。这也是运用自组织理论激活大学个体生态系统的前提条件。

一 基于个体生态系统自组织的应然样态

学系是最具代表性的大学基层学术组织。因建构时空结构、获取资源配置和制度供给的需要，学系深深地嵌套在大学乃至更大社会系统的底部生态之中，外部特定力量的"干预"相对大学和学院组织层面而言更大。这为运用自组织理论分析大学基层学术组织生态系统的自组织特质提供了适切性与契合性。在自组织理论视域下，大学基层学术组织个体生态系统呈现出三个层面的应然样态。

（一）在明确使命中强化自开放

生态学中的使命表征为生物群体的目的性行为，是"生物共同体维护自然生态系统的多样、和谐、稳定和持续"的目的性，"生态目的性"是对"生存原则"的贯彻，从根本上讲是一种"生存目的性"，表现为生态系统的"趋稳"特征，也是系统自组织的"目的"。"生态目的性"可以划分为"生存目的性"和"集体目的性"。前者主要指生物为了自身的

[①] B. Bowonder, T. Miyake, "Technology Management: A Knowledge Ecology Perspective," *International Journal of Technology Management*, Vol. 19, Nos. 7/8, 2000.

生存而维护生物圈的多样、稳定和持续；后者则是指生物共同体与其所有成员为了共同的目的而维护生物圈的多样、稳定和持续。前者对应"自为目的性"，是生物为了自己生存而具有的"能动性"行为；后者对应"自在目的性"，是生物行为后果客观上维持了生态系统平衡的"目的性"。"生态目的性"是"自然秩序"的总纲，生物在贯彻"生态目的性"时，体现出不同的角色、义务和使命，从而最终保持了生态系统的多样、稳定和持续。其中，个体利益服从集体利益、形成"集体目的性"的有机整体是生物贯彻的首要原则，个体利益寓于集体利益之中。① 目的性是人的行为的基本特征，也是社会组织的基本特征之一。系统科学则从整个世界出发认识目的性，并将哲学上的自我规定性与自然的自组织性统一在目的论之下，将哲学上的目的论与科学的自组织进行统一，创造性地产生了自组织理论。因此，社会自组织天然的是一种目的性活动，并且这种目的性是一种自为的目的性。只不过自组织的过程并不被特定的目标所决定，而是在自组织形成之后才具有了一定的目的性。

　　社会组织的目的性行为往往也以"使命"来概括。组织学中的"使命"最早是一个宗教术语，是指基督教传教士有目的的活动。《辞海》将其解释为肩负着重大的任务和责任。"任何社会组织不论其大小都应当有自己的使命，并在使命确定的基础上确定组织的目标和任务。"② 担任美国奥斯汀学院院长达 25 年之久的约翰·莫斯利认为："使命就是机构的目的。" 也即是说，一个大学组织的使命决定其价值判断和行为选择。大学基层学术组织中的学术人在实现"生存目的性"和"集体目的性"相统一的过程中，体现出明确的组织使命。一方面，通过从事学术职业以换取薪酬养家糊口，体现出"生存的目的性"；另一方面，与其他组织不同的是，基层学术组织中的学术人正面临着一个尴尬的境地："为了学校必须成为多才多艺的通才，但同时又必须通过专业化的研究、著述和作为独立的专业人士的全国性声誉去赢得地位和财政的支持。"③ 他们尽管

---

　　① 原华荣：《"生态目的性"与环境伦理——"小人口"原理》（第 3 卷），中国环境科学出版社 2013 年版，第 105—109 页。
　　② 眭依凡：《大学的使命及其守护》，《教育研究》2011 年第 1 期。
　　③ ［美］乔治·凯勒：《大学战略与规划：美国高等教育管理革命》，别敦荣主译，中国海洋大学出版社 2005 年版，第 27 页。

看似聚合在基层学术组织的发展目标之下，实则各自有着自己的不同需求。为了维护群体中大部分学术人的利益，组织会在身处其中的学术人行为之上嫁接一种"集体目的性"。这种集体目的性不仅要求基层学术组织中的学术人能够在分散化的目标导向下，主动承担学术传承和创新的责任，并为了维持共同的利益而潜心学术工作；而且需积极主动地推动学术应用、服务社会发展，实现"生存的目的性"与"集体的目的性"相统一。

系统论认为："所谓目的，就是在给定的环境中，系统只有在目的或目的环上才是稳定的，离开了就不稳定，系统自己要拖到点或环上才肯罢休。"① "吸引子"是能够反映系统目的性特征和演化趋向的空间几何形态。生态系统进行自组织是系统在外部环境作用下内部要素自发自为的行为，也是一种在"吸引子"的作用下朝向目的态的行为。在此种行为下，系统朝着某种目的态趋近，以实现最优化的状态，实现最大效益。在利他组织机制下，无论是通过先利己、后利他还是先利他、后利己的方式，都只有建立这种利他的组织机制，才能够实现组织内的生命"生生不息"，实现组织"天长地久"的生存目标。②

创立一般系统论的贝塔朗菲把系统定义为"处于自身相互关系中以及与环境的相互关系中的要素集合"③。自组织理论认为，开放系统通过与外界环境进行物质、能量和信息的交换，形成负熵，使参量达到一定的阈值，形成序参量④，实现系统向高层次的"跃迁"。"熵"这一概念原本是热力学中表示系统无序程度的度量值，可以简单地理解为系统的混乱度。"负熵"则是熵减少所引起的系统有序化的度量值。热力学理论认为，系统的稳定程度由能量的高低决定。一个系统如果是封闭的，就无法与外界进行能量的交换，这意味着系统的熵将随着时间的推移而不断增大，产生系统从有序向无序发展的"熵增"过程，系统的结构将陷

---

① 钱学森：《系统科学、思维科学和人体科学》，《自然杂志》1981年第1期。
② 田跃新：《企业生态系统研究》，企业管理出版社2017年版，第48页。
③ [美]冯·贝塔朗菲：《一般系统论——基础、发展和应用》，林康义等译，清华大学出版社1987年版，第240页。
④ 序参量是热力学中支配系统演化进程的表征和度量，是系统发生质的飞跃的最突出标志。

入混乱状态。自组织理论认为，开放可以使系统从外界环境中不断引入物质、能量和信息等形成的"负熵流"来抵消熵增，使系统总熵减少或保持不变，使系统从混沌无序的状态转变为一种新的时间、空间或功能有序的状态，形成稳定结构。

任何一个大学基层学术组织个体生态系统与生物有机体一样，都处于环境之网中，与环境保持着高度而紧密的联系，具有全方位的开放性。大学基层学术组织个体生态系统的"开放性"主要表现在组织通过学术知识的输入与输出，与外部环境之间不断进行物质、能量和信息的交流，产出优秀人才和科研成果，实现自身的功能跃迁。大学学系的自开放包括内部开放和外部开放两个维度。学系组织的内部开放是指内部各要素之间不断进行着物质、人员、知识和信息交流，相互影响、相互促进，产生促进系统演进的"负熵流"，以抵消组织系统内部不同组分和单元之间因流动受阻而产生的"熵增"。通过"负熵流"的引入，反而能够促进系统内部根据环境条件的变化进行自我反馈和自我调适。外部开放则是指学系组织积极与学院、学部以及大学等外部组织积极建立沟通联系，参与和落实外部环境中有关战略安排和制度实施，与外部开展资源、能量和信息等方面办学生态要素的输入和输出，积极主动适应国家和社会对高等教育创新发展的需要。虽然开放是耗散结构形成的前提，但在开放的同时，学系组织也面临着环境施加的多重影响，产生多重使命。比如，内外不同职能和力量之间的激烈冲突，甚至在传统与现代、内部与外部、自治与他治之间面临着抉择，在教学与科研、人文与科学之间面临着矛盾。[①] 因此，大学学系组织在增强开放意识，积极主动承担外部环境施加的权责，与外部环境产生交流互动的同时需要明确组织生态系统的使命，强化生态系统的自我调适能力，在开放中超越自己而不迷失自己。

（二）在创新涌现中实现自催化

自组织理论认为，系统发展的走向充满了偶然性和不确定性，当开

[①] 任增元：《现代大学的适应、变革与超越——基于欧美大学史的检视》，《教育研究》2017年第4期。

放系统反映外部环境作用的控制参量达到临界值时，会导致系统处于非平衡（失稳）状态，系统内部各子系统或要素会自发克服独立的运动行为而形成关联，推动子系统之间发生交互作用，产生突变和涨落①，实现系统秩序、规则与结构的重构，导致系统从一种有序的状态跃升为另一种更为有序的状态。系统的"非平衡"状态主要缘于系统内部子系统和各要素之间存在差异性和不稳定性。"非平衡"是系统发生涨落的前提，一个组织要实现有序发展，就必须远离平衡态，这即是普利高津所说的"非平衡是有序之源"。"非线性"主要是指系统因涨落而引发的突变不存在固定的函数关系。由于"非线性"作用的存在，瞬间的涨落可能会导致系统产生多种结果。微小的涨落可能会导致系统发生巨大的演化，而巨大的涨落也可能会引发系统产生微小的改变。

普利高津运用化学术语"自催化"来描述非线性作用机制的特点。自催化指某种参加化学反应的物质的生成物又反过来成为反应物，且数量较反应前不断增加，使反应物的浓度不断加大，从而使微小反应不断放大，引起"巨涨落"，使系统整体停留在一个稳定态上，最终实现系统由低级形态向高级形态跃升的进化和退化现象。组织系统的自催化机制也能够像化学反应物那样把一个微小的反应不断放大到 n 倍。由于自组织理论认为，涨落作用贯穿着系统自催化过程始终，因此对于任意一个组织系统而言，其自组织的发展过程都是从微小涨落开始，逐渐发展成整体的巨涨落，也即是"涌现"。在传统思维中，人们更多地看到的是涨落容易导致系统失稳，而对涨落能够导致系统走向有序却缺乏相关的认识。事实上，如果没有涨落的存在，系统的改变将不会发生。系统的改变正是由于系统的某一种涨落被随机放大后所带来的。自组织理论的涨落机制颠覆了传统对于系统向有序发展的认知。不仅认为任意一个微小的涨落都可能被放大为"巨涨落"，推动系统内在结构、规则与结构的重构，引起系统生存发展状态的有序变迁和状态的跃迁；还认为自组织系

---

① 涨落是指热力学中对系统稳定的均质状态的偏离，存在着偶然性、随机性和杂乱无章的特点。在传统的思维中，涨落往往被视为引起系统失稳的干扰性、破坏性因素。但从自组织的理论视角来看，涨落却成为系统发展的建设性因素。在一定条件下，当开放系统的内部远离平衡态时，任何一个微小的涨落（也称微涨落）可能会放大成为引起系统整体相应的巨涨落，促使系统整体结构走向有序。

统的初始推动或重复推动有赖于涨落的存在①,非平衡状态导致了有序,即"涨落导致有序"。

正如彼得·德鲁克所言,基于知识的组织系统在日常活动中,本质上遵循的正是一种"自我传导"和"自我管理"的自组织范式。对于整个知识创新系统而言,"单元间的差异协同作用是事物发展演化的动力"②。大学学系生态系统的基本组成单元是以学科知识为边界聚合而成的大大小小的知识单元。因此从本质上说大学学系一类的基层学术组织是生产、传播和应用知识的组织体系。通过知识的交流、碰撞和交融等错综复杂的竞争合作关系,使系统中的创新性生态因子不断增加,从而引起不同子系统中微观知识单元之间的失衡,形成一个随时处于"涨落"中的创新性知识系统。

在多元巨型的现代大学中,大学基层学术组织个体生态系统中的各学科因知识体系的不同而分门别类,形成不同的学科子系统。各学科的基本概念、基本原理和知识体系千差万别,并随着时间的推移不断变化。各学科的"学术人"所表现出的强烈的"领地意识",使基于不同学科知识体系形成的学术组织子系统之间的差异变得巨大。这些子系统相互独立地开展与学术相关的活动,处于"非平衡"的状态。在组织中的"学术人"开展的学术交流活动中,知识、信息和资源等的共享与集成,使组织知识子系统之间发生正反馈的线性依赖关系,或负反馈的非线性关系。触发了原有整体知识结构"失稳",发生知识体系"涨落",从而生成新的学术生长点,实现知识的创新涌现,产生 $1+1>2$ 的优势效应。

同时,在环境对子系统的输入和输出发生变化的前提下,任意一个学科子系统或要素的变化,都可能打破组织系统内部的平衡,构成不匀质状态,从而使系统产生微小的局部涨落,形成一种引起系统从稳定到非稳定再到新的稳定的跃迁式演化。由于这种输入与输出无法用简单的线性关系来衡量,因此大学基层学术组织个体系统与外部环境之间存在

---

① [西德] H. 哈肯:《协同学引论:物理学、化学和生物学中的非平衡相变和自组织》,徐锡申等译,原子能出版社1984年版,第252页。

② 杨桂通:《涌现的哲学——再学系统哲学第一规律:自组织涌现律》,《系统科学学报》2016年第2期。

"非线性"的相互作用关系。特别是由于大学基层学术组织生态系统是大学组织生态系统整体的嵌套结构或内部系统，使外部特定力量的"干预"相对于大学组织生态系统整体层面而言更少。系统内部各子系统和要素之间及其与外部环境之间，均处于不匀质或差异化状态，这也正是大学基层学术组织个体生态系统相较于大学组织生态系统整体的特殊性所在。

（三）在契约理性中彰显自创生

基于知识生产和传播的本质特性，大学基层学术组织生态系统在长期演进中形成一套继承、传授和创新发展知识的组织形态，这种组织形态依赖于学科知识体系的分化与整合。在这种范式下，基层学术组织生态系统的治理往往基于治理制度的建构，而"大学组织治理制度是基于价值协商基础上的相关利益群体在人才培养、学术发展与社会服务活动方面所遵循的惯例、习俗、规范、信仰和仪式，是大学组织有秩序运行的规则系统"①。大学学系治理制度的建构也需要建立在利益相关者进行协商的基础上。因此，大学学系组织生态系统的治理应改变"外生性"制度生成模式，信任和鼓励更多的学术人员以及利益主体自发地在契约的基础上，建构内生性制度规范，实现组织制度的自认同和自创生。

尽管从其生成和演进来看，大学基层学术组织个体生态系统不可能脱离外部力量的输入和影响，但各子系统和要素之间的相互作用仍然发挥着重要的聚合作用。"学术人"是构成大学基层学术组织的基本"细胞"。大学基层学术组织的基本构成要素是"学术人"。在通过开放从外界输入足够的物质、能量和信息的前提下，不同基层学术组织的"学术人"群体不仅遵循学校统一颁行的规章制度，而且发自内心地认同这些制度规范。既能够对学术行为本身进行刚性约束，又能够弥合异质性学术子系统之间所存在的紧张关系，强化大学基层学术组织个体生态系统的自觉、自为和自律，建构团体规则和监督机制，形成稳定有序的组织行为系统，从而保障整个"学术人"群体充分而自主地开展学术活动，实现知识的创新。比如，以导师为核心建立的"师缘"团队，或以科研为目的成立的项目组，抑或是由相同与相近学科团队形成的交叉学科研

---

① 胡仁东：《大学组织治理制度生成机制探析》，《江苏高教》2011 年第 5 期。

究所。与此同时,这些基层学术组织个体生态系统在遵循学校统一订立的规章制度的同时,还遵循"学术人"在契约基础上达成的惯例、规范和习俗。由此可以说,与自然系统相较而言,学术组织系统在内部和外部制度体系中体现出更为鲜明的相互作用。

二 过度他组织的实然现状：基于学系的调查

"学系是学科建制化的产物,作为大学基层学术组织,一直在大学组织结构中直接承担知识传递、知识发现和创造以及知识服务职能。"[①] 基于二级学科及学科方向形成的学系、教研室、研究所、研究中心、实验室等,是大学基层学术组织体系中的"细胞级"单位。一般认为,学系起源于美国的哈佛大学。19世纪初,美国学者在引入德国集教学、科研和行政于一体的讲座制的基础上,结合其民主理念创立了学系制。到20世纪初,"学系已经成为美国大学基层学术组织单位"[②]。学系是大学基层学术组织治理的重要组成部分,在大学基层学术组织治理中,确定的学系职责和功能是基层学术组织落实教育教学、科学研究和社会服务的关键。

自组织形成的新治理模式,"是一种有别于建基在交易关系上的市场治理,以及建基在自上而下、来自外部权力关系的层级治理,是一种建立在包括情感性、认同性关系以及共同志业基础上的新治理模式"[③]。与大学或学院相较而言,学系处于更为聚焦的学科范畴或研究领域,学术人"秉承共同的价值取向和学术标准,其关系也较大学组织层面的学术共同体更为密切"[④]。更倾向于通过协商出合作规范,进而以符合群体规范的方式认知与行动,形成自组织边界。H.哈肯在提出"自组织"的概

---

① 王占军:《学科发展决定学术组织命运》,《科学时报》2011年9月15日。
② 黄启兵、李凤玮:《论美国大学学系制的形成原因》,《湖南师范大学教育科学学报》2015年第4期。
③ 罗家德、孙瑜等:《自组织运作过程中的能人现象》,《中国社会科学》2013年第10期。
④ 武建鑫:《学科生态系统：核心主张、演化路径与制度保障——兼论世界一流学科的生成机理》,《高校教育管理》2017年第5期。

念时，强调了系统自组织的前提是没有外界的"特定"干预。这里的"特定"一词，是指那种结构和功能并非外界强加给系统的，而且外界是以非特定的方式作用于系统的。① 与此相对，H. 哈肯将那些依靠特定外部作用才能获得和改变其结构的系统称为"组织"，有的学者称为"被组织"或"他组织"。如果把各部分组织起来的指令信息和"组织力"是由外部输入的，便是"他组织"系统。但 H. 哈肯认为，自组织与他组织是相对的，在一定的条件下二者存在统一性。自组织中存在着他组织的因素，他组织中也包含着自组织的因素，两者相互渗透，相互转化，在矛盾中寓于统一，在对立中蕴含合作。"社会组织一般都是由自组织和他组织形成的复合形态。"② 由于学系受到过多外部特定干预力量的"强行"驱使，导致学系自组织中的序参量被其他参量控制，序参量对系统自组织的影响被忽略掉，产生过度他组织的现象，表现为组织使命的模糊化、权力结构的圈层化、政策规制的"外生化"等异化问题。

（一）组织使命"模糊化"

使命是一个组织之所以存在的理由，或者说组织中的一切工作都源于组织使命。大学基层学术组织生态系统的使命源于组织成员的学术使命，是组织成员开展工作的出发点。组织成员对组织使命的认知，直接关系到组织使命的实现。然而，现实中处于学系里的学术人对组织使命的认识并不清晰，甚至会存在组织使命的"模糊化"现象。例如，笔者在对 E 大学某校属研究中心的研究员 E1 进行访谈时③，他谈道：

> 使命有时候挺虚的。我们研究中心主任说了，我们的组织使命就是搞钱。没有经费你买不了仪器，进不了人，什么研究中心、研究平台都支持不下去。基层学术组织就得靠学院支撑。学院只要是有经费给我们，我们就听学院的。奖励好了，组织自然就收拢了，

---

① ［西德］H. 哈肯：《信息与自组织——复杂系统中的宏观方法》，郭治安等译，四川教育出版社 1988 年版，第 29 页。
② 苗东升：《系统科学辩证法》，中国书籍出版社 2018 年版，第 117 页。
③ 本书被访者详细情况见附录 4。

就拧成一股绳了。

显然，研究员 E1 关心的只是眼前的现实利益，其心目中的组织使命衡量标准仅是现实的"有用"与"无用"。基于这一逻辑，如果一个组织在使命的导向下能够形成对资源的支配权，这个组织就具有了凝聚作用，组织使命就"有用"；反之，如果通过组织使命的践履不能获得资源的支配权，就谈不上对组织成员的有效聚合作用，组织使命就"无用"。这一衡量标准无疑强化了组织使命的功利性，而弱化了组织使命的引领性。对组织使命的这种实用主义认识观，在对 L 大学某系专任教师 L1 进行访谈时也有相似的反映。

S-X-L1：哪有那些崇高的东西呢！像我们这样层次的学校，有没有使命有时作用也不大。因为我们平时的课程设计都是院长指派我们的副院长来负责。我们第一标准是"公平""公正"。我个人的理解，使命的主要目的在于"抱团取暖"，最终还要靠自己的努力，特别是还要有可以支配的资源。

专任教师 L1 显然秉持的是一种更为务实的"使命"意识。反复强调资源配置权力的重要性，体现出普通教师对使命的引领性和目标的导向作用并不十分看重。但是，教师 L1 还是认识到了使命对组织的引领作用，对使命的更深层次作用给予了肯定。他谈到了自己对"使命"的理解，即"抱团取暖"，实际上道出了使命对组织的凝聚功能。这在对 A 校某系主任 A3 的访谈中有更加深刻地呈现。

S-X-A3：我们系还是讲组织使命的。培养人才就是我们的组织使命。这种使命意识于我们每一个成员而言，是一种精神上的感召力。她能够让我们每一个人克服眼前的利益牵绊，克服所谓的"生活的苟且"，更加注重"诗和远方"。

显然，A3 认识到了组织使命获得大多数人认同的重要性。他所在学系的组织使命是该组织在结合学校相关学科的总体发展情况下确定形成的，是在广泛征求意见的基础上达成的共识，并不是上级组织通过行政权力直接交办的"产物"。从上述访谈中也可以发现，虽然组织使命是组织成员共同的精神坐标，但由于中国大学基层学术组织长期忽视使命建设，不同的组织成员对组织使命的认知往往具有较大的差异性。由此造成基层学术组织的自主意识被先天削弱，在人才培养的规划、学术资源的获取、学术人才的引进、学术质量的保障等方面都高度依赖于大学，唯大学行政部门的指令"马首是瞻"。特别是在一些行政化程度较强的省属高校，基层学术组织的使命并不是通过成员在长期的磨合中形成的，而是由外在的行政化力量强加的。这样形成的组织使命毫无疑问缺少群体共识，难以得到学术人的认同。学术人也往往将实现个人利益与实现组织利益相对立，造成组织使命无法真正内化为组织成员的精神动力。

（二）权力结构"圈层化"

费孝通在《乡土中国》中首次提出"差序格局"的概念，用以描述中国传统社会关系结构中呈现出的"人—家庭—家族—社会"环环相扣、层层包含、由近及远的利益关系和信任关系，具有以自我为中心、等级秩序和治理色彩浓厚的社会学含义。在"差序格局"的传统文化背景下，中国大学基层学术组织生态通常会表现出较为明显的圈层结构，处于其中的学术人员则会表现出强烈的身份差异观念，围绕学术长老般的"有资历教授"形成独特的团体或者"圈子"。

基于圈子又会形成圈子文化，并且现实中这种圈子文化早已深入人心。"圈子"是中国特有的文化，共同的爱好、血缘、地域、经历和志业等都是"圈子"文化形成的基础。在中国人的内心深处，总是希望能够有着属于自己的"一亩三分地"，拥有属于自己的团队和事业，这是中国人最重要的工作动机。[①] 而传统儒家文化中蕴藏着以"三纲五常"为核心的人伦关系，中国社会中的组织正是将这种人伦关系逐渐扩大，建立起庞大的社会组织，形成费孝通先生所说的个人中心"差序格局"人脉网。在大学基层学术组织中，共同的学术志业是学术共同体形成的基础。而学术志业在传统中国社会中拥有崇高的地位，以学术志业形成的群体社

---

① 罗家德：《自组织：市场与层级之外的第三种治理模式》，《比较管理》2010年第2期。

会排他性比较强，也更容易形成在传统儒家伦理影响下的"圈子"文化。围绕师生关系形成项目组或课题组，往往容易形成一个相对固化的"圈子"。为了累积自己的人脉和社会资本，学术人员常常会以参加项目组或课题组的形式，托身于一个"圈子"。"圈子"的形成往往会在组织内部形成一个富有活力的、高度自组织的小团队，但圈子的形成也往往会带来内、外界限的划分，违背学术共同体之间平等交流的原则，给不同学科组织生态系统间的学术交流带来阻碍。在对 A 校某系主任 A3 进行访谈时，他谈道：

> 不能一提圈子就是贬义的。圈子对于我们来说太常见了。我们现在谁不与圈子打交道呢？串课、写教案、讲公开课、申项目、发论文、申报奖励，如果没有合作，那不得是"竹篮打水一场空"吗？我觉得现在我们不同师承、不同学科、不同系、不同教研组都是一种圈子，都有自己的学术习惯和做事方式。

通过对 A3 的访谈不难发现学术圈子与学术利益挂钩的"隐秘逻辑"。大多数基层学术组织的学术利益都按照圈子内部的规则进行自主配置。基于差序格局的基层学术组织权力结构往往被"碎片化"，从而为"官僚权力"的入侵留下空间。在各种大学基层学术组织中，本应形成的共同决策、民主协商的学术事务，不得不让位于行政权力的硬性安排，科层化的"官僚学术组织"由此形成。在现实中，学系所在学科的负责人往往不仅是知名的教授，还身兼行政职务，具有行政头衔和行政级别，难免以行政眼光和行政思维处理学术事务，并由此导致"学术权贵"的滋生。学院的学术权力按照学院党政核心领导、其他行政领导和普通教师的等级，形成圈层结构。研究中，在对 J 大学某校属实验室研究员 G1 进行访谈时，她的谈话隐约透露出其所在研究院院长演变为所谓"学术权贵"的过程。

> S-Y-G1：我们实验室带头人现在六十出头吧，他以前是学校的一个处长。当了大概两届后，做了学校发展规划部门的处长，又有十年时间。后来学校决定组建我们高等教育研究院，学校就指定他

来当院长。后来他又开始做学术，因为他有一些学术资源，院里教师谁拿项目、申报奖项甚至发论文也会请教他。慢慢地，他就成了院里的学术"顶梁柱"了。

据了解，研究员 G1 所描述的研究院院长，通过在行政和学术等岗位上的"辗转腾挪"之后，成为一名行政和学术都有一定优势的双肩挑人员。在 G1 所在的研究院中，围绕这位院长便容易形成权力的圈层结构，形成学术权力的差序格局。受此影响，不同学科知识体系和组织间的学术资源流动必然难以按照学科知识本身的逻辑来实现。随着行政权力的泛化，学术圈层结构通过行政化方式把持资源配置，以维持各个基层学术组织之间的平衡稳定。结果势必会导致基层学术组织偏离学术本质特性，造成大学基层学术组织个体生态系统共同学术志业的离散，使大学基层学术组织生态系统的使命模糊、功能走向割裂。

（三）政策规制"外生化"

人类社会的自组织系统大致可分为"人—物系统"和"人—人系统"。任何具有社会意义的个人都必然会处于人类自身社会性组织之中，因此可视作"人—人系统"的子系统[①]，需要基于契约理性建立的规则以个人化的体验、情境化的默会知识方式存在，在规范内部利益中潜移默化地发挥作用。但一些以行政命令方式制定和下发的规章制度，往往在不经意间僭越着大学的契约文化。由于章程是一所大学的"制度之母"，其制定落实最能反映一所大学制度契约的"发达程度"。在一些高校里其章程的颁布出现了"不到学院以下"的怪象。究其原因，从根本上讲还是在于章程的制定没有经过大学内部上下层级之间的沟通交流，仅仅是在上级文件政策要求和学校领导意志下形成的硬性规范。一些章程对校院两级权责配置的规定较为模糊，对学系在大学内部治理体系中的作用缺少明确规定。而对学系组织所应有的学术权力的规制则更为"语焉不详"。缺少学术人的广泛认同，执行效果无疑会大打折扣。

近年来引发关注的大学学系教学或科研功能"漂移"问题，从根

[①] 湛垦华、孟宪俊、张强：《自组织与系统演化》，《中国社会科学》1986 年第 11 期。

本上讲也是一种制度契约的迷失。作为"教学+科研=学习"结合体的学系，往往包含着学术传承和学术创新两种力量，在分化的同时也存在着综合力量的维系，使得学系没有分裂为教学和科研两种组织。① 而在实用主义制度观念的主导下，对教学和科研两种相互冲突的范畴进行同一化标准的刚性规制，不仅不会形成教学与科研的良性互动，反而会使置身其中的学术人感到"苦不堪言"。下面是对 I 校某系一位从教 5 年的青年教师的访谈。

> V-X-I1：我现在承担了 300 多个学生的实验课，还有一些公共的事情，需要承担的事太多了，基本上没有太多的精力去搞科研、搞学术。除了教学外，我们还要搞专业认证等方面的事情。比如学生信息归档、在线课程，我们年轻教师当然都是加倍承担。学术组织是关心学术的，但好像并不太关心我们学术人！

组织制度能够通过组织中形成的共同价值观念和文化渗透对组织成员产生凝聚作用，激励他们产生工作的热情，从而使组织的战略目标得到尽快实现。② 对于大学基层学术组织的青年学术人来说，组织制度不仅代表着学术人对组织规制的某种认同，而且代表着一种基于共同的学术旨趣和学术爱好凝聚的力量，促使他们朝着组织的战略目标不断努力。然而，过多的量化考核评估，其结果必然导致"学术人"群体受制于无形的"权力规训"。从专任教师 I1 的经历中，可以看出，频繁的布置会、评审会、征求意见座谈会，烦琐的评奖评优申报、晋级晋聘申报、个人情况统计，将工厂的品质控制及量化工作的表现方式延伸到学校，让人感受到的更多的是内生制度的缺失。在访谈 R 大学某学院院长 R1 时发现，制度在一些学院院长的认知中主要是一种行政的手段，许多院长对于制度背后的契约性并没有展现出足够的重视。

---

① [美]伯顿·克拉克：《探究的场所——现代大学的科研和研究生教育》，王承绪译，浙江教育出版社 2001 年版，第 242—276 页。
② 王作军主编：《管理理论与实务》，西南师范大学出版社 2016 年版，第 75—80 页。

R1：制度在本质上还是一种行政手段，这种手段有时候好用，有时候作用也是有限的。所以我们从来不用行政的手段，今天去弄个什么制度，明天去弄个什么制度。我们现在通过这些激励机制，比行政强多了，学院只是给你资金和要求就够了，我们现在更急迫的是通过互动形成一些大家都默认的东西。比如我们的 ESI 的目标就是学院和各学科负责人经过多次讨论达成的。我们现在 5 个学科方向的学术带头人直接和教师进行沟通、约定，形成一些"土办法"，大家都认可，有时候比明面儿上弄出来的制度管用多了。

R 大学某学院院长 R1 一再强调他所在学院并不重视制度，而只是重视实际的效果。但据了解，实际上，该学院无论是教学还是科研，都自上而下地形成了严密的制度规范，学系等基层学术组织的一线师生都需要严格遵守，而这些制度在生成过程中是否充分征集了民意却并不确定。很多制度甚至是学校或上级行政机构颁布的，只需要无条件地执行。那么，院长是否有意对访谈者说了"假话"呢？通过对其他访谈者的进一步了解发现，R1 的回答是一个"善意的谎言"。他的回答恰恰反映出当前基层学术组织个体生态系统中的学术人对一些制度缺乏认同，只能做一个制度的盲目执行者。无论是大家期待的、在学术活动中务实管用的制度，还是如院长 R1 所说的那些"土办法"，实质上是一些在契约基础上达成的制度规约。

究其背后的原因是多方面的，但对于基层学术组织来说，自上而下的目标达成路径是重要诱因。学系等大学基层学术组织表面上按照学校或学院的统一安排形成了自己的组织使命，实际上缺乏自主制定目标并为之追求的意识。往往将自身的职能和使命定位为"学院的事""学校的事"，难以认识到自身在学术使命的达成中应发挥的实际作用。由于处在大学权力结构的最底层，更无法通过资源和权力的配置，以符合学术研究规律的方式对学术组织中的学术人进行有力的规约。因此，大学基层学术组织表现出在学院或学校的引导下"亦步亦趋"地前行，难以获得足够的独立性。

三 学系视角下的个体生态系统异化反思

随着"双一流"建设的深入推进，大学内部治理重心的下移，学系在推进大学内部治理体系现代化中的作用更加凸显。如何在生态治理的理论视域下，加快转变学系的职能和治理方式，推动学系内部各学科知识要素进行自组织、自创生，以激发大学基层学术组织个体生态系统的动力和活力，成为大学基层学术组织生态系统治理首先应解决的问题。"双一流"建设对学系的转变提出了现实需要，更加强调"开放""创新"和"人本"等特有的价值理念。首先，强调"开放"的价值理念。在传统社会中，大学为保持学术的独立，往往与社会保持着一定的距离。而随着现代社会的发展，大学与社会的联系却日益紧密。大学要获得办学资源，必须走出象牙塔，积极与社会发展形成互动，以贡献求发展。特别是推动"双一流"建设以来，政府"放、管、服"改革的步伐不断加快，国内大学在人才招聘、学位授予、学科建设等方面所获得的自主权不断增大。大学在获得自主办学权力的同时，以更加独立和开放的姿态走向社会，广泛吸引社会多方利益相关主体参与大学办学，实现政产学研用的深度结合。在这一进程中，大学基层学术组织也不断走向开放化办学。以学系为例，一些大学的学系积极与地方企业或社会机构合作，共同开展学生实习、产品研发等学术活动，实现了交流互动，推动学系等基层学术组织更好地融入外部环境。其次，强调"创新"的价值理念。在创新性国家建设步伐不断加快的背景下，以科研创新促进学科的交叉融合与创新型人才的培养，在大学基层学术组织的职能发挥中更加凸显。大学基层学术组织之间不能再受限于壁垒之间的束缚，应加强知识的流动，由原来的相互封闭走向协同创新。最后，强调"人本"的价值理念。高等教育市场资源竞争的加剧，也导致大学之间、大学院系之间的竞争更加激烈。尤其是在人才竞争更加激烈的背景下，对学术成果和学术效益的评价往往更加关注一些量化指标，从而导致学术文化价值和象征价值淡化，"学术人"群体之间的离散性和流动性无疑也进一步加剧。

自组织理论将开放性、演化性和过程性引入治理领域，赋予社会组织以自然的生态隐喻和能动的生命过程，为我们从"本体论"视角认识学系组织个体生态系统存在问题的原因提供了借鉴。但是，现实中的大学基层学术组织治理往往忽略了学系的主体作用，组织与外界的开放互动不够，以学术为志业的学术共同体文化缺失。一线组织的学术制度难以发挥内在聚合作用，在促进知识协同创新中的内在聚合催化作用缺失，外生的激励制度难以转移为"内生动力"并得到有效激发。在"开放""创新"和"人本"等现代化价值理念下审视大学基层学术组织个体生态系统，导致基层学术组织过度他组织的问题体现在以下几个方面。

（一）多元主体参与治理的能动性不足

大学基层学术组织是学术人基于理性契约而自发生成的组织。《朗曼词典》将组织定义为"一群有特定目的的人"。前提是内部认同，并形成共同的组织使命和奋斗目标，付诸集体的实际行动。可以说，大学基层学术组织生态系统从根本上讲是一种以个体的"人"为基本组成单元的社会自组织系统。"学术人"是构成大学基层学术组织的基本"细胞"。大学基层学术组织的基本构成要素是"学术人"，在本质上是由一群以学术为志业的"学术人"基于使命聚合在一起而形成的组织形态。根据自组织理论，一个成熟的"自组织"总是不断确立和明晰自己的使命，将组织奋斗的愿景具体化。回溯现代大学院系的诞生史和演化史发现，院系起源于早期知识分子自发建立的教授会、同乡会、外邦人行会等学术自治团体，根植于"大学自治、学术自由"的制度性保障。欧洲中世纪的大学基层学术组织也正是在教会势力和世俗势力等外力作用的干扰下，促使其内部的学术人之间结成更为紧密的利益团体，从而为自己的利益与宗教和世俗势力抗争，终究得到了教会势力和世俗势力的支持。直到今天，肇始于法国的学院制仍然以多种面貌盛行着，包括英国大学的"学校—学院联邦式自治"、美国大学的"学校—学院均衡自治"和德国大学"以讲座教授为中心"的讲座自治等基层学术组织实践模式。①

与西方大学院系"自下而上"的生成演进模式不同的是，中国现代大学院系主要遵循"自上而下"的生成路径，大学依据国家有关政策自行设置院系并进行备案。对于"后发外生型"的大学，这种"校办院"的生成路径适应了大学规模迅速扩张和学科"捆绑式"发展的需要。却也使中国大学院系没有经过"为学术而学术"的自治阶段，院系自身特有的发展逻辑和自主特性在规模化"量产"中被湮灭。长期以来，在行政化管理体制的影响下，学系一类的基层学术组织始终处在大学内部行政序列的最低层级。由于学院是大学中的处级行政单位，学院院长一般都具有正处级行政级别，学系则被定义为学院下设的教学科研组织，学系的负责人往往并不是官方行政体系的组成人员，而是由学院院长直接任命。但在现实管理中，学系通常被作为学院下设的科级单位进行管理。这样就造成学系与学院之外的办学主体之间的沟通交流相对有限，仅仅依靠学院与外部办学利益相关者之间产生联系。虽然学系与外部的合作得到改观，但在高层次人才引进、重大科研项目申报、国际合作与交流等学术事项中，一般由学院党政班子召开党政联席会进行决策，学系的发言权相对学院非常有限。

由此造成学系自身在办学中的主体意识薄弱，在学术资源获取、学术人才引进等方面都高度依赖于大学，唯大学行政部门的指令"马首是瞻"。尤其是在"双一流"高校建设中，因大学加强战略目标的统筹协调和绩效评估而往往造成院系自主权力的收缩。在大学层面的重大战略制定和实施中，学系的目标和主体作用往往是缺失和缺位的。在"学院办大学"的呼声中，学系仍然处于尴尬地位。院系组织系统表面上获得了较多的资源配置权力，实则无法通过开放获得更多的物质、能量和信息的自主配置权，并以此来抵消院系过于均衡化发展所带来的"熵增"，学系组织的突破性发展战略沦为日常工作进展。长此以往，学系参与大学治理的积极性和主动性自然难以有效调动起来，利益相关者参与治理的热情不高，学系组织生态系统的自创生最终难以达成。

---

① 朱家德：《基层学术组织自治——西方大学自治的实践与中国大学的一个现实命题》，《中国高教研究》2010年第9期。

（二）学科交叉融合的协同性不够

社会自组织范式强调组织知识是存在于组织成员头脑中和组织特定时空条件下的意会知识，本身具有在组织内部分散分布的特性。知识从高层管理者向中层管理者和一般组织成员弥散，最终导致多元知识权力中心的产生，大大促进了知识的共享和创造，组织各个层级的管理者和组织成员间理应形成一种新型的"同侪关系"，互动主体间具有独立而平等的地位，不存在依附与从属关系。① 然而，中国传统社会人际关系存在"公私群己相对性""伦理特殊主义"和"长老统治"等特征，作为"经济人"，学术组织成员在资源配置时尤其会关注与自己相关的学科、相关的人的资源获得情况，甚至会出现"掌勺者多占"的企图与现象。② 以"学缘"或者关系网络为基础形成的圈子，往往会参与资源的竞争。尤其是在创新驱动发展背景下，知识体系分化整合的速度不断加快，"知识体系及相关任务变得日益复杂，学术性劳动分工在大学和学院内部以及院校之间加宽裂痕的特点日益明显"③。

同时，由于"行政化"的深度切入，致使院系受到行政权力的僭越和干预。学科知识体系碎片化，权力结构"圈层化"，丧失知识管理的独立性，大学学系生态系统的学科之间形成的组织壁垒阻碍了知识要素的自由流动。

与西方国家大学相比，中国大学院系主要遵循以"他组织"为主的设置和生成路径，先天缺少对交叉学科或学科群的逻辑观照。据统计，中国高校按照二级学科设置学院的比例曾一度达到了54.7%。而美国高校则基本取消了以二级学科设置学院的模式，基于学科门类或学科群设置的学院比例约占到74.76%。④ 按照二级学科设置学院的制度

---

① 罗珉：《论组织理论范式的转换》，《外国经济与管理》2008年第8期。
② 蔡连玉、眭依凡：《大学内部资源配置及其制度选择研究》，《清华大学教育研究》2017年第12期。
③ ［美］伯顿·克拉克：《高等教育系统——学术组织的跨国研究》，王承绪等译，杭州大学出版社1994年版，第74页。
④ 贾莉莉：《学科视角下的中美研究型大学学院设置比较分析》，《中国高教研究》2009年第7期。

路径建构方式，必然造成学院下设基层学术组织的"碎片化"。在一段时间里，大量基于一级或二级学科建立的学术组织，成为"捞取"办学资源的"孤岛"。相互之间不仅没有学术之间的交流互动，反而形成攀比心态，产生恶性竞争，造成资源浪费，致使学院内部基层学术组织生态系统的"碎片化"。而一些学院的学术决策机构变成各个二级学科负责人的联席会，各自为政，使学院的权力结构"圈层化"。人在自利性的驱使下，"会利用自己的学术权威与行政权力打着学术的幌子搭建为我所用的利益圈，垄断学术话语权与资源分配权，形成学术霸权，造成学术共同体的消亡与利益共同体的膨胀"①。据调查，在这种"圈层化"的格局下，行政权力占据学院的重要决策中心，具有实质性影响，在各类学术事项决策中，普通教师在人才培养方案制定和学科建设方案制定上的影响力仅占20%，在新教师录用、教师职称评审、绩效标准制定和院系负责人推荐遴选等方面的实质性影响力普遍低于20%，甚至不足10%。② 在此形势下，学院内部无法形成学术共同体的氛围，不同组织之间难以进行沟通交流，在二级学科的学系之间，学科交叉融合的协同不足。

当人们在描述大学组织的功能时，总是用教学、研究、政策咨询、引领地方经济社会发展、繁荣城市文化、开展国际合作与交流等一系列目标，来表达其对大学的期望和认识。然而，事实上，人们在描述大学的这些功能时，恰恰忽略了这样一个事实，即"大学中知识创新的五个体系相互独立存在而又具有共同的关联要素，实实在在地组合成为一个"③。缺少了耦合要素，在大学机构里，教学、科研与社会服务三种功能的实现始终存在着张力，张力的发展又使得这三种功能相互分离，出现了"漂移"现象。这在大学基层学术组织的演进过程中体现得尤为明显。比如，自20世纪80年代开始，中国大学兴起校办工厂、校办企业作

---

① 叶逢福：《我国大学学术组织内部"泛行政化"的识别、成因与治理逻辑》，《江苏高教》2017年第8期。

② 张继龙：《院系学术治理中的权力圈层结构——基于教师参与的视角》，《高等教育研究》2017年第4期。

③ 马海泉、樊秀娣：《知识创新能力：大学的核心价值》，《中国高校科技》2019年第5期。

为提高教学质量的实践平台、推动大学科技成果转化和改善办学条件的载体。"但在当时的社会环境下,校办产业被认为是创收部门。"随着时间的推移,校办产业逐步向高新技术企业演变。如北京大学的方正集团和青鸟集团、清华大学的紫光集团和同方集团。到 20 世纪末 21 世纪初,社会上出现了教师应专注于教学和科研的呼声,国家开始对相关的校办企业管理体制进行调整优化。一些校办企业逐步脱离高校,成为完全的社会企业。在这一过程中,校办产业"教学"和"科研"的功能逐步从这些组织中分离出来,出现"社会服务"的功能漂移现象。

(三) 学术制度规范的契约性淡化

治理从根本上讲是对各种契约关系的规范和有效处理,并通过制度安排来实现。制度主义理论认为,制度是一种观念,是制度创生者在组织建设中的理性目标和价值追求之约定。自组织理论认为:"制定一些简单的规则,让系统主体自组织地相互作用,系统就能从无序达到有序,不断形成新的结构,实现系统的有序演化。"[①]

现代大学史早已证明,从事高深学术活动需要相对开放的空间和自由的环境。大学基层学术组织与大学组织一样,也是起源于学术人关于学术契约的缔结。大学基层学术组织在本质上是学术人基于学术精神的关联而建立的一种人文生态系统,"人文生态虽然也同样具有自然生态的自组织和协同进化等特征,但相对而言,人的主观意志和行动对于群落的形成和进化有着决定性的影响"[②]。在此意义上,大学学系组织是指生态系统中的学术人或者由学术人构成的组织。在成员之间信奉一种"无言的、约定俗成的、休戚与共的精神盟约",蕴含对真理的热爱、敬畏与追求;遵循内在的"玩趣"、理论与方法;怀抱冥想、慎微与批判的特质;崇尚一种心灵的道德约束。

理想的基层学术组织个体生态系统更加强调知识的分工与协作,通

---

① 张进清:《论学校管理制度的有效运行——以自组织理论为视角》,《教育理论与实践》2010 年第 9 期。

② 阎光才:《城市社会中的高校群落现象透视——兼析美国城市高校分布格局的人文生态》,《教育研究》2003 年第 5 期。

过知识的分享来促进知识的创新涌现。因此，对于大学基层学术组织的治理主体而言，在通过制度来规范大学基层学术组织的办学行为时，应该广泛征集学术人群体的意见和建议。只有在遵循学术逻辑、传承学术精神的基础上制定出台相关制度文件，才能够真正得到大学学术生产一线的学术人的认同和执行。同时，在外部生态环境"序参量"的获取下，通过不断自我调整，组织系统自身也获得学术自治、学术自由等"自在""自为"的规定性，才能最终实现学系组织生态系统自组织的目的性行为。

然而，中国大学基层学术组织自上而下的治理惯性，已使学术组织中的个体适应了"行政味"浓郁的学术管理方式。有学者调查发现，部分大学院系师生对所在学院的人事、财务、教学、科研等重大事项的议事规则和决策程序"不熟悉、不了解"，教职员工等相关人员对所在学院的治理处于"漠不关心"的状态。[①] 在高等教育资源稀缺的时代，传统上追求绩效的行政管理方式无疑是一种正确的选择。但在学术资源相对丰富、高等教育高质量建设的主题更加凸显的当前，基层学术组织个体及其中的学术人群体对学术利益的表达更加积极，选择学术问题的空间和自由度也不断扩大。通过科层的硬性管理与通过柔性制度契约协调之间的空间进一步增大。在"行政命令的统一性"的外生化路径下形成的院系治理制度，强调思维的求同模式和标准的整齐划一，造成"校级层面制订制度、学院层面传达制度、学系层面执行制度"的割裂。不仅很难为学术自由提供适切的制度保障，在解放学术思想、引导学术行为和激发学术潜能方面发挥正面作用，反而易成为束缚人手脚，制约人、限制人和使其空转内耗的枷锁。特别是在更加强调大学内部效益的背景下，绩效评价制度在院系治理中发挥着越来越大的作用。无处不在的绩效评价制度，表现出一种对学术资源和学术品质进行强控制的逻辑。过分的量化考核，其结果必然致使院系"学术人"群体受制于无形的"规训权力"，"将教师变成一堆可以描述、算度，并能相互比较的数据"[②]。院系

---

① 张雷生：《高校院系内部治理结构现状调查研究》，《高校教育管理》2017年第5期。
② [美]伊曼纽尔·华勒斯坦等：《学科·知识·权力》，刘健芝等编译，生活·读书·新知三联书店1999年版，第139页。

"学术人"群体的利益诉求趋向多样化、多元化、分散化,学科独立属性和知识追求的自发性受到威胁。

自上而下、整齐划一的强制性制度约束往往适得其反,缺少反映"学术人"群体利益和诉求的制度必然得不到更大的支持,难以得到师生的自觉认同,一些师生甚至认为这是外在权力强加于自身的制度约束,对这些制度的遵守也主要源于外在的激励或惩处,而这些制度也不可避免地会缺少执行力。

第 四 章

形塑大学基层学术组织种群生态系统

生态学认为,"在许多情况下,生物的生存和成功繁殖是建立在合作的基础上而不是竞争的基础上"①。生态位理论认为,竞合是指合作和竞争的组合,是在竞争基础上建立的合作机制。即在竞争中有合作,在合作中有竞争,在竞争中进行合作,往往能够通过相互学习、相互借鉴实现优势互补,共同提高。竞争是在合作基础上的竞争,还通过合作性竞争来实现生物单元之间的相互合作和相互促进。生态系统的整体关联使两种发生生态位交叉的生物之间不仅产生竞争,还在竞争中实现共生。竞合的思想打破了关于生态位狭隘的竞争理念。正如恩格斯曾批判社会达尔文主义者将自然竞争合作论机械地搬迁到社会中的做法那样,针对那些只强调和谐与合作或只看到竞争与斗争的观点,恩格斯认为,两者都同样是片面的和狭隘的。"自然界中无生命的物体的相互作用既有和谐也有冲突;有生命的物体的相互作用既有有意识的和无意识的合作,也有有意识的和无意识的斗争。"② 由此可见,无论是自然界还是社会组织的生态进化,都是竞争与合作共同作用产生的结果。没有为生存和发展而进行的竞争,则没有内在动力;没有和谐与合作的格局,则没有互补共生的演化。只有竞争与合作的辩证统一,才是积极生态价值的达成,才能真正有利于组织的演进。

---

① [美]尤金·P. 奥德姆、加里·W. 巴雷特:《生态学基础》,陆健健等译,高等教育出版社 2009 年版,第 259 页。
② 《马克思恩格斯文集》(第 9 卷),人民出版社 2009 年版,第 547—548 页。

大学基层学术组织的竞争和合作作为一种复杂的竞合共生关系，主要是指一级学科建立的组织种群之间，基于学科知识的分化与整合建立的竞争与合作关系，并在这种竞争合作中相互补充和相互促进，从而达到共同发展的过程。生态竞合思想引导人们从竞争与合作相互博弈的视角看待社会组织，在提升组织竞争力、促进组织间相互竞争的同时，加强组织间的协同合作，促进组织的共生共荣。因中国大学基层学术组织大多以一级学科为基础设立，由于资源的有限性，学院层面的大学基层学术组织之间对资源的竞争更为激烈。但由于学院中的大学基层学术组织大多基于一级学科下的二级学科设立，属于大学基层学术组织种群，它们之间开展合作的可能性和现实性更强。因此，从生态位的视角对学院层面大学基层学术组织之间的竞争与合作进行探讨，对发现大学基层学术组织种群生态系统的应然样态和现实问题，以及归因探讨，具有一定的理论意义和现实意义。

一 基于种群生态系统生态位竞合的应然样态

自然生态学上的种群生态系统是一个以特定的生物群体为中心，以作用于该群体的全部环境因子为空间边界所组成的系统。在这个系统中，任何一个物种都不是孤立存在的。生物学家埃利希和雷文曾正式提出"共同演进"的概念[①]，主要以种群为单元、以互补性为基础，研究同期出现的两个以上种群之间的相互因果、相互影响的关系，强调不同物种或种群之间通过交换"选择"，促使组织系统持续成长，这种共同演进的实质是种群之间存在的"互利共生"行为。

在大学基层学术组织种群生态系统中，竞争关系使每一个大学基层学术组织在保持自身的独立性、维持生存能力的同时，也在与其他生态子系统的竞争或合作中形成共生关系。而如果一个种群的存在会降低其他种群的成长率，就会产生种群之间相互约束的消极作用，同时降低种群生态系统的环境承受能力。这种"竞争"的存在从根本上讲缘于种群

---

① P. R. Ehrlich, P. H. Raven, "Butterflies and Plants: A Study in Coevolution," *Evolution*, Vol. 18, No. 4, Dec. 1964.

之间对有限资源的争夺，参与竞争的组织种群的生态位宽度也会随之发生改变。如果生态位重叠严重，则会造成竞争的恶化。

如果竞争能够对两个组织种群的演化产生积极作用，这种竞争就被称为"共栖"或"互利共生"。在自然生态学中，"共栖"主要是指由于生存和发展所需资源的稀缺而引起相似物种之间的竞争合作；"互利"则是指不同物种之间相互依赖和受益的相关关系，又称为"共生"关系。假设大学基层学术组织种群中有 A 和 B，种群生态系统中物种之间的关系如表4—1所示。

表4—1　　大学基层学术组织与生态学物种间关系对比情况

组织间类型		关系特点	物种关系类型
Ⅰ：竞争型	竞争共存	对组织 A 有利，对组织 B 无影响	共栖
		对组织 A 有害，对组织 B 无影响	偏害
		彼此相互制约	竞争
	竞争替代	组织 A 或组织 B 衰亡	捕食
Ⅱ：互补型		彼此相互有利	互利共生
Ⅲ：独立型		彼此互不影响	中性

资料来源：王梅《基于生态原理的学科协同进化研究》，博士学位论文，天津大学，2006年。

（一）"偏利共生"的生态位竞合

在生态系统中，每一个物种往往只适应于某种有限的生存环境，结果必然导致生态系统中生物的多样性。生物的多样性及高度分化使物种在生物圈中占据着不同的生态位，在时间、空间和资源的利用方面相互补充。自然生态学上的"共栖"是指两个或两个以上物种在同一生态环境中共同栖息生存的样态。组织生态中的"共栖"现象则是指两个或两个以上组织在同一生态环境中竞争共存的样态。但在物种"共栖"的生态系统中，只对一方有利。从历时性的角度来看，生物学领域中的食物链本身即是强势物种与弱势物种较量的结果。强势物种与弱势物种并不是相互隔离的，而是存在着环环相扣的关系，形成首尾相接的完整链条。处于生物链最上层的物种也会被处于最底端的细菌、真菌等微生物所分解。这种生物链模式使场域结构保持稳定，使每一个身处场域关系网中的生物得到获取发展的机会。

因此，由于历史演替的内在规律和外在环境的共同作用，大学基层学术组织生态中天然地形成了多样化和不均衡样态。在基于一级学科设置的大学学院层面的种群生态系统中，一些二级学科学术组织因使命的清晰、结构的完整和功能的强大，获得了相对丰富的资源，进而能够延揽高层次的人才队伍，开展高质量的人才培养和高水平的科学研究，最终形成良好的学术声誉。这一过程相互促进，形成学术组织发展的良性循环。并且在演替的作用下，该循环进入下一个循环之中，形成循环连续过程，也即自组织理论中所说的"超循环"。相对而言，一些学术组织则因为组织使命的模糊、结构的松散和功能的弱化而在竞争中难以获得充足的资源，难以延揽高层次的人才，在人才培养和科学研究等功能的发挥中始终处于弱势地位，价值、结构与功能之间无法形成良性循环，相反，有时甚至形成了恶性循环。这样，在与强势组织的竞争中，一些学术组织始终处于弱势地位。特别是在资源分配方式发生改变的强刺激作用下，强势学术组织与弱势学术组织之间的对立作用就更为明显。但辩证地看，这种强弱组织的样态在大学基层学术组织生态中并不是"一无是处"。根据生态学理论，大学基层学术组织种群生态系统是一个过程性的存在，也是一个具有自主调节功能的系统。在大学组织种群生态系统中，学科之间的默契与平衡是经过长期发展建立起来的。基层学术组织种群生态系统就如同自然生态系统一样，有强势者，也有弱势者，但从实现集群成长的总体目标来看，二者之间并不冲突，而是相互作用、相互协调，服务于生态系统整体价值的实现。在资源配置相对有限和组织多样化发展的客观情况下，强弱同时存在正是大学基层学术组织生态的真实样态。

检视大学基层学术组织的演进史，大学基层学术组织的形式也是不断朝着多样化方向发展的。"同乡会""学馆""学舍""教研室""研究所""实验室""学系""研究院""学科群"等基层学术组织形式不断涌现，不仅形式日益多样，功能也日益多元。但在不同时期的不同大学里，基层学术组织中的强弱分布是不一样的。一些国家的大学基层学术组织的制度创新甚至与国家层面的制度创新相互联系，其重要性可见一斑。

比如，今天我们一提法国的大学就是研究所，一提俄罗斯的大学就是教研室，一提美国的大学就是学系，足可见这些大学基层学术组织的影响之深远。但事实上，在这些大学基层学术组织产生和崛起的同时，其他一些大学的基层学术组织也是相伴共同改革发展而生的。比如，15世纪和16世纪的英国大学，同乡会、学舍和学院等大学基层学术组织同时并存，但在大学中所占据的主导地位却随着时间的推移而发生着转变。先是同乡会扮演了基层学术组织的角色，随后学舍逐步在牛津大学的学术活动中扮演了重要角色，再就是学舍和学院模式结合之后产生的学院制长期占据着大学基层学术组织的主要角色。又如，诞生于德国的讲座制曾通过留学生迅速传播到法、英、美、日等国的大学中，甚至遍布整个亚洲、非洲和拉丁美洲，成为这一时期全世界大学最为普遍"且比学术组织重要得多"的基层学术组织形式。[①] 18世纪前后，德国讲座制与习明纳制相互结合，推动研究所制度不断完善。19世纪初，讲座制经由德国进入法国之后，又和实验室制相结合，催生了现代实验室制度。与此同时，美国大学则在广泛借鉴讲座制、习明纳制和研究所模式的基础上，创造了以学系制度为主、多种基层学术组织制度为辅的基层学术组织格局。在多种学术组织的共同协作演进下，美国大学基层学术组织制度保持了旺盛的使命力，支撑了美国大学自第二次世界大战之后的崛起。

（二）"互利共生"的生态位竞合

生物学上的共生原指生物界种群生态系统中生物之间的组合状况和利害程度的关系。一般指两种或多种生物因为生存需要而形成的共同生存、协同进化的共生关系。[②] 生物共生是不同物种互为依存的繁衍生息方式。甚至大自然中普遍存在的生物链，也是一种相互依存的复杂共生体系，生物链上的物种环环相扣，动一而牵百。共存共荣是共生的深刻本质，但共生并不排除竞争，而是通过共生物种的竞争合作不断提高生存能力和创新活力。如果把大学内部种类繁多的基层学术组织视为一个整

---

① ［美］伯顿·克拉克：《高等教育系统——学术组织的跨国研究》，王承绪等译，杭州大学出版社1994年版，第52页。

② 杨玲丽：《共生理论在社会科学领域的应用》，《社会科学论坛》2010年第16期。

体的生态系统，审视各个时期和空间下这一系统在特定时空中的构成形态及表现形式，发现它们都存在着从简单到复杂、从分化到整合的演进趋势，遵循着"物竞天择、适者生存"的自然法则，并体现出类似"遗传"与"变异"的生态规律。虽然据此演化出的组织形态和性状呈现出多样化，但其背后依然隐藏着分化与互补的演进逻辑，并鲜明地体现在人文科学与自然科学两大学科知识体系之中。

随着时间的推移，知识生态系统已经通过持续的边界工作过程被划分为"独立的"机构和专业领域，表现出目标、方法、能力和实质性专业知识之间的明显差异。[①] 这种分门别类的目的之一便是不同学术组织中的学术人为建立自己的"学科领地"，而与其他学科之间建立起不可渗透的学科边界，并伴随着组织紧密的集合性学术共同体，保持所占据智识领地的稳定性和一致性，使其他学科的学术人不能"擅闯"。但对于那些存在分歧且联系松散的学科群体而言，情况则相反。置身其中的学者们彼此间缺乏相互的凝聚力和共同的身份认同感，这类学术群体和学科领域的边界模糊不清，是一种可渗透的学术边界，"代表更分散、更不稳定和相对而言更开放的认知结构"[②]。镶嵌在这些知识结构中的组织边界好似生物的细胞壁一样，并不是"铁板一块"，而是具有可渗透性。"组织的对外边界不是被视为一个容器壁，而是更像交互地带可渗透的一层膜"。正是这种边界被持续不断地输入和输出所打破，使组织成为一个不被孤立于外界环境的开放系统。与此同时，边界的存在也能够便利组织以"过滤和分割的方式限制相关意外事件的范围，缓冲组织的核心行为不受外界环境不规则变动的影响""保证封闭组织的内部不受外界过多的动荡的侵扰"[③]。这也恰好解释了为什么既要倡导建立开放的学术组织边界，又要确保学术组织边界的存在。比如，物理学和经济学就是内部凝

---

① Thomas F. Gieryn, "Boundary-Work and the Demarcation of Science from Non-Science: Strains and Interests in Professional Ideologies of Scientests," *American Sociological Review*, Vol. 48, No. 6, Dec. 1983.

② [英] 托尼·比彻、保罗·特罗勒尔：《学术部落及其领地：知识探索与学科文化》，唐跃勤等译，北京大学出版社 2008 年版，第 63—64 页。

③ [英] 尼尔·保尔森等编：《组织边界管理：多元化观点》，佟傅等译，经济管理出版社 2005 年版，第 53 页。

聚稳固领域的例子，它们保持着统一的概念和标准，在很多领域中保持密切的共生关系。在中国的现代学科体系中，文学、史学和哲学也常常体现出某种知识的关联性，因此被形象地称为"文史哲不分家"。

事实上，在前现代大学时期，无论是古希腊柏拉图聚徒讲学的阿卡德米学园，还是古代中国孔子授徒讲学的杏坛，都是师徒因学术活动而形成的相对固定的空间。在这些空间内，学术人实现了早期学术活动带有互利性质的协作。后来，为扩大学术的传播，需要通过一定的规章制度和空间场所固定下来进行学术宣讲，学园、书院等形式由此成为早期学术组织的雏形。而学者们的协作除了共同开展学术研究的需要之外，更多的是为了维护共同的学术权益。在现代大学的演进中，围绕学科知识的融合创新，大学基层学术组织种群之间基于开放互补也产生了互利共生的行为。20 世纪中叶中国书院制度的复兴也是较为典型的例证。正是钱穆等"创立不分系的学院制"，倡导回归古代教育的知识综合之道，使不同学科的学习者们不再"各筑垣墙、自为疆境""于博通的智识上，再就自己才性所近作专门之进修"①。可以说，新亚书院最终能够发展成为亚洲的顶尖学府香港中文大学，书院制这一开放互补的学术组织形态发挥了重要作用。还有学者曾通过对美国金融学的研究，有力地证明了该领域的合法性与商学院的生存发展如何互生互构、开放互补。商学院为了自身发展，积极将经济学引入商科研究，进而发展出金融学，这反过来进一步确立了商学院的合法性。在此过程中，商学院成为金融学的组织阵地，同时也成为经济学与商业研究融合的重要空间。② 因而，应通过跨学科边界基层学术组织的建立，加强学科之间的横向联系，使相近学科之间的知识单元相互联结成为一个全新的具有内在逻辑的知识体系，实现知识的融合生成和组织种群之间的互利共生。

---

① 钱穆:《文化与教育》，生活·读书·新知三联书店 2009 年版，第 62—64 页。
② Marion Fourcade, Rakesh Khurana, "From Social Control to Financial Economics: The Linked Ecologies of Economics and Business in Twentieth Century America," *Theory and Society*, Vol. 42, No. 2, February 2013.

二　生态位重叠的种群生态系统实然现状：基于学院的调查

　　基于一级学科形成的研究院、研究中心、实验室等，是大学基层学术组织种群的表现形式。在生态学视域下，可以将其看作依据二级学科或二级学科方向形成的基层学术组织聚合而成的组织种群。学院是组织种群生态系统依托的载体和社会空间。在学院视角下，各学科知识通过分化整合进一步推动基层学术组织之间的竞争与合作。一般认为，学院滥觞于巴黎大学早期因学科划分而形成的教师法团。学院制度的前身"缘起于学生在教师屋舍的寄宿传统"①。巴黎大学的神学院、文学院、法学院和医学院成为早期大学学院制的雏形。每个学院均设有教学和财务方面的主管，为早期大学的教师们分学科进行教学和学术交流活动创造了空间。中国大学学院制的设立在借鉴世界知名高校的基础上，也形成了自己的特色。比如，中国高校的学院一般作为大学的二级管理机构，不作为大学的独立法人。同时，学院的行政事务负责人员一般享有正处级待遇，学院属于大学行政体系的基层单位。②

　　生态位重叠涉及两个种群之间的生态相似性。生态位的差异导致共存，而生态位的相似则导致激烈竞争。在生态位的空间模型中，重叠是两个相邻的生态位空间共有的区域。如果资源是有限的，重叠就意味着竞争，并且重叠程度越高，竞争排斥的程度也就越激烈。这是因为生态相似度高的种群之间资源利用的相似程度也很高，而那些资源利用相似程度低的种群间生态相似性则较少，因此其重叠程度低，竞争程度也相对缓和。

　　组织资源对组织的生存发展起着决定性作用，组织依靠获取和积累

---

　　① ［英］海斯汀·拉斯达尔：《中世纪的欧洲大学：在上帝与尘世之间》，崔延强、邓磊译，重庆大学出版社 2010 年版，第 132 页。
　　② 因中国大学的学院具有鲜明的行政组织色彩，因此本书并不将其作为主要的考察对象，而更多的是从学院的视角，对学院层面的大学基层学术组织种群生态系统进行研究。因此，后文如无特别说明，所论及的大学基层学术组织主要是指学院层面依据二级学科或学科方向建立的基层学术组织种群，而不是指学院组织本身。

资源以保证持续竞争的生存优势。大学基层学术组织一方面通过日常活动开展获取所必需的物质或信息等生存资源；另一方面通过获取生存资源以应对组织的种间竞争，保证持续竞争优势。在学术资源有限的前提下，大学基层学术组织不可避免地会围绕学术权利开展竞合行为。尤其是对于学院而言，其下设的基于二级学科的学术组织较多，而学院从大学层面获取的资源总量往往也是有限的。因此在学院层面基层学术组织不得不通过竞争获取资源。在此情况下滋生的"空巢组织""近缘组织""山头组织"，使组织种群之间生态位产生重叠，从而导致种群之间的竞争异化为干扰性、排斥性的零和竞争。

（一）"空巢组织"加剧干扰性竞争

生态学上的干扰性竞争是指一种动物借助于其行为排斥另一种动物，使其得不到资源的竞争形式。一所大学占有的资源和空间在总体上是一定的，大学基层学术组织种群如生物种群一样，拥有自己的生态位，并在自身发展与社会选择的双重影响下形成相对的地位与功能。在生态资源紧张的情况下，大学基层学术组织也会如同生物一样，自觉或不自觉地强化与其他学科组织种群之间的竞争，对其他种群的生长形成干扰。

当前，随着国家高等教育办学经费投入和社会捐赠的逐年增加，高校在获得更多的办学资源的同时，对资源的配置权也相应增大，内部基层学术组织之间的资源竞争更趋激烈。而一些大学打着竞争旗号建立的"空巢组织"，进一步加剧了组织种群之间的干扰性竞争。国内某大学目前共有文科专任教师及专业技术职称人员约1000人，却拥有各级各类在学校正式备案的文科学术机构329家。相当于每3个人就拥有一个明确挂牌成立的学术机构，并且不包括一些学术人员自发组建的项目组、科研团队等。[①] 可以说，这所高校大学基层学术组织的总体规模是惊人的。但该校在后续的基层学术组织集中清理时发现，这些组织中存在着大量"空巢组织"。它们的设立，一方面是本书前面述及的组织之间竞争性排斥的产物。设立的目的要么是获得更多的资源，要么是解决某些暂时性

[①] 根据该校社科平台管理部门提供的有关数据整理。该校所称的平台是指有明确单位建制的、已在学校备案的文科科研机构，但也存在有些机构由于各种原因而没有在学校备案的情况。

问题；另一方面是组织种群片面追求外部"合法性"机制的产物。虽然建设类似的"空巢组织"也可能会花费学术人不小的气力，拥有"几块牌子"也未必就能获取足够的外部资源支持。但从新制度主义视角审视，这其中潜在地包含着组织对外部制度环境的顺从。因为一旦遵从了外部制度环境，并且主动适应外部环境，就能够得到社会的认可和信任，这就是组织同形的社会"合法化"机制。但是，一所学校公共资源的总量具有有限性。大量"空巢组织"的出现势必挤占组织种群的公共资源，往往会引起组织之间的生态位重叠，造成组织之间的竞争恶化。结果不仅造成资源的浪费，还容易引发整个组织种群的无序竞争，导致"劣币驱逐良币"的后果。

科研仪器是学术活动必需的物质基础，科研仪器的共享从某种程度上体现了一个学术机构的开放情况。一些学术机构为了在某个研究领域里抢占先机，盲目抢占大型科研仪器等公共资源，以试图提高自身在该领域的话语权。然而，事实上，这些组织对自己的科研方向和资源需求缺乏明确定位，最终演变成为仅有"招牌"和"仪器"而没有学术人员的"空巢组织"。通过对J大学某校属研究所研究员J1和J2的访谈发现，由于激烈的资源竞争，一些基层学术组织之间的竞争关系恶化到了"剑拔弩张"的程度。

V-Y-J1：我们学校的大型仪器实际上掌握在某几个机构的手上，它们闲着也不会让你用。为什么呢？因为如果你出成果了，他就觉得你会对他构成威胁，所以闲着也不会让你用。

V-Y-J2：过去我要做个数据测试的时候，需要去借用旁边无机化学系一个院属机构的仪器，但总是被拒绝。同是一个学院的同事竟然这样，其他单位的情况便可想而知了。于是我们就向学院争取，也买了一台同样品牌和型号的仪器，目的就是给他们看看，实际上我们使用的频率也并不是太高。但是有了这台仪器之后，我们得让它"为我所有"呀！所以我们也申请成立了一个平台组织。从此，谁要使用仪器，也得先通过申请。

在大学基层学术组织生态系统中,传统的"单位制"逻辑使每一个基层学术组织形成相对独立的"管理单位"。在师资、设备、课程等资源的配置上"各行其是",在学术方向的融合、学术团队的组建以及复合型人才的培养等方面"各自为政"。同属于 J 校化学学院的 J1 和 J2 两个基层学术组织,因仪器共享引发的竞争,不但导致资源的浪费,还引起了相互之间的不当竞争。事实上,这两个组织本有着广泛的合作空间,却由于实验仪器的共享而造成无序竞争的局面,对两个组织的学术活动的协同造成干扰。而"空巢组织"的存在,进一步激化了这种组织之间的矛盾,使组织种群之间产生了更为激烈的干扰性竞争。

(二)"近缘组织"引起排斥性竞争

竞争排斥原理是指在一个资源受限的环境里,两个具有相同资源利用方式(或生态位)的物种很难在同一个时空中长期存在,其中一个物种终究会排除掉另一个个体。这种现象又叫"完全的竞争者不能共存现象"。生态位相似性高的种群,其生态位重叠度也高,因而不能在一个地区长期共存。但处于近缘种群关系的两个物种如果占有不同的空间,或者在生态要求上有分化,这两个物种也可以在某种平衡中实现共存,而即使亲缘相近却属于完全的竞争者则不能共存。也就是说,相近的两个物种之间的生态位需相互分离,否则会导致激烈的排斥性竞争,使相同或相近的组织间缺少合作。①

近年来,高校普遍重视一流学科建设,并在此背景下赋予学科以更大的人、财、物支配权,不断加快学科的实体化建设。而实体化之后的学科组织也往往具有了人才培养、科学研究、社会服务等多重职能。这和原有的学系之间虽然形式各异,但实质上存在着重合。从生态位原理的视角来看,相当于在一个知识生态位上建立了两个组织,必然会引起二者之间的排斥性竞争。就此问题,本书又先后访谈了 N 校社科处平台管理负责人 N2 和校属实验室科研人员 N3。

V-N2:就我所知,我们学校一人多所、有所无人的情况并不少

---

① 高凌岩主编:《普通生态学》,中国环境科学出版社 2016 年版,第 125—126 页。

见。一些学术组织没有明确的发展方向，没有稳定的队伍，更没有标志性的成果，而有的只有一块牌子。学校不好控制，一些机构不但没有发挥学术组织的功能，反而打着学校的旗号去搞培训，可能是盈利了。

V-Y-N3：我们系里的老师都组建了一些团队，同时也依托我们系申请了一个省级的实验室。说实话，我们实验室是"一班人马、几块牌子"。我现在有很多身份，既是系里的教师，又是实验室的人员，同时还是几个研究中心的人员。我所有的考核都是在系里。其他实验室和研究中心如果要检查验收，把我们的成果直接拿去用就行了。所以严格来说我还是属于系里的人，到其他组织里面去兼职，主要是为了挣点额外的报酬。

平台管理负责人 N2 和科研人员 N3 所说的"一人多所"，实质上也是指近缘组织的情况。"近缘组织"虽然没有参与实质性的学术活动，却以学术组织的名义保留着独立性，与其他组织之间相对隔绝，缺少学术沟通与交流。在这样的情况下，如果大量的基层学术组织以"一套人马、多块牌子"的空壳形式存在，必然会造成大量近缘组织占据相似的生态位，引发资源的排斥性竞争。

类似情形也发生在一些基层学术组织的"独立化"进程中。在传统的学科目录逻辑下，一些依托二级学科设立的基层学术组织，始终处于依托一级学科设立的基层学术组织的"控制"之下，在学术资本的累积方面并不占优势。随着学科知识生产范式的变迁和学术资本累积的改变，一些依托一级学科设立的二级学科组织加快了"独立化"进程。特别是在中国现行的学科治理制度下，二级学科基层学术组织一般依托一级学科建立的学院进行管理。任何一个二级学科的调整，不仅会改变一级学科内部基于二级学科建立的近缘组织之间的利益格局，也会在更大范围内引起院系利益格局的变动，甚至造成整个学校治理架构的改变。

（三）"山头组织"诱发利用性竞争

利用性竞争是指两个竞争个体不直接相互作用而同时竞争利用同一

种资源的原理，其中一个生物通常以资源总量的减少来影响另一个生物的生存繁衍。在组织种群中，利用性竞争可以被理解为竞争个体通过获取同样的资源而进行的集群行为。利用性竞争可能会使一个生物种群代替另一个生物种群，或者一个生物种群将另一个生物种群驱赶出现有的生态系统。当前，一些高校热衷于通过引进一个"强力人物"，而将一些基层学术组织合并在一起设立一个新的基层学术组织，以获取更多的利益。由于这类学术组织的集中并不是因为共同的学术追求，往往会出现组织中的学术人"貌合神离"的不寻常状况。通过对 F 大学平台管理科科长 F2、H 大学分管科研副院长 H1 的访谈可以发现，"山头组织"存在着利用性竞争行为。

> S-F2：我们现在有很多国家重点实验室和部省级实验室都是有行政级别的，院长也是正处级，这些单位之间都是一样的行政级别，管理起来不顺当。所以只能通过更加强力的学科带头人，将这些组织都放置在一个学科群里面进行统合。比如，当时我们的一个学科想建立一个兽医学方面的免疫实验室，请了一位院士级别的人物来牵头，把全校相关力量进行了整合，才最终建立了现在这个很有特色的实验室。

> S-H1：我们的科研机构负责人都是挑选了一些很厉害的"大导"来担任，他们的负责人相当于一个"小院长"。比如，我们的 XX 实验室负责人，是一个该领域非常厉害的人物。当时学校为了引他进来，给了很高的待遇，而且为他建了这个专门的实验室。现在已经形成了一个学术门派了，有自己的组织机构和专门场地。但是现在这人也"孔雀东南飞"了，听说学校两三次想拆并重组这个实验室，都没办成。那不就只是一个空壳而已了吗？

按照"强力人物"的类型，上述访谈的回答呈现出两类"山头组织"的类型。第一类组织是由具有行政级别的官员按照认领上级任务的形式形成的，第二类则是以"原生"或引进的高层次人才牵头成立的，这两类组织都明显带有"因人而设"的痕迹。"因人而设"的学术组织被某个或某几个人把持之后，往往变成谋取科研资源利益的"金字招牌"。组织间的竞争势必会脱离原本依托学科知识建立的互补性竞争格局，成为权力和利益的"角逐地"。由此不仅会形成资源的"山头"，还会形成把控学术权力的"学官"或"学阀"，从而阻碍组织间的公平竞争，破坏组织种群生态系统的平衡。更为严重的是，这样的"山头"意识一旦形成，还会直接危及基层学术组织的进一步发展。下面这则案例就印证了这一猜想。

【案例1】 某校"人才特区"建设中遭遇"短板效应"①

近年来，"人才特区"作为中国高校人才管理体制机制改革和政策创新的新动向。N校为进一步加强高层次人才队伍建设，搭建高层次人才自主创新体系和保障体系，遴选了某学院的一个创新团队，实施了"人才特区"政策，在人才"培养、引进、使用"环节中，给予了编制岗位、引育聘用、薪酬待遇等方面超常规政策。最近，五年一个周期的聘期考核很快就到了。但通过聘期考核评估发现，这个创新团队建设中存在着一个不容忽视的问题，团队建设经费结余数额太大。经过审计发现，结余经费中约有2/3即是团队建设经费。但经过调查发现，该团队引进的人才水平一年比一年低，且出现逐年递减的问题。截至考评时，引进的几乎都是几位带头人的学生，他们只不过是出国读完博士后再回来的"假海归"。而真正意义上的高层次人才几乎没有得到引进。

案例1中创新团队人才引进中出现的"短板效应"，并不是个案。近年来，一些高校不惜重金"筑巢引凤"，希望通过高层次人才的引进实现学科发展的短期突破。即使是一些资源相对紧张的大学，也"倾其所有"罗致人才。但在现实中却往往产生如上述案例中的"短板效应"。其原因何在呢？本书通过访谈M校某系专任教师M1发现了其中的玄奥：

S-X-M1：我们科研团队中的带头人基本都是学科领衔人物，就

---

① 该案例根据访谈内容整理。

是一个"山头"。由他们来引进人才,他们当然是以不影响自己的"山头地位"为本!试想,再引进一个比自己更厉害的,自己的地位不就不保了吗?甚至不要说比自己厉害的,就是和自己平起平坐的,也不愿意引进。那不相当于找个人来和自己分资源、对着干吗?再说了,比他厉害的人绝不会不请自来,谁都知道"宁为鸡头、不做凤尾"的道理嘛!

"木桶理论"中的"短板效应"是产生人才引进梗阻的根源。通过专任教师 M1 的回答可见,在"山头主义"的诱发下,谁也不愿意引进水平高于自己的人才来与自己"分资源""对着干",而只是想通过引进其他人才"为我服务",形成以利用性竞争为目的的"山头组织"。而这一行为的结果只能造成组织低位运行,违背生态位理论"竞合"产生种群发展的一般规律,最终激化学术组织种群之间的冲突并引发生态困局。

三 学院视角下的种群生态系统异化反思

生态位重叠是指两个具有资源利用相似性的种群共有空间区域。在资源有限的情况下,生态位相似度高的种群之间的竞争与重叠程度成正比。但如果资源充足,则生态位重叠并不一定会导致竞争。如果资源充足且资源利用的相似性低,两个物种之间的竞争程度则相对缓和。大学基层学术组织的生态位重叠是指一个组织所占据的生态位同其他组织的相似程度。两个基层学术组织之间的生态位重叠度越小,生态位之间的差异就越明显,组织之间互补共生的需求就越大。由于组织生态种群以多样性的竞争为前提,因此适度的重叠是必要的。

生态位分离与生态位重叠的概念相对,主要是指生活在同一群落中的各种生物所起的作用明显不同,且两种生物之间的生态位相互分离。处于同一种群的生物之间常常借助于生态位资源利用的不同、活动的时间和空间的差异等生态位分离策略来减缓竞争的强度,从而维持生态位分离和物种共存。[①] 在生态学视角下,造成生物采用这些策略的原因是

---

① 陆小成:《产业集群协同演化的生态位整合模式研究》,线装书局2011年版,第60页。

"竞争"的存在。与之相似,两个大学基层学术组织之间如果出现生态位重叠,也会引发资源的直接竞争。而减弱或者消弭直接竞争的策略是促进处于同一个种群的两个物种间的生态位适度分离,形成优势互补,生成共生关系。在学院视角下,大学基层学术组织种群生态系统异化主要缘于价值定位不清、结构同质化、职能设置不清。

(一) 价值定位不清

近年来,随着大学治理体系的不断完善,大学内部基层学术组织的数量不断增多,类型趋于多样。一些高校在国家有关政策的支持下,主动加大了基层学术组织的培育力度。但由于种种原因,并没有给予这些基层学术组织的建设以足够重视,处于"自我放逐"或"自建自管"的状态。本书在对 O 大学发展规划处处长 O1 进行访谈时,透射出一些大学基层学术组织的设立往往源于学校层面的主观意图,其本身的价值指向并不十分清晰。

> V-O1:我们只是在进行重大学术规划的时候,才会涉及学术组织的调整,然后再由学科建设办公室往下落实。一般我们学校层面的规划是不含对学术组织制度的调整的。目前我们学校大学基层学术组织的管理分散在规划部门、科研部门和学科办,这样,如果我们想要对大学基层学术组织进行规划或者调整的话,首先就涉及多个部门之间协调的问题。

比较而言,高校在组织培育中发挥着主导作用,具有集中资源进行统筹规划的优势,但在实际过程中却往往会产生生态位重叠的问题。一方面,工具性目的、选择性培育致使组织种群结构单一,多样性和活力不足,难以形成组织集群成长的基层学术组织种群生态系统;另一方面,在这一模式中,大学层面的管理者往往扮演着统筹方案的规划者角色。致使一些大学基层学术组织缺少明确的功能定位,往往只是在学校或学院统一规划之下开展学术活动。就此问题对 R 大学某学院院长 R1 所做的访谈,反映出大学基层学术组织对学院或学校的规划存在依赖性,或者认为自己所在组织即使有明确的目标,也很难达成。

S-R1：一个基层学术组织要发展，首先当然要有明确的发展目标了。长期、中期、近期的目标都要有，从国家、行业，再具体落实到实验室的目标。既要有自身发展，又要服务于大目标，在服务学校和社会发展的同时实现自身发展。目标太多，有时候不知道怎么走好了。或者基本上都是跟着学校的规划走，这样最容易分到资源。

大学基层学术组织的学术目标在发展规划部门与科研部门之间的夹缝中"易手"，并不是由基层学术组织自身根据学术发展谋划出来的，而是"跟着学校的规划走"。其中所隐含的逻辑是，如果不按照"学校"的路线去执行，则可能得不到想要的资源。所以从某种意义上也可以说，定位不清实质上是指仅仅着眼于个体资源获取的短视行为。然而，在现实中，在对组织生成发展缺少明确定位的背景下，往往就会对种群之间的关系进行简单的人为干预，其结果是使组织种群生态系统遭到破坏，使组织种群内部各组织之间的"共栖"或"互利"受到阻碍。如案例2所反映的情况就十分引人深思。

【案例2】　　　　某校撤销教育学院引发的争议[①]

2016年7月15日，国内某985大学拟撤销该校教育学院及内设机构，在校内引起了广泛争议。代表性的观点主要分为赞成和反对两个"阵营"：

赞成的一方认为，这次撤裁的教育学科是学校在20世纪八九十年代盲目追求学科建设"大而全"的结果。原来根本就没有教育学科基础，本就是"跟风"的结果。在近年来的学科评估中，教育学科处于相对弱势地位，造成资源分散，不利于学校集中力量建设世界一流学科。

反对的一方则认为，教育学科不应该被裁撤。随着知识的创新不断加速，知识结构体系不断走向分化，呈现出碎片化的特征。而

---

① 本案例根据网上有关信息综合整理而成。

大学要适应社会发展，培养更多专兼结合的复合型人才，需要将学科知识转化为教育形态的知识，整体性地传递给学生，而教育学科具有多学科知识整合促进的功能，是现代学科体系中不可或缺的学科。采用行政化思维"一刀切似"地裁撤教育学科不仅不理性，还有"拍脑袋"的嫌疑。因此，大学教育学院的裁撤，不仅应根据学校学科总体发展状况进行长期的理性思考，还应依据学科自身的发展规律，结合现实的调查研究，循序推进。

从生态学视角来看，基于学科的学术组织种群形成生态系统，自身天然地具备了维持规模稳定的密度平衡能力。一个一级学科的生长，其背后是多个二级学科和学科方向的长期支撑，离开了近缘学科和远缘学科向其输送学科知识养料，想要竭尽全力打造的目标学科最终就有可能陷入"孤立无援"的境地。不仅被裁撤的学科再难有"生还"的可能，还会殃及相关学科形成的种群生态。案例2中高校突然对学科组织进行撤并的做法，显然违背了组织集群成长的规律，显得有些"操之过急"。

（二）结构同质化

组织同构是指组织种群中的一个单位在面临相同的环境条件时，与其他单位所经历的相似的过程。[①] 在日益增大的外部环境压力下，大学基层学术组织为有效回应外部环境的要求，不得不做出相应调整，出现同构现象。当组织环境发生变革特别是组织之间的竞争得到强化时，只有通过新设组织，才能够再次恢复稳定；当面临确定的组织环境时，组织个体会倾向于通过"合法性"机制进行重塑来保持稳定和繁荣发展。在中国大学发展环境整体上保持稳定时，由于组织的再造受制于环境中的利益调整，付出的代价相对较大，因此组织重塑的比率往往大于新成立组织的比率。因此，大学基层学术组织在环境的变革中往往倾向于通过组织形态的同构来达到合法化目的，以减少组织新设所带来的不确定因素。

---

① P. J. DiMaggio, W. P. Powell, "The Iron Cage Revisited Institutional Isomorphism and Collective Rationality in Organizational Fields," *American Sociological Review*, Vol. 48, No. 2, April 1983.

然而，大学基层学术组织不仅是一套关于知识的制度规则，也是一套关于社会资源累积形成的组织安排。"学科及学科间关系共同构成的知识分类系统，其形成不单纯是学术逻辑划分的结果，而且是学术界内部和外部多种社会力量互动过程的历史产物。"① 基层学术组织的过度"同构"往往会导致种群密度的迅速增大，组织种群之间的竞争进一步加剧。比如，为争夺资源，一些大学的外国语学院、公共外语学院都设置了与外语课程教学论相关的专业。从职能划分来看，外国语学院主要负责外国语有关学科的教学科研，公共外语学院主要负责大学外语的公共课教学，二者在职能上并无交叉。但外语课程教学论专业的设置却容易引发资源争夺，导致两个学院的教研室之间发生组织冲突。为获取现实利益，一些大学的经济学院、商学院和管理学院同时设置 MBA 专业，结果出现同一所大学的不同学院存在着高度相似的基层学术组织，它们的组织结构、人才培养目标、教师队伍配置高度相似。在资源有限的前提下，难免不会因为招生名额、教学资源等的分配问题而相互龃龉。除了上述情况外，还有一些高校的教育部人文社会科学重点研究基地与部分学系、研究所之间，也因竞争日益激烈而存在突出的矛盾。教育部印发的《普通高等学校人文社会科学重点研究基地管理办法（2006 年修订）》明确规定："重点研究基地应是高校直属、独立设置、与院系平行的科研实体机构，应与校内有关院系保持密切合作关系，但不能与其'合二为一'或'一个机构，两块牌子'。"② 该办法同时还规定，基地中的专兼职人员使用应打破终身制，实行"带课题和经费进基地、完成课题后出基地"的聘任要求。但事实上，现有绝大部分研究基地是在原有院系基础上申报建立起来的，并在长期发展中形成了相对固定的师资队伍和组织结构。还有一些研究基地在高校允许自设学科之后，成为内设的一级学科组织，与原有学系组织之间的生态位差异并不大。

组织形态的过度"同构"与学科差异化发展规律相背离，更加强化

---

① 蔺亚琼、覃嘉玲：《学科分类与跨学科发展：基于院系组织的分析》，《高等工程教育研究》2019 年第 3 期。
② 教育部：《普通高等学校人文社会科学重点研究基地管理办法（2006 年修订）》，http://www.moe.gov.cn/srcsite/A13/moe_2557/s3103/200605/t20060529_80513.html。

了组织知识位势的不均衡性，增大了组织之间竞争的风险。通过访谈 N 大学某学院院长 N1、J 大学某校属研究院研究员 J3 也了解到，一些校级实验室和研究中心都是依托学院而建立的，所以这些机构和学院之间存在的矛盾最为突出。

V-N1：我们有个实验室现在归学校直接管了，原来我们有很多仪器是共享的，现在都撇清了。他们现在是有人（教师），我们现在是有机器（仪器）。学校突然说要发展他们，我们这个实验室也没有办法。

V-Y-J3：我们这个研究院曾经是很辉煌的。但是经过几年的折腾，很多人都走了，伤了元气。这几年也没拿到大项目。很多人都回学院去了，估计学校也是想合并一下我们研究院。但是学院还是想在报大课题的时候用一下我们的牌子，所以就保留了下来。

如若把学院中的基层学术组织视为一个种群，而将研究中心中基层学术组织也视为一个种群，二者在"学科范式"和"学科生长的基质"方面很可能具有相通性，科研人员和仪器方面本应形成共享关系。但在现实中，二者在发展过程中非但没有形成相互交叉融合的关系，反而形成激烈的对立关系。这不仅容易导致组织种群之间的矛盾激化，还可能造成组织种群的离散和消亡。

（三）职能重复设置

生态位宽度是指任何一个组织获取并利用资源的综合能力，表征它的竞争水平。一般而言，生态位宽度决定组织生存发展所需资源的种类和数量。在资源充足的情况下，生态位越宽，组织所需资源种类和数量就越多，物种适应深度便越弱，特化程度就越小；反之，生态位越窄，个体适应深度越强，特化程度就越大。所以，基层学术组织种群为了争夺到最丰富的资源，往往采用联合的方式建立组织种群，并尽力将生态位设置得较宽，以利于在资源的获取中实现"左右逢源"的目的。但是，由于学院的资源相对有限，一些基层学术组织难以进行生态位的自由选择。为了获取更多的资源，往往"被迫"冲动地拓宽生态位，从而造成不合理的发展定位。事实上，在生态位宽度增加的同时，其适应的深度也会相应地减弱，生存效率相应降低，竞争力相应被削弱。比如，某大学的实验室虽然获得了政府大量的科研经费支持，但产出的科研成果产业转化能力弱，市场竞争力缺乏。究其原因，就是学术研究的领域"铺得太宽"，产出的成果"多而不专"，缺乏独特性。在现实中，在中国大学组织种群生态系统资源有限的情况下，一些学术组织试图通过努力拓宽生态位，以获取更多的资源。本书就此问题分别访谈了F大学某校属实验室研究员F3、S校学科办主任S1、K校某国家级协同创新中心教授委员会成员K2。

S-Y-F3：我们的实验室是在申报一个大项目的基础上成立的。现在我们成立了12个课题组。一个副教授带领两个研究人员成立一个课题组。实验室是一个一级学科的，各个课题组都是不同的二级学科，课题组之间稍微有些差异，这12个课题组之间几乎没有合作关系。因为每个课题组的方向稍微有一些区别，大家也都有各自的队伍。目前大家都钻到自己的"小房间"里面研究去了，没有合作也谈不上竞争。

S-S1：为了解决好几位教授的待遇问题，我们学校成立了交叉科学研究院，但是比较空。当时的初衷是想把这几个人的学科交叉起来，搞点创新，结果现在他们什么都研究、什么都交叉，没有明确的方向。这次学校提出来还是要想别的办法。

S-Z-K2：但是你别看这样的研究所那样的研究中心，他们的负责人其实就是那几个学科带头人。比如，学院一位老师是好几个研究所的负责人，一个人有好几顶帽子。说到底，还不是为了获得更多的学术资源。他们都各有各的阵地和优势领域，往往不太好合作，严格来说，还都是各自为政的。

职能的重复设置也是导致生态位重叠的原因之一。从以上的访谈内容可以看出，这些组织虽然貌似形成了种群生态系统，但由于是急速扩张的产物，在相对独立的管理模式下，各基层学术组织形成相对封闭的学术团体，一个"学术机构"往往就形成了一个独立的生态位。当前，一些高校的学术传承任务主要由教研室来承担。教研室作为一种重要的基层学术组织，曾一度在大学的教学组织中发挥着支撑性作用。但近年来，高校的教研室职能普遍发生瓦解或转变，原来的教学组织任务大多数转移给学科，使学科成为教学和科研融合的实体组织。但还有一些大学仍保留着教研室的组织形态。下面是对 P 校教务处处长 P1 的访谈。

> V-P1：教研室主要是一个教学管理机构，我们给教研室主任一些待遇，他们很忙，没有精力来管理科研方面的事务。而科研方面的事情是"不用扬鞭自奋蹄"的事，主要由学术人员来完成。教学、科研、专业评估、学生实习等很多事情，真是"上面千条线，下面一根针"。什么活都往教研室派，挺难的。

从上述案例不难发现，教研室一类的基层学术组织被赋予了太多的职责与职能，使其与其他类似组织的生态位处于重叠状态。当组织种群生态系统中的组织个体职责与职能重复时，不可避免地会带来排斥性竞争，最终带来组织"两败俱伤"的后果。而减弱或者消弭这种竞争的办法是突破现有的创新方式或是转化思路，以营造新的生态位空间，通过生态位分离来实现差异化竞争。

第 五 章

重构大学基层学术组织的群落生态系统

生态学中的群落是一个有规律地聚集在一起的有机整体。在生态学理论中，相对整体性而言的生态边缘理论认为，两种或多种生态系统交接重合地带的生物种群密集度通常较高，生存力和繁殖力也更强，这是由于边缘地带异质性强、信息丰富、竞争更激烈。边缘区具有相邻地域的共有属性，生态因子的互补性聚集，物质、能量和信息的交换更为频繁，非线性协同作用扩大，从而产生各区域单元功能叠加之和的关联增值效益。

大学的学科"既是按科学门类划分的学术体系，又是一个组织实体，有自己的机构建制、力量配置、运行机制等"[1]，也是为知识的创新创造提供活动载体的社会组织。事实上，在大学中，"各门学科在教学和科研上存在着具体的关联，并且由于在学科门类、发展水平、研究方向、力量配置等方面的差异，学科之间的关联在不同的大学中会具有不同的状态"[2]。随着现代科技向纵深发展，一方面学科知识不断分化，另一方面学科的交叉融合又出现综合化趋势。在一些外部因素的综合作用下，"散布于基层的边缘作用会神不知鬼不觉地发挥"[3]，形成多种生态系统交接重合地带，遍布整个大学专业的底层结构。在学科交叉融合的背景下，

---

[1] 卢新吾：《当代高校教育教学管理科学研究》，吉林大学出版社 2010 年版，第 131 页。
[2] 冯向东：《张力下的动态平衡：大学中的学科发展机制》，《现代大学教育》2002 年第 2 期。
[3] [美] 伯顿·R. 克拉克：《高等教育系统——学术组织的跨国研究》，王承绪等译，杭州大学出版社 1994 年版，第 261 页。

高校内部基层学术组织需要不断加强网络化和体系化，突破学科单一化发展的局限，凸显集成度、开放性和灵活性优势，为学科的交叉融合创设平台，建设以学部为代表的大学基层学术组织群落，从而产生类似生物界的边缘效应。

一 基于学科门类交叉融合的群落生态系统应然样态

根据边缘效应理论，在两个或多个异质群落的交界处会形成交错区，产生边缘效应。在大学基层学术组织的群落生态系统中，大学基层学术组织两个或多个组织种群在交界处汇集，为学科之间相互交错提供了空间和平台，会形成类似的"边缘生态系统"，产生边缘效应。大学基层学术组织群落生态系统边缘效应的实质体现为不同学科之间的沟通交流更加活跃，学科知识的丰富性增加，学科创新要素更加富集，不同基层学术组织个体或种群的生态位变化比非交错区组织个体或种群更加频繁。边缘生态系统学科知识结构的多样性更加丰富，学科知识的容量极大地增强，为学术组织群落生态的存续和发展提供推动力。同时，大学基层学术组织群落聚合了多个一级学科、二级学科或在二级学科方向上形成的学科集群，交错区近缘学科或远缘学科的共同作用，使它们能够共享彼此之间的物质、能量和信息，边缘生态系统的功能进一步提升。由此使边缘生态系统不仅能够发挥原有学科组织的功能，还能够发挥新的学科组织功能。

自然生态系统边缘效应衍生出加成作用、集肤作用与协合作用三个作用机理。[①] 以学科知识的交叉融合为"质料"，大学基层学术组织群落生态系统边缘效应表现在三个方面："加成作用"促进学科和谐共生；"集肤作用"促进学科互通交流；"协合作用"促进学科协同创新。

[①] 何妍、周青：《边缘效应原理及其在农业生产实践中的应用》，《中国生态农业学报》2007年第5期。

(一)"加成作用"促进学科和谐共生

在自然生态中,任何生物在多维生态空间中都占有一定的生态位,若实际生态位维度与理想生态位重叠值高,则产生加成作用。在大学基层学术组织群落中,每一个学术组织在多维的生态空间中都占有一定的位置,即学科生态位。而由于生态环境条件和学科资源的限制,基层学术组织占有的实际生态位往往距离理想的基础生态位有一定的差距,这种差距为该组织接近并占有基础生态位提供了动力,推动其不断向其相邻或相近的学术组织群落靠近,从而形成大学基层学术组织群落交错区。在交错区的时空维度中,原有的基层学术组织经过长期演进形成稳定系统,有利于组织资源的获取和功能的持续发挥。但系统的稳定也可能导致生态系统逐渐形成演进锁定。基层学术组织群落生态系统在加成作用下,学科之间的交流互动促使学科的分化整合不断加强。各个组织之间的关系在发展到一定程度后,就会出现与自组织理论中所指的微涨落类似的小幅波动,当波动大于临界点时,就会出现组织形态的变革与创新,使系统的演化不断加快。

以学科知识的分化整合为基础,大学基层学术组织群落生态系统也相应地不断演进,促进学科的和谐共生,充分体现出学科组织群落的"加成作用"。无论是在东方还是在西方的学科演进史上,"学科分化的一个重要特征是由比较单一的初级综合学科向多门学科分化,而多门学科分化到一定的时候又产生了比较高一级的综合学科"[1]。在学科交叉融合之前,大学基层学术组织基于自然科学和人文科学的分化更多的是以学系、讲座、研究所等组织个体的形式出现。而到了19世纪,随着"新科学"和文化研究的发展、人与自然之间的本体论地位被动摇,进一步冲击着大学自然科学与人文科学的对立,以伊曼纽尔·华勒斯坦为代表的科学家提出了"开放的社会科学"学科体系的构想,倡导建立一种"弹性地跨学科的制度改革建议",比如跨学科的研究计划、强制性的跨学系联合聘用和研究生培养制度等,改变了19世纪以来的社会科学分科学术制度和学术组织形式。随着现代科学知识的出现和全球化时代的到来,

---

[1] 孙绵涛:《学科论》,《教育研究》2004年第6期。

学科知识的总量不断膨胀，而学科组织的边界却日益固化。为打破学科之间的藩篱，建立不同学科之间的关联，促进学科知识的交叉融合，亟须产生新的学科思想和知识生产范式。1926年，美国心理学家伍德沃斯提出现代意义上的交叉学科概念，用于指称在两个或多个学科之间开展科学研究活动。在1926年成立的美国社会科学研究理事会上，他指出该理事会不仅是一个学科范畴的研究，而是几个学科的集合，其任务是促进两个或多个学科之间跨学科的综合研究，因为这些学科正在被专业化所隔离。①

到20世纪中期，学科交叉的重要性日益凸显，这一概念开始得到广泛使用，成为现代科学发展成熟的重要标志。大学内部学科组织也伴随着学科的交叉融合产生了学部、研究院等新的组织形态。进入21世纪以来，人类从大工业革命时代进入移动互联网时代，随着现代科技的高速发展，知识更新的速度成倍增长，知识体系在不断分化的同时更加注重交叉融合。特别是由于现代知识的暴发性增长，致使现代大学的学术生产不再仅仅局限于个人或某个组织的突破，而是需要大学学术组织的通力协作。但"学术本体的专业与专业之间、专业与中小学所传授的普通知识之间的距离正在不断扩大，越来越多的知识领域表现出内在深奥性和固有的自主性"②，导致学术组织处于相对分裂的状态。为弥补学系在学科分化中的不足，大学便通过设立交叉学科研究院和跨学科实验室等方式，为学科的交叉融合创立新的大学基层学术组织形式。

（二）"集肤作用"促进学科互通交流

1883年，力学家贺拉斯·兰姆首先发现电流通过球壳状导体时会集中在导体"皮肤"部分的现象，物理学家奥利弗·亥维赛于1885年将这一现象推广到任何形状的导体上。根据这一原理，逐渐衍生出"集肤效应"。生物的信息需求是自然生态系统与物理生态系统的根本区别之一。

---

① J. T. Klein, *Interdisciplinarity: History, Theory, and Practice*, Detroit: Wayne State University Press, 1990, p. 24.
② ［美］伯顿·R. 克拉克：《高等教育系统——学术组织的跨国研究》，王承绪等译，杭州大学出版社1994年版，第14页。

在自然生态系统的交错区内，各种子系统交互作用、关系复杂、异质多变，信息量较交错区形成之前的系统更为丰富，这刺激了系统中信息要求高的种群甚至外部种群向生态边缘地带集结，从而产生集肤作用。

对于大学基层学术组织而言，学科知识是组织群落之间互通交流的"信息"生态因子。信息的量变是质变的基础，异质性知识的量变也大大增加了质变的可能。组织群落生态系统的交错区学科种类增加，学科资源富集，学科知识交叉融合所带来的创新性生态因子不断增加，不同组织之间通过项目合作实施所带来的知识流动频率不断加快，从而刺激原有依据学科门类聚合而成的学术组织集群参与到交错区的合作交流中，通过互通有无进行学科知识体系的深度交流。由于组织群落生态系统交错区的生态环境更为复杂、资源更加丰富、学科不断细分，对学术传承、学术创新和学术转化等方面组织功能的提升提出要求。这促进了原有学术组织种群或个体在不断从外部环境和其他种群中获取资源的前提下，强化知识流动，以提升自身功能和核心竞争力。在这一过程中，学术人由于不满足自身的"知识"位势，会慢慢向这一区域靠拢，以获取更多其他学科的资源和信息。这也在客观上增加了学科之间的交叉融合，从而产生生态系统的边缘效应。与此同时，学科的演进发展是一个复杂动态的过程，往往呈现出波峰和波谷交替的状态。因此，不同空间维度下的学科知识领域或不同时间维度上的强势弱势学科都是相对的，只是一个学科发展中的过程性样态。在大学基层学术组织群落生态系统的交错区内，无论是强势学科还是弱势学科，交流互动、探索争鸣都是学科群落保持活力的重要内驱力，学科群落的健康发展必然要求处于不同发展阶段学科的"共生演化"[①]。

（三）"协合作用"促进学科协同创新

在自然界，物种在变化着的温度、水体或土壤等生态环境中通常比在恒定不变的生态环境中更容易生长或演进。这说明"某些生物对同一

---

① 王智超：《关于弱势学科发展的学科评估改革要义略探》，《吉首大学学报》（社会科学版）2021年第1期。

种生态因子的利用强度与其他生态因子的现有水平相关"①。这一规律的存在促使特定物种在长期演替过程中不断地占有边缘地带，并通过与边缘地带异质环境中的生态位相互"谐振"，使各个生态因子之间产生强烈的"协合作用"。

在大学基层学术组织群落生态系统中，这种协合作用表现为基层学术组织在学科知识分化整合的驱动下，相互协同作用并产生一定的自组织功能，从而演化出新的有序状态。在大学基层学术组织群落生态系统的交错区中，大学基层学术组织之间存在着非线性交互作用，使它们相互联系、相互关联，学科知识的交流更加充分，产出明显增多，取代原有相互独立和竞争占主导地位的状态。同时，这种协调、合作的作用使得组织群落生态系统中的学术组织既能够各尽所能、各司其职，在实现自身发展的同时相互适应和共生共进，又能够通过协同共享汇集和利用其他群落生态系统的资源、信息，实现整体的协调和可持续发展，从而使组织群落生态系统整体功能大于或等于各个群落子系统独自发挥功能的总和。正如伯顿·克拉克基于对不同国家、高校和院系的比较指出，现代大学中存在着"科研＋教学＝学习"的结合体。在这一结合体中同时存在着分化与整合两种力量，即在分化的同时也存在着维系整合的力量。

二 边缘效应缺失的群落生态系统实然现状：基于学部的调查

基于学科知识门类形成的学部、书院、研究院、国家重点实验室、国家工程研究中心等，是大学基层学术组织群落生态系统依托的载体。在生态学视域下，可以将其看作由基于一级学科形成的基层学术组织聚合而成的组织群落生态系统。学部是这一生态系统中的典型组织形态。

"学部"诞生于13世纪之前，在英语里一般用faculty来指称，该词最初源自拉丁语的facultas，意为一个特定的学问分支。中世纪德国大学被认为是学部的策源地。英国的牛津大学最先发展了学院的组织形式，

---

① 王如松、马世骏：《边缘效应及其在经济生态学中的应用》，《生态学杂志》1985年第2期。

并在学院（College）的基础上增加了学部，主要作为教师自治的集合体。19 世纪，美国在借鉴、吸收英国学部制的基础上，也于学系（Department）和学院的基础上创设了学部。比如，哈佛文理学部下设哈佛学院、文理研究生院和继续教育学部三个部分，跨越人文学科、社会学科和自然学科等数十个领域及作为载体的学系。① 中国历史上也先后有不同的关于学部的语词，"在概念界定上具有混杂性和实践中的异质性，但显而易见，它们都致力于推动跨学科的发展"②。这是中国大学"学部"组织的根本使命和功能。③ 20 世纪末 21 世纪初，北京大学、武汉大学、吉林大学等国内十余所大学率先在国内开启了学部制改革，掀起我国高校学部制改革的热潮。

高校是国家创新体系的重要组成部分，也是学科建设的主体。无论是现实需求还是长远谋划，都迫切要求高校建设好交叉学科，促进学科的交叉融合。而在促进学科建设的诸多决定性因素中，组织制度无疑是带有根本性、全局性、稳定性和长期性的因素，全面、系统与具体的制度供给是学科交叉融合的内在要求和根本保证。在大学变革发展的新形势下，高校交叉学科建设及其组织制度创新的重要意义更加凸显。作为大学基层学术组织群落，学部既是促进大学学科交叉融合的重要平台，也是重要载体。应充分利用学部在促进学科交叉融合方面的组织优势，继续深化学部制改革，推动学部在大学基层学术组织群落生态系统中的学科交叉作用。

（一）学部促进学科交叉融合的情况调查

"双一流"建设高校堪称国家建设高等教育强国的"领头羊"，其学

---

① 付梦芸：《我国高校实体性学部制改革的困境与破解——基于历史制度主义的分析》，《中国人民大学教育学刊》2015 年第 6 期。
② 邹晓东、吕旭峰：《"学部制"改革初探——基于构建跨学科研究组织体系的思考》，《高等教育研究》2010 年第 2 期。
③ 目前我国大学的部分学部是基于学科门类设置的学术组织，部分学部则属于与学院并行的行政组织。因此本书暂且悬置关于学部的性质之争，而更多地从学部的视角，对学部层面的大学基层学术组织群落生态系统进行研究。如无特别说明，本书所论及的学部层面大学基层学术组织主要是指依据一级学科、二级学科或学科方向上建立的基层学术组织群落生态系统，而不特指学部本身。

部制的建设对大学内部治理体系的建设和推动学科交叉融合的组织制度探索具有典型性、代表性。大学章程是一所大学制度架构的基石，在大学内部治理结构优化和职能建设中发挥着制度规范的作用。近年来，根据《中华人民共和国高等教育法》《高等学校章程制定暂行办法》（2011年）、《全面推进依法治校实施纲要》（2012年）、《中央部委所属高等学校章程建设行动计划（2013—2015年）》（2013年）等相关法律法规及规章制度，国内大学先后经历了章程制定、报教育部核准以及在校内推进实施等过程，"一校一章程"的目标已基本实现。借助大学章程，结合部分高校信息公开情况，对"双一流"建设高校通过学部建设促进学科交叉融合的情况进行调查分析，是审视大学基层学术组织群落生态系统的一个重要视角。

根据学部的学术权力和行政权力配置情况，可以将学部分为"虚体型""实体型"和"虚实结合型"三种类型。"虚体型"学部是指仅具有跨学院的学术决策或咨询权力。"实体型"学部是指学部下辖多个学院，学部不仅对下属学院具有学术决策咨询权力，也对学院的党政工作进行直接管理。"虚实结合型"学部介于两者之间，即不仅有跨学院的学术权力，还具有下属学院部分学术或党政权力。①

表5—1　　　　　世界一流大学建设高校学部设置情况

序号	大学	关于学部的设置内容	其他学术组织的设置内容	学部名称	类型
1	北京大学	学部与教学、科研、职能机构等并列，由相关学院（系）、研究院（所、中心）等教学科研单位组成。具有学术事务的决策、审议、评定和咨询职权	包含学院（系）、研究院（所、中心）等教学科研单位，统筹其学术管理	理学部、信息与工程科学部、人文学部、社会科学学部、医学部	虚体型

---

① 严蔚刚、李德锋：《我国高校学部的基本权力、分类及相关思考——基于我国学部制改革的调查研究》，《中国高教研究》2012年第7期。

续表

序号	大学	关于学部的设置内容	其他学术组织的设置内容	学部名称	类型
2	中国人民大学	按学科分类设置若干学部。开展学术评定、专业技术职务评审等学术相关的工作	学院可根据学校整体的发展目标和办学思路,提出设立系(所)、系级研究机构、院属教研室、实验室等机构的方案,报学校审批	人文学部、社会学部、经济学部、法政学部、理工学部	虚体型
3	北京理工大学	按照学科分类设置若干学部	学校实行校院两级为主的管理体制。学院负责组织实施教育教学、科学研究、学科专业建设、师资队伍建设、内部管理等	机械与运载学部、信息与电子学部、理学与材料学部、人文与社科学部	虚实结合型
4	北京师范大学	学部是人才培养、科学研究和社会服务的具体组织实施单位,在学校授权范围内实行自主管理	学校实行校、院二级管理体制。具有独立建制的研究院(所、中心)、工程中心、重点实验室,以及教学科研机构,享有与学院同等的权利,履行相应义务	教育学部	实体型
5	天津大学	学校可根据学科交叉集成、资源配置或体制机制改革需要成立学部。根据需要在学部设置学术分委员会	学院是人才培养、科学研究、社会服务和文化传承创新的具体组织实施单位	智能与计算学部、管理与经济学部、医学部	实体型

续表

序号	大学	关于学部的设置内容	其他学术组织的设置内容	学部名称	类型
6	大连理工大学	学部与学院平行。承担人才培养、科学研究、社会服务、文化传承创新、国际合作交流等工作	实行学校、学部学院等二级办学单位两级管理。学院与学部职能一致	化工与环境生命学部、电子信息与电气工程学部、建设工程学部、运载工程与力学学部、机械工程与材料能源学部、管理与经济学部、人文社会科学学部	虚实结合型
7	吉林大学	一般由学科性质相近的教学科研机构组成学部	学校原则上以一级学科或学科群为依据设置学院。作为学科建设、人才培养、科学研究、社会服务、文化传承创新、国际合作与交流的组织实施单位。学院中设置学系和研究中心	人文学部、社会科学学部、理学部、工学部、信息科学学部、公共教学部、医学部、地球科学学部、农学部	虚体型
8	同济大学	可按照学科门类及学校发展需要设立学部。学部是学校分类建立学术治理体系与实施教授治学的组织，依据其章程履行职责	学校根据人才培养和学科建设需要设置若干学院（系）。依法自主开展人才培养、科学研究、社会服务、文化传承创新、国际交流与合作等活动	理学部	虚体型

续表

序号	大学	关于学部的设置内容	其他学术组织的设置内容	学部名称	类型
9	华东师范大学	根据需要整合学科相近的不同学院（系）设立学部	以一级学科（群）为依据设置学院。作为人才培养、科学研究、学科建设的具体组织实施单位	地球科学学部、教育学部	虚实结合型
10	东南大学	根据需要设立学部等学术组织	设立学院，开展人才培养、学科建设、科学研究等工作。具有独立建制的学系、教学中心、研究中心（院、所）、工程中心和重点实验室等与学院同等的权利，履行相应义务	理学部、人文社会科学学部、生命科学与医学学部、土建交通学部、信息电子学部、机能材化学部、电仪控制学部	虚体型
11	浙江大学	学部是学校学术分类管理和教授治学的重要组织形式，在其学科领域发挥学术规划、咨询、评议、协调的作用	学校学术组织体系按校级及学部、学院（系）三级设立。根据学科分类设置学院（系）。是组织实施教育教学、科学研究、社会服务和国际交流与合作的基本单位	人文学部、社会科学学部、理学部、工学部、信息学部、农业生命环境学部、医学部	虚实结合型
12	厦门大学	设置学部。开展学科规划、重点资源配置、专业技术职务聘任等学术事务的审议咨询	学校设立学院、教学部（中心）、实验室、研究院（所）、中心、基地）等教学科研机构	人文与艺术学部、社会科学学部、自然科学学部、工程技术学部、医学部、地球科学与技术学部	虚实结合型

第五章　重构大学基层学术组织的群落生态系统　143

续表

序号	大学	关于学部的设置内容	其他学术组织的设置内容	学部名称	类型
13	山东大学	按照学科门类及实际需要划分设置学部。一般由学科性质相近的教学科研机构组成	学校实行校院两级管理体制。学院享有组织办学活动、人事管理和资源配置等权利	不详	虚实结合型
14	武汉大学	根据学科布局设立学部。主要职能是推进学科交叉和融合，协调跨学科研究，统筹学部内学术事务	实行校院（系）两级管理体制。以一级学科（群）为依据设置学院，是学校开展人才培养、科学研究、社会服务、文化传承创新等活动的具体实施单位	人文科学学部、社会科学学部、理学部、工学部、信息科学学部、医学部	虚体型
15	四川大学	根据学科门类特点和发展需要设立学部，主要开展组织、协调相关院系的学科、教学、科研、师资队伍建设等工作	根据人才培养和学科建设的需要设置若干学院或学院建制的系。是人才培养、科学研究、学科发展、队伍建设、社会服务、文化传承创新等方面的具体组织实施单位	不详	虚体型
16	重庆大学	根据学科门类及学科建设与评价关联性等标准设置学部。是学术事务分类治理的平台	学院（研究院）是学校履行各项办学职能的主要实施机构	文理学部、工学部、建筑学部、信息学部	虚体型

续表

序号	大学	关于学部的设置内容	其他学术组织的设置内容	学部名称	类型
17	西安交通大学	根据学科发展或者新兴学科建设的需要设置学部。依据学校授权和规定组织开展相关学科领域的人才培养、科学研究、学科建设、国际交流和行政管理等工作	根据人才培养、科学研究和学科建设需要设置学院。自主开展人才培养、科学研究、社会服务、文化传承创新活动和其他管理工作。设立系、研究所（中心）、实验室等机构	电子与信息学部、医学部	实体型
18	兰州大学	按学科门类及实际需要设置学部。由学科性质相近的教学科研机构组成，发挥整合学术组织、凝聚学科方向、增强学科间有机联系、促进交叉学科和新兴学科发展的作用	设置若干学院，作为人才培养、科学研究、学科建设、社会服务的具体组织实施单位	不详	虚体型
19	郑州大学	设置学部	实行校、院（系）两级管理体制。院（系）是人才培养、学科建设、科学研究、师资队伍建设、国际交流与合作、社会服务和文化传承创新的组织实施单位	哲学社会科学学部、理学部、工学部、医学部	虚体型

续表

序号	大学	关于学部的设置内容	其他学术组织的设置内容	学部名称	类型
20	湖南大学	设置学部	学院是人才培养、科学研究、社会服务、文化传承与创新的具体组织实施单位	经济学部、法学部、文学部、理学部、工学Ⅰ部、工学Ⅱ部、管理学部	虚体型

资料来源：参见严蔚刚、李德锋《我国高校学部的基本权力、分类及相关思考——基于我国学部制改革的调查研究》，《中国高教研究》2012年第7期；付梦芸《我国高校实体性学部制改革的困境与破解——基于历史制度主义的分析》，《中国人民大学教育学刊》2015年第6期。

从国内世界一流大学建设高校学部建设情况来看，有将近一半的高校进行了学部制改革，并通过大学章程对其进行了制度化建构。学部内设的学术委员会或学位委员会等管理机构，一般在校学术委员会的领导下开展日常管理工作。从类型上看，11所大学主要建立了虚体型学部，3所大学建立了实体型学部，6所大学建立了虚实结合型学部。在虚体型学部的章程内容中，明确规定了学部的性质是促进学科的交叉融合。而实体型和虚实结合型学部并未特别强调促进学科交叉融合的功能，而是更多地强调对学术事务决策的咨询或管理。至于学术在此方面与学院的区别，则没有相应的说明。同时，一些高校对学部的建设还仅仅停留在章程的文本规定上，并未进行实质性推进。

（二）学部促进学科交叉融合的功能受阻

从"双一流"建设高校大学章程对学部制建设的总体情况来看，中国高校进行学部制改革的总量基本超过一半，绝对总量并不大。但从改革的性质来看，学部制的推行，是对长期以来中国大学以二级学科为依据设立的学系制和以一级学科为依据设立的学院制的"反拨"。21世纪初，中国高校的普遍扩招以及合并，使大学的办学规模迅速扩大，大学办学所涉及的学科门类不断扩大，学科的数量成倍增长，以学科为依据设立的大学内部学术组织日益庞杂。以学院为例，哈佛大学、斯坦福大学、伦敦大学、布里斯托大学等世界知名大学的实体学院的数量大致在9个左右,而中国大学依据一级学科设置的学院数量普遍达到20个以上,一些大学甚至达到30个以上。

在纵向上,学部实体化容易导致行政层级增加。一些大学行政部门应学术管理扁平化的需要,将部分行政权力下放给学部,形成学部的实体化运作。这固然有利于提高学术的管理效率,却容易架空学院一级组织在教学科研中的组织功能。从而不仅造成学校与学部、学院(系)间的责任链条不完整,责、权、利界定不清,还造成学部的行政化。由于一个学部下属多个院系组织,当学部执行相应的学术权力时,必然会遇到不同学术组织种群之间的权力和资源差异,从而因利益的分配而产生阻碍。而一旦学部掌握了统领下属学术组织的行政权力,又容易变成新的行政层级。一些学部的职能中心还主要配置在学术管理和内部运行机制的调整完善上,有的甚至承担了部分行政管理职能。这必然会将学部变成新的行政组织,最终增加学校的行政管理层级,从而学部制改革与促进学科交叉融合的初衷相背离。因此,"这种跨学科交叉与融合内部驱动力的缺失,单靠自上而下的组织安排,机械地将属于同一门类或学科群的院系归并在一起,称其为某某学部,显然是无法真正实现跨学科交流与融合的"[①]。

在横向上,学部促进学科交叉融合的功能并未有效发挥出来。大量一级学科和二级学科的出现,致使原有的知识体系"碎片化"。在高校合并浪潮中,一些大学为建设综合性大学,在短时间内"上马"大量学科。按学科门类或学科群设置学部,增强了学部对学科的组织力、凝聚力和整合力。以国内较早进行学部制改革的某大学为例,当时学部制改革的目的就在于解决该校教育学学科的分散问题,结果引发了该校师生的激烈讨论。

【案例3】　　　　　　**某校学部制改革的争议**[②]

最近,一位老教授为学校撤销原教育学院、教育技术学院和教

[①] 刘文晓:《"学部制"改革究竟改什么——对"跨学科"融合中"人"的透析》,《现代教育管理》2014年第9期。
[②] 本案例根据储召生、唐景莉《学部制:高校"大部制"改革掀起盖头》(《中国教育报》2009年7月6日第6版)一文有关内容整理而成。

育管理学院等八个学院组建教育学部的做法深感忧虑，他认为学校对这样一个在全国高校中领先的优势学科大动手术是"瞎折腾"。

原来，由于教育学科的分散问题促发该校多年来就有的开展学部制改革的打算。该校教育学一级学科有10个子学科（二级学科或学科方向），但这些子学科却是在多个二级学院里独立设置的，同一学科方向又会在不同的学院里出现。这样的局面不仅使该校的教育学科缺乏对国家重大、重要教育问题的敏感度，也造成人力资源、课程设置等资源的分散。在多样化的基层学术组织背景下产生的以个体为主的作坊式研究，难以适应和满足国家和社会的重大战略需求。而该校新组建的教育学部由14个实体性学术机构和10个综合交叉平台组成，在促进学科交叉融合中前景可期。

案例3中高校进行的教育学部改革是国内高校大部制改革的"先声"。案例3呈现的是该校十余年前学部制改革之初的情形。事实上也是当时国内高校学科和大学基层学术组织生态系统普遍存在的情况。作为二级实体的学院设置过多过细，不利于大的科研团队的组织和科研项目的协同攻关，也不可避免地会影响学科的交叉融合。在案例3中高校教育学部成立的同时，该校成建制地撤销了三个实体学院及多个相关学科的研究所，以促进优质资源的整合，优化学科布局。

然而，在边缘效应理论视角下加以深入分析，该校实体化的学部制改革经过十余年的运行，虽然在有效整合学科、促进学科交叉融合方面取得了一定的成效，但却正如其他国内高校的学部制改革一样，也面临着促进学科交叉的困境，大学基层学术组织群落生态系统促进学科交叉融合的边缘效应无法有效发挥。从表面上看，这种按照学科群或学科门类设置的学部，减少了横向的院系组织数量，促进了学科之间的交流和融合。但实际上，"院系组织之间的壁垒并没有被打破，学部以下的这些数量众多的院系还是各自为政，对学生和教师来说仍然工作、学习和生活在狭窄的院系组织内，缺少学科文化的交流"[①]。高校内部学术组织群落之间的阻隔有着长远的历史原因和复杂的学科文化根源。"高校组织系

---

① 胥秋：《学科融合视角下的大学组织变革》，《高等教育研究》2010年第7期。

统内部与学术事务相关的各子系统和单元间的关系错综复杂，只有通过系统化的建构，使学术组织中的各子系统和单元之间能够相互协调，相互配合，形成一个封闭的有机整体，才能实现学术组织功能的有效发挥。"① 因此，通过建设虚体型学部，如何进一步发挥学部在学科交叉融合中的功能，还有待进一步思考和探索。

三 学部视角下的群落生态系统异化反思

在大学基层学术组织的演替中，学科交叉融合既是动力来源，也是大学基层学术组织之间及其与环境之间建立各种关系的依托，是大学基层学术组织群落系统演替的载体。大学基层学术组织群落生态系统的异化，在很大程度上缘于学科门类之间的交叉融合受到阻碍。而学部等学术组织是依据学科门类形成的大学基层学术组织群落的载体，在促进组织群落生态系统建立学科交错区、形成学科交叉融合的组织边缘地带方面发挥着主体作用。根据边缘效应理论，大学基层学术组织群落之间通过交流能够建立关联，提高学科知识的流动，实现组织之间的非线性作用和涨落机制，从而促进人才培养、科学研究、社会服务、文化传承创新和国际交流合作等多元功能的催化循环。然而，面对中国学科交叉融合的现状与现实需求，在国家行动、科层管理与学术利益主导的路径依赖之下，大学基层学术组织群落生态系统存在着学科交叉的本体逻辑弱化、组织模式僵化、文化生态失衡等亟待破解的现实困境，致使大学基层学术组织群落至今仍缺少互动协作，难以建立起促进学科交叉融合的生态交错区，更遑论产生"加成作用""集肤作用""协合作用"等边缘效应了。

（一）国家行动主导下大学学科交叉融合的本体逻辑弱化

新制度主义理论认为，制度的变革不能忽视既往制度的影响，因为人们会对旧有制度产生路径依赖。在中国独特的政治经济体制下，大学基层学术组织制度由国家科技教育行政管理部门代表国家统一谋划实施，

---

① 杨朔镔：《剑桥大学章程对学术组织的建构及启示》，《高校教育管理》2014年第5期。

高校学科交叉制度的构建逻辑由国家行动主导,并取得了世所共知的成效。但任何事物都具有两面性,强大的国家行动逻辑固然有利于集中力量、最大限度地发挥后发优势,在短期内赶超竞争目标,却也极易滋生对政府的资源路径依赖。在中国高等教育长期形成的"后发外生型"制度背景下,中国大学以西方国家为参照系的追赶和跨越式"模仿"机制,"在某种意义上就意味着侧重于横向比较而忽视情境约束和特定问题导向"①。在世界知名大学建设历程的影响下,中国一流大学建设也表现出相似的演化路径,即政府通过外部政策进行规制。

由此产生的非制度化、非常规化、非专业化所表征的"运动式治理机制"往往导致学术问题行政化,进而"为追求政绩而奉行形式主义的法则"②。从大学内部来看,容易导致学术组织的科层化,而从大学外部关系来看,则表现出更加鲜明的国家化、政府化知识管理基本单位的"色彩"③。应逐步激励和引导大学创新基层学术组织模式,为学科交叉融合搭建平台,并形成中国高等教育制度变迁的一个重要特征。梳理中国近年来出台的"211工程""985工程""2011计划""双一流"等推进一流大学建设的系列政策,"支持发展新兴和交叉学科"的话语体系一直被作为指导思想和建设任务的重要内容贯穿其中(见表5—2)。

表5—2 国家政策中关于促进学科交叉*的文本内容

印发时间	印发机构	文件名称	有关文本内容	意义
1985年5月	中共中央	关于教育体制改革的决定	扶持新兴、边缘学科的成长	在国家层面文件中首次提出通过学科交叉促进学科建设,是国家政策促进学科交叉学科建设的开端

---

① 阎凤桥:《我国高等教育"双一流"建设的制度逻辑分析》,《中国高教研究》2016年第11期。

② 徐永:《国家行动与中国教育发展的动力机制——基于改革开放以来的实践经验》,《现代教育管理》2018年第10期。

③ 崔延强:《从科学到学科——学科文化的现代性及其超越》,《大学与学科》2021年第3期。

续表

印发时间	印发机构	文件名称	有关文本内容	意义
1994年7月	国务院	关于《中国教育改革和发展纲要》的实施意见	适度发展新兴学科、边缘交叉学科	将边缘学科和交叉学科两个概念进行整合，提出"边缘交叉学科"的概念
1995年5月	中共中央、国务院	关于加速科学技术进步的决定	在注重发展新兴带头学科、边缘交叉学科和应用基础学科的基础上，支持自然科学与社会科学的合理结合	—
2002年9月	国家计委、教育部和财政部	关于"十五"期间加强"211工程"项目建设的若干意见	以重点学科建设为核心，大力发展对国民经济具有重大推动作用的新兴、交叉学科	明确要将新兴学科与交叉学科并置作为推动重点学科建设的一个重要抓手
2003年8月	"211工程"部际协调小组办公室	"211工程"建设实施管理办法	支持发展新兴和交叉学科	—
2004年3月	中共中央	关于进一步繁荣发展哲学社会科学的意见	突出学科交叉、融合与渗透，培育新的学科生长点	—
2004年6月	教育部、财政部	关于继续实施"985工程"建设项目的意见	建立有利于创新、交叉、开放和共享的运行机制，推进学科交叉。在科学研究中推动人文社会科学与自然科学、工程技术等的交叉、互渗与融合	从机制建设、平台建设以及学科研究三方面提出了学科交叉的具体路径

续表

印发时间	印发机构	文件名称	有关文本内容	意义
2004年6月	教育部、财政部	关于继续实施"985工程"建设项目的意见	建立有利于创新、交叉、开放和共享的运行机制，促进学科交叉	—
2006年2月	国务院	国家中长期科学和技术发展规划纲要（2006—2020年）	促进基础学科之间、基础学科与应用学科、科学与技术、自然科学与人文社会科学的交叉与融合	国家重大科技专项规划中首次系统布局
2006年10月	教育部	关于加强国家重点学科建设的意见	促进学科交叉、融合和新兴学科的生长	进一步强化了一级学科在学科交叉融合中的统合作用
2007年5月	教育部	国家教育事业发展"十一五"规划纲要	重视发展前沿新兴学科和交叉学科	—
2009年2月	国务院学位委员会、教育部	学位授予和人才培养学科目录设置与管理办法	—	进一步强化了学科专业目录在学科交叉中的作用
2010年7月	国务院	国家中长期教育改革和发展规划纲要（2010—2020年）	促进多学科交叉和融合	—
2010年6月	教育部、财政部	关于加快推进世界一流大学和高水平大学建设的意见	在更高、更广的层面上促进学科交叉融合	—

续表

印发时间	印发机构	文件名称	有关文本内容	意义
2012 年 3 月	教育部、财政部	关于实施高等学校创新能力提升计划的意见	加快以学科交叉融合为基础的知识、技术集成与转化	—
2012 年 6 月	教育部	国家教育事业发展第十二个五年规划	超前部署基础学科、前沿学科、交叉学科发展，促进多学科交叉融合	—
2017 年 1 月	国务院	国家教育事业发展"十三五"规划	推动高校加快新兴交叉学科建设	—
2017 年 1 月	教育部、财政部、国家发展改革委	统筹推进世界一流大学和一流学科建设实施办法（暂行）	突出学科交叉融合和协同创新，鼓励新兴学科、交叉学科	—
2018 年 8 月	教育部、财政部、国家发展改革委	关于高等学校加快"双一流"建设的指导意见	聚焦建设学科，加强学科协同交叉融合	—
2020 年 5 月	教育部	未来技术学院建设指南（试行）	探索专业学科实质性复合交叉合作规律以及未来科技创新领军人才培养新模式	—
2020 年 7 月	中共中央、国务院	关于加快新时代研究生教育改革发展的意见	新增交叉学科作为中国第 14 个学科门类	是中国学科与学位制度建设史上的一次里程碑式的变革，从根本上解决了中国学科交叉的制度"合法性"问题

续表

印发时间	印发机构	文件名称	有关文本内容	意义
2020年9月	教育部、国家发展改革委、财政部	关于加快新时代研究生教育改革发展的意见	建立基础学科、应用学科、交叉学科分类发展和动态调整新机制	标志着中国学科交叉的评价制度建设提上日程

* "学科交叉"作为一个概念名词，在中国不同时期的政策文本中，先后出现了边缘学科、跨学科、交叉学科、学科交叉建设等相关政策术语，这些术语的语义虽然"能指"殊异，但"所指"却大致相同，即通过学科的交叉融合培养创新型人才。为此，本书将术语"所指"大致相同的政策文本一并纳入考察范畴。

近年来，虽然国家大力推进管办评分离，大学在经费使用、人才评价及科研成果转化等方面的自主权不断增大，积极性大为提高，资源依赖的效用不断弱化，但距离建立"管办评"分离的互动关系格局依然较远。在一段时间里，"大学之作为社会组织的独立性还没有得到完全的承认，它的政治性色彩甚至比它作为知识传授场所的色彩还要浓厚"[①]。大学组织仍然是作为政府直接管辖下的行政机构，在一定程度上奉行行政化的管理方式，学科建设的短期绩效指标而不是长远发展导向成为"指挥棒"。加之在不断更新的高校学科制度体系的加持之下，国家行动的政治逻辑在大学基层学术组织和交叉学科制度建构中占据着绝对地位。国家通过学科目录的颁行和定期修订，在以学科门类及一级学科、二级学科为"梁柱"的学科体系固定之后，围绕学科形成的高校院系、科研机构等形成的大学基层学术组织形式，学科评价机制以及大学职能的实现均围绕这一体系而展开。基于此的大学基层学术组织群落生态系统建设如若放弃对既有格局的坚守，就会面临丧失既得利益的巨大风险。而如果遵从自上而下的组织制度建设绩效的任务安排，却能够更加便捷、更加安全地获得资源。更为重要的是，这一影响日益深入大学内部。国家行动引发的政治力量强势地支配着大学内部的运行秩序和组织制度建构逻辑，进而致使无论是对外还是对内办学活动的开展，都一致性地形成

---

① 任剑涛：《大学组织文化与办学模式》，《中国人民大学学报》2007年第5期。

以国家学科目录体系为中心的评价思维和行动路径，从而产生组织制度变迁的路径依赖。由此造成的后果是，大学基层学术组织群落生态系统交错区无法构建，学科交叉融合的步伐与成效难以适应国家经济社会发展的紧迫需要，跟不上国家经济社会发展的强烈需求，甚至在国家创新体系中滋生出"卡脖子"问题。学科交叉的制度建构异化为竞相建立各种促进学科交叉的行政化平台和"空壳组织"，而学科交叉本身却并未得到实质性推进。比如，"2011 计划"体现了国家跨校、跨学科甚至跨界合作的政策导向，但"在 2014 年公布了第二批入围的 24 个协同创新中心之后，'2011 计划'不见下文了"[①]。由于中国"没有综合交叉学科的建制，在 2017 年公布的世界一流学科建设的名单中，难觅综合交叉学科的'身影'，从事交叉学科研究的人员只能分散到其他学科"[②] 中。造成这一问题的原因之一，就是未有效推进大学基层学术组织群落生态交错区的建立，一级学科之间特别是学科门类之间"渐行渐远"，难以形成有效的边缘效应。但不容忽视的是，新时代以来交叉学科建设日益引起重视，交叉学科门类的建设及多个交叉学科一级学科的增设，都对促进学科的交叉融合起到了有力的推动作用。但如何自下而上地发挥基层学术组织在推动学科交叉融合中的主体能动作用，亟待在实践基础上加以深入探讨。

（二）科层管理主导下大学学科交叉融合的组织模式僵化

大学基层学术组织群落生态系统的构建和学科交叉融合的关键在于组织制度边界的"跨越"。时至今日，大学基层学术组织模式创新已成为组织边界重塑的重要路径。在国家推动学科交叉建设有关政策的推动下，国内大多数高校开始采取更为务实的举措。山东大学设立研究生跨学科研究基金、建立校内双导师模式，武汉大学组建中国边界研究院、国际问题研究院等跨学科研究平台，天津大学在"神经工程"、能源、集成光

---

① 龚放：《知识生产模式Ⅱ方兴未艾：建设一流大学切勿错失良机》，《江苏高教》2018 年第 9 期。

② 袁广林：《综合交叉学科发展的组织建构和制度设计——基于我国大学创建世界一流学科的思考》，《学位与研究生教育》2018 年第 7 期。

电子器件等领域建设多个学科交叉研究平台，湖南大学出台的《哲学社会科学中长期发展战略（2012—2026）》提出促进哲学社会科学与自然科学、工程技术之间的交叉、融合和集成。受益于有关举措的推动，虽然国内很多高校在去行政化方面做出了尝试，但是高校交叉学科的基层学术组织模式和制度逻辑依然受到行政逻辑的宰制。大学基层学术组织行政级别的存在往往"去而复存"，基层学术组织的行政管理方式和运行逻辑依然大行其道。现有学科交叉制度组织模式在纵横维度上所存在的系列问题，不仅没有使大学组织结构的"基石"作用得到强化，反而使学科组织成为"高校开展跨学科研究的基本障碍"[①]。

从纵向上看，一方面，如果高校基层学术组织与校级层面组织机构之间出现责大于权的现象，则会造成大学基层学术组织与学校层面之间资源配置的冲突加剧。资源或决策权向上集中的程度越高，治理的负荷就会越大，有效治理的难度也会相应增加。另一方面，如果大学基层学术组织掌握的权力过大甚至超过学校层面的权力，即权大于责，又会造成基层学术组织偏离学术本位，不利于整个学校组织目标的实现。一些高校学部的实体化建设，往往在大学与学院之间增加了新的行政管理层级。这不仅增加了管理的成本，造成管理资源的消耗，同时也可能造成对原有组织群落生态系统的冲击。

从横向上看，学科是以知识分类为基础建立的组织体系，不同学科专业具有不同的知识生产范式。高校现有的基层学术组织多以平台、基地或实验室等实体化组织形式运行，具有固定的人员、组织机构、办公场所及项目资金来源，这种固化的组织关系与资源配置方式容易导致多个实体性组织并存并立、边界固化，相互之间缺少关联、各自为政；对学术组织的考核评价制度专注于单一学科或机构的工作量统计，不利于人才的跨学科流动；资源配置制度过于依赖不同学科的分门类划界，导致资源配置分散、重复、共享乏力，等等。无疑，"这种传统的科层建制和管理模式在一定程度上加剧了不同基层学术组织之间的身份固化、条

[①] 刘凡丰、徐晓创、周辉、邓宁：《高校促进跨学科研究的组织设计策略》，《清华大学教育研究》2017年第10期。

块分割"①,增加了学科之间知识流动的壁垒,阻断了学术人之间的沟通和交流。"加上过度强化的各自学科条件比较和排名以及事实上的功利主义追求,使得学科之间的壁垒加深、围墙高筑,学科交叉融合、汇聚解决问题、协调创新变得困难起来。"②

(三)学术利益主导下大学学科交叉融合的文化生态失衡

一种制度的建立及其变迁都建立在各种文化因素支持的基础上,有赖于文化有机整体的协调配合。从大学学科交叉的内外部维度营造开放包容的学科文化生态,从根本上有利于促进基层学术组织群落生态系统打破封闭的学科领地,聚合学科治理的利益相关者达成共同价值与利益诉求,推进学科的互促共生,激活学科创新活力,从而为学科交叉营造和谐有序的生存发展环境。事实上,不仅在大学基层学术组织群落生态系统中的不同组织之间,而且在生态系统内部的人际关系生态中,学术文化同样扮演着至为重要的角色。无论是大学外部组织形态还是内部组织模式,都受到了文化因素的强有力塑造。

就外部组织形态而言,大学基层学术组织为获得制度性认同而选择了千篇一律的趋同方式。由于现代大学是一种制度性的组织,"合法性"是其首要选择,这要求植根于组织的学科交叉建设严格按照"合法性"机制进行。特别是中国高校的事业单位性质,整体主义、经济主义或功利主义的导向容易导致知识生产偏离认识论模式,决定了大学基层学术组织在与外部环境的其他组织交流时,更多地采用一种行政关系或科层思维的方式。而大学行政级别的存在,虽然有利于高校与政府机构的合作交流,但在与企业的产学研合作中,却往往因鲜明的行政化色彩而形成组织壁垒,使大学基层学术组织群落生态系统的创新要素与外部环境之间难以自由流通。

就内部组织模式而言,大学基层学术组织群落中的组织之间因制度的统一性削弱了功能的开展及内涵特质的差异,而形成了不同的组织文

---

① 郑文涛:《"双一流"背景下的高校交叉学科建设研究》,《首都师范大学学报》(社会科学版)2018年第1期。

② 瞿振元:《刍议学科建设历史、现状与发展思路》,《中国高教研究》2020年第11期。

化和学术领地,进而造成组织之间的隔膜。新制度主义认为,"文化—认知"要素是制度中被人们广泛遵守的、"理所当然"的共同信念和认知框架,整合并推动着制度发挥作用。随着知识生产模式现代转型步伐的加快,不同学者群体研究范式和文化传统之间的差距不断扩大,难以适应新兴学科专业设置与科学技术文化发展的前沿趋势,不可避免地会造成学部等大学基层学术组织群落生态系统内部的文化差异和冲突被无限放大,原有文化习俗或惯习被拆解,传统的考核方式不利于科研人员自由探索、大胆尝试,科学研究的灵感瞬间性、方式随意性、路径不确定性特征得不到应有的尊重。跨学科研究课题的开创性、多科性和前沿性往往导致同行评审专家对其把握不足,出现片面判断。同时,一些跨学科研究需要建立人、财、物等的合作网络,长期投入,效率较低,但获得的科研成果受署名的限制等原因,难以运用到教师特别是青年教师的职称评审中,容易挫伤教师的积极性,导致大学底层文化危机的出现。

第 六 章

统合大学基层学术组织生态系统整体

与自然生态系统相似，任何组织都处在一定的环境之中，与外部环境进行着物质、能量和信息的双向交互。组织要生存下去，就必须适应环境，与环境建立互动关系，并通过环境的支持促进组织的生存与发展。与达尔文的自然选择观不同，肯尼思·波尔汀甚至认为，有机体的进化是一种有机体与环境之间关系模式的进化，而不是通过环境变化选择生存下来的有机体而导致的变化。以此为基础，现代系统理论认为："组织并不是作为独立的实体而存在，它们的命运与它们所属的环境紧密相连。"① 因此，组织生态系统即是组织与环境之间借助能量、物质和信息等的传递，与环境实现相互进化的系统，即组织和环境之间存在着一种互动共生的模式。

大学基层学术组织生态系统的生存演进与环境密不可分。变化中的环境条件是大学变革的外在社会动力，"大学受到的影响、大学对机构问题的回应，都直接来自环境"②。在大学基层学术组织种群和群落生态系统中，组织之间互为环境，而对于组织群落，大学治理体系和高等教育系统又构成其外部环境。如果以大学基层学术组织生态系统为中心，其生存和演进环境则呈现出依次扩大的圈层结构，大学组织、高等教育系统乃至整个社会等都是基层学术组织生态系统的外部环境。而作为外在

---

① ［加］加雷思·摩根：《组织》，金马译，清华大学出版社2005年版，第61页。
② ［美］帕翠西亚·冈伯特：《高等教育社会学》，朱志勇等译，北京大学出版社2013年版，第145页。

社会动力,变化中的环境条件通过改变大学的特质及其竞争氛围,形塑大学的组织模式。

一 基于大学内外生境协同共生的生态系统整体应然样态

20世纪三四十年代,美籍奥地利生物学家路德维希·冯·贝塔朗菲创立了一般系统论,并提出与机械系统相对的"生命系统"概念。正如组织学家理查德·斯科特等在米勒《有生命的系统》的研究基础上写道:根据贝塔朗菲一般系统论的原理,科学家研究的大部分实体——核粒子、原子、分子、细胞、器官、有机体、生物群落、人类群体、组织、社会、太阳系——都服从系统的一般规律。[①] 组织学家理查德·斯科特等曾提出应从理性系统、自然系统和开放系统三个角度进一步认识组织:从理性系统的视角出发,组织是追求特定目标的高度正式化集体;从自然系统的视角出发,组织是受冲突或共识推进的自寻生存的社会系统;从开放系统的视角出发,组织是根植于更大环境下的不同利益参与者之间的结盟活动。[②] 这三种视角实质上是对组织进行的立体认知。大学基层学术组织生态系统内部各组织之间形成多元互动共生关系,既对外开放又内在自组织,既相互制约又相互滋养。其与内外部生态环境之间形成了更大的生态系统,并维持着结构的动态稳定、输入输出平衡,具备自我调控能力。

(一)结构的动态稳定

自然生态系统的结构是指自然界生物之间存在的能够满足彼此需求的特定关系。自然生态系统的结构成分可分为有生命成分的生物因子和无生命成分的非生物因子。生物因子又可分为存在摄食关系的生产者、消费者和分解者,以及非摄食关系的共生或依存关系。按照生态系统的

[①] [美] W·理查德·斯科特、杰拉尔德·F·戴维斯:《组织理论——理性、自然与开放系统的视角》,高俊山译,中国人民大学出版社2011年版,第101页。

[②] [美] W·理查德·斯科特、杰拉尔德·F·戴维斯:《组织理论——理性、自然与开放系统的视角》,高俊山译,第37页。

形态特征及营养关系，可将生态系统分为垂直结构、水平结构和营养结构。垂直结构一般是指生物群落在空间上呈现的垂直分化和分层分布的情况。水平结构则是指生态系统中同一层次上的生物个体、种群和群落的种类、数量及水平状况。营养结构是生态系统中的生命体因能量的流动和物质的循环而形成的结构关系，包括食与被食的食物链结构、食物链交错形成的食物网结构以及生物摄取食物的等级即营养级结构。基于彼此需求的特定关系，物质、能量和信息在生物之间传递，推动生物的种群和群落乃至生态系统不断演替。因此，生态系统的结构并不是静态不变的，而是处于不断变化之中。生态系统不同结构之间的平衡具有动态性。

　　大学基层学术组织生态系统的结构分为外部和内部两个结构，并统一于生态系统的整体之中。内部结构的平衡稳定影响到生态系统整体功能的发挥。但在大学基层学术组织生态系统中，内外部结构是统一的。生态系统内部结构的稳定为对外服务等功能的发挥提供基础，而外部结构的稳定为维护内部种群数量与种类的均衡提供保障条件。在实际运行中，大学组织生态系统往往会突破大学治理结构的内外部边界，内部与外部关系主体建立起稳定的系统结构，促进系统功能的发挥。

　　在自然环境的选择作用下，遗传进化机制导致生物多样性。在大学基层学术组织生态系统中，多样性和稳定性是相互统一的。不同基层学术组织通过多样化的存在保持了生态系统的稳定，同时又保障了种群多样性的存在。结构的多样稳定主要表现在共时和历时两个维度上。从共时维度来看，大学基层学术组织生态系统具有层次性，且各个层次上的学科门类、一级学科和二级学科在数量上维持一定的规模，在关系上维持一定的互动交流；从历时维度来看，大学在漫长的演进过程中形成了相对稳定的纵向层次组织结构和动态化的横向组织结构。从纵向来看，世界范围内的大学基本都采用"校—院（部）—系"的结构方式，而从横向上看，则形成了千差万别的组织形式，在世界范围内很难找到两所设置上完全一样的大学。一所大学内部学术组织生态系统的结构大致处于多样稳定的状态，并不会因为外部环境的变化而出现大的起伏。

（二）输入输出平衡

　　《易经》云："天之大德曰生""生生谓之易"。动态变化是事物的存在方式，任何一个生态系统都是动态过程的存在，是一个通过物质、能量和信息的不断输入输出实现动态平衡的系统。

在自然界中，一个生态系统是以特定的生物种群或群落为中心，以作用于该生态系统的全部环境因子为空间边界所组成的系统。组织生态学家切斯特·巴纳德认为，如果把组织视为协作系统，则这个系统中的其他物质子系统、心理子系统或社会子系统就是组织的外部环境。如果把协作系统本身看成组织，则整个社会的政治、经济和文化就构成了组织的外部环境。切斯特·巴纳德还进一步指出，起初的组织均衡是系统内部的，"是各种要素之间的比例，但最终，这种均衡是合作系统与整个外部环境之间的均衡"[①]。如果基于组织与环境的互动关系来审视，切斯特·巴纳德基于组织协作角度提出的组织平衡观，实质上是组织与环境关系的平衡观。正是在环境的作用和影响下，生态系统通过不断打破旧平衡、建立新平衡实现系统的演替。

大学基层学术组织可以被看作一个类聚的生态种群，每一个基层学术组织都可以被看作大学生态系统中的一个基本单元，而不同类型的基层学术组织又形成了更高一级层次的生态系统，并具备了"整合多元价值冲突的机制，通过对多元价值文化的整合形成了大学组织文化的稳定内核"[②]。而共同的学术理念和治学精神正是这种协调机制的核心组成部分。与其他组织相比，大学基层学术组织成员之间的情感联系更为强烈，他们在追求高深学问、学术自由等共同价值观的影响下，形成共同的学术信念，使不同学科文化发生相互吸收、融化和调和，维系着大学基层学术组织群体之间的动态平衡，也使大学内部在多元文化的张力下脱离分崩离析的危险。随着科技进步与学科交叉融合的深入，大学基层学术组织之间及其与外部环境所存在的网络关系更加密切。在竞争更趋激烈，合作更趋紧密的同时，大学基层学术组织与所处外部生态系统也建立了"共生演化"的关系。由此，大学基层学术组织形成了一个内部与外部协同的生态系统。

---

① ［美］切斯特·巴纳德：《经理人员的职能》，王永贵译，机械工业出版社2013年版，第63页。

② 迟景明、张弛：《大学组织特性及其对学术组织创新的价值导向》，《现代教育管理》2012年第6期。

(三) 具备自我调控能力

在自然生态系统有限的资源和生存空间内，由于生态因子的作用，生物种群内部个体和种群在群落生态系统中与其他生物成比例地维持在某一特定密度水平上，保持种群在一定时空内的自然平衡。因此，这一密度也叫平衡密度。而在社会组织生态系统中，"发生在组织种群内部的密度依赖过程同样发生在组织种群之间"[①]。一方面，种群内部个体数量为达到密度平衡，会在有限的空间资源影响下自动进行调整，最终使种群内部数量保持相对稳定的趋势；另一方面，群落中的种群数量也会自发调节，使整个种群处于相对平衡的稳定状态。

随着科技进步和知识的交叉发展，大学的组织职能进一步拓展，研究设施、团队合作和学科交叉对大学基层学术组织的拓展提出新的要求。基层学术组织开始走出大学的"象牙塔"，与校外科研机构和高新技术企业合作，建立新的组织形式，这一联合甚至超出大学的界限，实现跨校、跨地区甚至跨国界联合。在大学基层学术组织与其他组织的协同创新过程中，一些新的组织模式也不断诞生。生态系统外部的物质、能量和信息等的输入，往往会导致内部生态因子平衡的改变或生态位的重叠，各学术组织之间也会因为资源的争夺而形成更为激烈的竞争关系。在大学基层学术组织生态系统内部，学术人员竞相探索科学研究的前沿，寻求新的知识生长点，以获取学术资源和学术地位，掌握学术权力，个体的自主权、自我导向乃至自我实现的愿望更为强烈；在大学基层学术组织生态系统外部，学系、研究所和校外相关的公司或企业对接，学院、创新（交叉）科研平台与科技园的合作进一步加深，政、产、学、研、用联合研发中心大量涌现。

在此情境下，组织生态系统会体现出维持生态平衡、超越自身的自我调控能力。这主要表现在两方面：一方面，种群内部各基层学术组织在数量上维持一定的稳定规模，反映出"学术共同体的公共理性和价值选择"；另一方面，在种群与环境之间，种群的生存发展需求与大学的办

---

① ［美］汉南、弗里曼：《组织生态学》，彭璧玉、李熙译，科学出版社 2014 年版，第77页。

学资源需要相匹配，体现出组织为了"获取学术资源的集体能动性"①。更为重要的是，在组织数量随着环境变迁进行平衡调节时，会涉及组织的选择与淘汰。正如组织生态学早已揭示的那样："一个系统的组织多样性越高，可用来选择的组织形式就越多，也就更容易适应环境的变化。"②进而，由多数物种组成的复杂生态系统的稳定性就会远远高于由少数物种组成的简单生态系统，复杂的组织生态系统中不同组织之间的相互依存也能够使系统保持更为稳定的状态，最大限度地抵抗外界的干扰。尤其是在面临重大科研课题或技术难题时，学术人员会结合成多种形态的学术共同体，通过协同的方式进行联合攻关，在基层学术组织生态系统的外部就更是如此了，系统维系自我的调控能力便会相应增强。

二 与内外部生境协同不足的生态系统整体实然现状

组织不可避免地与环境条件联系在一起，在本质上是一个与环境交换的系统。边界是组织与环境交换生成和终止的地方，"一个组织的自由裁量权在哪里结束，另一个组织就在哪里开始"③。在组织理论中，边界往往会被社会群体视为建立互动关系的基础。尽管边界的建立会伴随着规则的形成，但与此同时边界也有利于组织的流动性，提高组织对外界环境的影响力。④ 因此，跨越边界使组织由封闭走向开放往往成为组织转型的首要突破。只有通过谈判、签约等活动跨越边界，获取外部环境的资源和信息，才能实现组织与社会环境的接触。⑤ 促进组织内部各子系统

---

① 武建鑫：《超越概念隐喻的学科生态系统研究——兼论世界一流学科的生成机理》，《学位与研究生教育》2017 年第 9 期。

② ［美］汉南、弗里曼：《组织生态学》，彭璧玉、李熙译，科学出版社 2014 年版，第 6 页。

③ Pfeffer Jeffrey, Gerald R. Salancek, *The External Control of Organizations: A Resource Dependence Perspective*, California: Stanford Business Books, 2003, p. 32.

④ ［英］尼尔·保尔森等编：《组织边界管理：多元化观点》，佟傅等译，经济管理出版社 2005 年版，第 48 页。

⑤ S. Faraj, A. Yan, "Boundary Work in Knowledge Teams," *Journal of Applied Psychology*, Vol. 4, No. 3, 2009.

之间开展交流互动，从而推动知识的协同创新。

（一）世界一流大学建设高校方案中的组织跨边界分析

世界一流大学建设高校是现阶段我国重点投入建设的代表性高校，是我国高等教育发展的先锋队和火车头。在推动我国大学内部治理现代化和大学基层学术组织治理中从事着更为大胆的探索，扮演着先行者的角色，对其他学校的引领带动作用更大。2017年，国家出台《统筹推进世界一流大学和一流学科建设实施办法（暂行）》，将"突出学科交叉融合和协同创新"写入"总则"。2018年初，在"双一流"建设由"设计图"向"施工图"转变的实施阶段背景下，各地各高校抢抓机遇，先行先试，并陆续在网上公开建设方案，开启和引领中国"一流大学和一流学科"建设的新征程。本书运用内容分析法，通过分析各高校内部学系、研究所、实验室、研究院、研究中心、学院及学部等不同基层学术组织种群和群落之间的沟通交流情况，来审视大学基层学术组织生态系统的实然现状。

开放式编码是在初步对访谈资料进行分析的基础上对其进行概念化分析的一种编码方式。概念是访谈资料分析中对资料进行编码的最小意义单位，"可以是一个词语、一个短语或是一个短句"[1]。主要是以开放式的态度，以选定的41份建设方案文本中跨学科建制内容为对象，尽可能广泛地选择文本中涉及的核心概念或短句，并将所获得的内容进行概念化或范畴化。具体编码过程如表6—1所示。

主轴编码的任务是对开放编码过程中发现和建立的概念进行分析，聚敛成主要概念类属，明确相互之间的关系；核心编码是根据已建立的核心概念类属，根据强度、频率系统地分析出与主轴编码有关的核心概念类属，以悬置个人定见，从字符的表层到结构化做深层解析，将文本内容结构成不同要素。[2] 通过反复阅读和不断比较修订，确认上述41份文本中的大部分概念可归入以下五个主要概念类属之中，具体编码过程如表6—2所示。

---

[1] 陈欣、叶凤云、汪传雷：《基于扎根理论的社会科学数据共享驱动因素研究》，《情报理论与实践》2016年第12期。

[2] 蒋逸民：《社会科学方法论》，重庆大学出版社2011年版，第259页。

表 6—1　　开放编码过程举例（节选）

序号	方案名称	方案文本的内容分析单元
A1	北京大学一流大学建设高校建设方案	学科交叉与融合/交叉学科新体制机制；新学科交叉体制中心；网络化学科结构；跨院系、跨学科聘任教师；跨学部学科协调；与国际著名企业合作；以交叉学科群培育新的学科增长点；布局建设前沿和交叉学科领域；建设交叉学科项目和专业/推进跨学科人才培养；培育跨学科、跨领域的创新团队；搭建跨学科、跨院系合作平台；加强对应用与前沿交叉学科研究的培育与扶持/打造学科集群；跨院所共建共享数据系统；教师联合聘用及考核激励；院系同行评议
A2	清华大学一流大学建设高校建设方案	加强学科间交叉融合/形成相互支撑、协同发展的学科群；支持本科生大类培养和交叉学科研究生培养；共享学科建设资源/促进学科融合、渗透；建设本科生通识教育体系/书院建设/高水平教师开放性全校通识课程；跨院系、跨领域专业学位"项目制管理"/多学科交叉融合培养/跨学科培养研究生；与全球著名高校联合培养研究生；构建跨学科交叉研究体系/教师跨院系兼职/跨学科交叉交流平台；跨学科交叉研究平台/若干独立、跨学科门类的校级交叉研究平台/项目组织/管理体制；重大项目统筹管理；引导院系按学科群布局/为学科交叉提供综合性科研空间；推进校内跨院系公共平台建设；建设交叉研究中心
A3	中国人民大学一流大学建设高校建设方案	加强跨学科复合型拔尖创新人才培养；探索建立"项目导向跨学科研学融合"拔尖创新人才培养模式；搭建学科交叉融合平台；建设交叉协同平台；实施大类培养/扩大学生专业和课程学习自主选择权；所有学院与国际一流大学建立学生交流学习项目
A4	北京师范大学一流大学建设高校建设方案	学科群协同育人；打通本研课程设置，凝聚通识教育与各学科专业教育合力；建设多学科交叉的优秀文化传承创新平台；建立开放、共享的跨学科、跨部院系的实习实训平台；开展与世界一流大学、一流学科合作/国际学术机构合作
A5	……	……

表 6—2　　　　　　　　主轴编码、核心编码过程

维度	主轴编码	核心编码	频次/%
内部生境协同	人才培养	跨院系、跨学科人才培养模式/多学科交叉拔尖创新人才培养；本科生跨类招生；自由转系/转专业/重点发展交叉学科专业；多学科交叉的课程体系/课程群/大类通识教育课/校级研讨课；跨院系课程资源/学分互选互认/跨学科选课；跨院系、跨学科实训平台/实践基地；新兴交叉学科学位点/招生名额；跨院系/跨学科推荐免试；联合培养研究生/打通本研课程/跨学科导师组；跨专业创新实验班/书院/交叉学科研究生创新培养基地	85/25.99
	教师评聘	跨院系、跨学科联合聘用/双聘/考核/激励/流动教师制度；联合攻关/综合交叉创新团队；学科交叉领域人才特区/交叉学科学部/产学研合作平台；跨院系、跨学科兼职/交叉学科教师跨院系双聘/院系同行评议/成果互认；青年教师跨学科发展	56/17.13
	科学研究	打破学科屏障/院系壁垒；创新学科交叉融合组织模式；激活基层学术组织活力；突破学科/院系壁垒；学科集群；学科交叉/融合/渗透；基础交叉学科/交叉研究；跨单位/跨学院/跨学科重大项目；培育跨学科、跨院系科研创新平台/交叉融合平台/交叉学院/研究中心/研究院/智库；跨学科交叉科技成果转化；跨学科研究成果评价体系	123/37.61
	硬件条件	建设综合大楼/共享实验室/综合性科研空间；交叉学科资源共享平台/仪器平台/研究大楼	25/7.64
外部生境协同	合作办学	与世界一流大学/社会知名企业/科研机构联合培养；跨校选课；与国外一流大学/跨国企业/科研机构合作；教师跨行业/跨校双聘；国际学术团队	38/11.62

根据人才培养、教师评聘、科学研究、硬件建设、合作办学五个概念类属的含义和特征，又可进一步归纳为"内部生境协同"和"外部生境协同"两方面内容，其中，内部生境协同的对象又包括制度边界和实体边界（见表6—2）。

内部生境协同包括"人才培养""教师评聘"和"科学研究""硬件条件"四个具体方面的边界跨越的具体举措。首先是"人才培养"方面涵盖了"人才培养模式""招生、转系和转专业""课程和学分""实训平台和实践基地建设""研究生培养""联合培养"等具体举措。其中，"课程和学分""多学科交叉课程体系建设""跨院系课程资源建设""学分互选互认"等文本编码统计频次达到85次，比例达到25.99%。其次是"教师评聘"方面，"跨院系、跨学科联合聘用及考核教师""组建联合攻关、综合交叉的科研团队""建设交叉领域人才特区""教师跨院系跨学科兼职双聘""探索院系同行评议""组建多学科交叉融合的国际团队"等文本编码统计频次达到56次，比例达到17.13%。再次是"科学研究"方面涵盖了"组织模式创新""打造学科集群""重大交叉问题研究""科研创新平台和研究中心""跨学科研究成果评价体系"等文本编码统计频次达到123次，比例达到37.61%。最后是"硬件条件"方面，"建设综合大楼""共享实验室""综合性科研空间""交叉学科资源共享平台/仪器平台/研究大楼"等方面文本编码统计频次达到25次，比例达到7.64%。外部生境协同主要指合作办学。"与世界一流大学联合培养""跨校选课""与国外一流大学/跨国企业/科研机构合作""国际学术团队"等方面文本编码统计频次达到38次，比例达到11.62%。

总体来看，"双一流"建设入选高校在基层学术组织生态系统与内外部生境协同的设计和实施中，与内部生境的协同更为受到重视，与外部生境的协同尚未引起足够重视。而在内部生境的协同中，科学研究方面的协同最受重视。这一方面再次反映出"双一流"建设重视学术组织开展科研协同的倾向，另一方面也反映出大学基层学术组织与内外部生境协同的不平衡现象。总体上呈现出三个方面的问题：

首先，人才培养的学科专业体系狭窄，不利于跨学科创新型人才或复合型人才培养。多年来，"高校学科专业的壁垒依然存在，专业设置越来越细，课程开设越来越专，课程结构越来越僵化。在计划思维下，学科专业体系已经变成一种行政体系、一种资源配置体系、一种学术组织体系"[1]。难以适应新兴学科专业、交叉学科等强劲需求下对多学科知识结构复合型人才趋势的需要，不同学科和院系的学生缺少相互的文化交流。其次，学术人员的身份固化。当前大学内部的院系以事业单位制的体制机制管理和运行。虽然高校经过多轮的人事体制改革，但教师作为事业单位人员的根本制度没有改变。学术人员职务评聘等事务的决定权依然牢牢束缚在学科或院系中，跨学科或跨院系流动性较小。在一段时间内，通过建立学部整合大学内部院系学术组织以促进学科的交叉与融合的做法成效明显。但在统领下属院系配置学术资源的过程中，学部渐渐演变成为一种行政层级，学术人往往被束缚在更大的行政事业单位之中。基层学术组织负责人的选任、学科发展、科研规划、人员引进、课程建设、学术奖励、学科经费使用等学术权力，被牢牢掌握在校级层面或一些处级行政干部手中，难以实现专业协同。最后，学术交叉融合不够，缺少应有的学术科研平台、学术评价体系。随着基层学术组织的实体化，基层学术组织建设遵循自上而下的"设定"模式，组织边界特征也日益分明。人与人之间的学术碰撞与自由交流被阻碍，学术组织边界存在着被人为加固的风险。行政权力轻易凌驾于学术权力之上，"学术资本""学术霸主"取代了真正的学者，直至出现行政权力控制学术权力的现象。这不仅大大减弱了学术组织的活力，而且导致组织成员之间自发形成的学术契约离散，学术活动的创新性受到削弱。

（二）生态系统整体内外失衡的表现

大学基层学术组织生态系统的平衡主要表现为不同性质、不同层级、不同样式组织之间的关系平衡，以及与外部环境之间协同共生的关系平衡。但内部结构"行政化"，生态系统物质的损耗、能量的变动以及信息的传递不畅等原因，容易导致外部生态结构的失稳。对外开放的"功利化"，导致大学基层学术组织为了获取外部"合法性"认同，必然形成对外部规制力量或制度设计的依赖，造成组织的趋同，从而削弱了组织之间的多样化、异质化特征。生态系统整体复杂性弱化和多样性缺失，最

---

[1] 邬大光：《大学人才培养须走出自己的路》，《光明日报》2018年6月19日第13版。

终导致生态系统功能发挥受阻,外部输入输出失衡。

1. 内部治理结构"行政化"

大学基层学术组织生态系统的内部结构决定着功能的发挥。而结构的"行政化"往往导致学术资源的高度集中,自上而下的"绝对化"资源配置路径加剧了组织获取资源的竞争性冲突,进而导致组织之间的分裂。同时,行政化的制度逻辑又会导致学术组织的生成缺少自发性,功能发挥的积极性和主动性不断减弱。现实中对大学基层学术组织的日常事务施以自上而下的行政化管理方式的情况并不少见。在对某校副教授Q1的访谈中,他的回答进一步显现了院长在基层学术组织治理中的"决定地位"。

> V-X-Q1:我们学院对系、研究所一类的组织管理非常严格。虽然有党政联席会在决策,但学院党政班子的其他成员主要还是要听院长的意见和建议。包括像人、财、物的权力都是在学院。上什么课、带什么学生,都由学院说了算。都是由学院的班子决定后,再派到系里面去落实,不过这样系和研究所也省事了。我们还是把精力用在教学、科研上。

由于中国大学内部治理结构的独特演进史,在中国大学校院两级内部治理结构中,学院的重要性不断凸显。学院院长在大学内部治理结构中的权力也日益增大。除了具有行政级别、属于行政职务以外,在学院学术事务中也拥有较大的掌控权。而与院长相对,学系等其他学术组织负责人往往并不具有行政级别,在学术事务中却照样发挥日常管理职能。在科层化逻辑日益深入大学基层学术组织生态系统"神经末梢"的情况下,学系主任往往也"自赋"日常行政事务的掌控权,并习惯于用行政逻辑去管理学术事务。

事实上,纵观大学基层学术组织的演进史,一些大学基层学术组织发生了从学术组织到行政组织的改变。以学院为例,在大学基层学术组织的演进史上,学院本是基于一级学科设立的纯学术组织。但随着时间的推移,其行政功能逐步扩大,院长、副院长甚至学院的办公室主任都具有了行政级别。与此同时,一些大学的学院持续增设更多的行政岗位,带有行政级别的官员规模也不断扩大。在此背景下，大多数高校基层学术组织与学院形成上下级的行政服从关系，基层学术组织日常的运行主要在院长的直接指挥和安排下开展。从落实工作的效率和加强管理的层面来看，学院的此种变迁应无可厚非。但不容忽视的是，随着学院"行政化"色彩日渐浓厚，学院内部治理中也不可避免地存在着泛行政化的治理逻辑。学院内设的大学基层学术组织正被理所当然地视为其下属的一个行政层级，被施以行政化的治理。学系的工作任务"事无巨细"地由学院分派，学系主要充当学院下设层级的执行者角色。学系、研究所、实验室等基层学术组织职能的发挥，也在很大程度上取决于院长的眼光和决断，行政权力在学院组织治理中的地位日渐"炙手可热"。诸如此类科层化的学术治理制度，最终导致基层学术组织的运行驯服于行政逻辑。"填表教授""官员教授"等带有戏谑口吻的称号的出现，从一个侧面反映出学术人深陷行政事务的无奈。而长此以往，学术组织对资源的获取需要经过科层体系的"层层把控"，学术人共同谋划长远发展、争取竞争性学术资源的能力先天弱化，造成生态系统内部各自为政，功能分散。

2. 对外开放"功利化"

在全球化背景下，在科技革命、商业潮流、资本力量叠加的知识经济时代，学术的资本化逻辑不仅对大学的办学经费、学费收取、人才招聘乃至招标采购等多个方面产生深远影响，也使"学术资本主义"的观念侵入大学基层学术组织生态系统的"肌骨"之中。随着大学基层学术组织种群或群落的增多，学术资源获取难度的加大，由于经验不足、制度不严、管理不善等原因，有极大的可能导致学术人不再远离市场资助人和捐赠者，而"转向为金钱、威望和品牌而奋斗"[①]，高校正常的经济行为异化为市场的"逐利行为"。需要长期潜心投入、没有明显实用价值或难以迎合大众需求的科研项目，被迫让路于那些完成时间短、产出成果快、回报率高的研究。置身于此的学术人满足于自己所在基层学术组织或种群的"小天地"中，弱化与其他组织合作或者"走出大学、进入

---

① 孙学军：《警惕学术资本主义》，https://blog.sciencenet.cn/blog-41174-1006996.html。

社会""走出组织、参与竞争"的意识，热衷于从事"短、平、快"的研究以获取学术利益。

这一方面使基层学术组织丧失了参与社会环境的积极性，降低了新的创新性知识要素输入生态系统的可能性。大学组织或组织种群与社会组织之间的"互利共生"意识发生畸变，学术活动的理性价值让位于利益角逐的工具价值。另一方面也导致生态系统与外部世界互动交流的隔膜，从而导致正常的学术成果转化为谋取经济利益的手段。一些大学基层学术组织甚至将经济利益作为追求的"至上"目标，将谋取学术资源作为学术活动的出发点。而一些对外合作行为则脱离学科交叉融合的现实需要，异化为满足谋取个人私利的行为，甚至滋生出学术欺诈和学术不端行为。

【案例4】 一位高校科研人员利用科研成果谋取不当利益的不归路[①]

  2014年1月7日，杭州市中级人民法院宣判了一桩国内某著名高校原教授的科研经费贪污案。该判决书显示，被告陈某利用国家科技重大专项总负责人的职务便利，将关联科研成果转化公司列为课题外协单位，再通过编制虚假预算、开具虚假发票、编造虚假合同、编制虚假账目等手段，套取千余万元专项科研经费，将其据为己有。而这两家关联公司的实际控制人是陈某的两位博士研究生。两家公司参与了该科研项目的四个子课题。最后，陈某因犯贪污罪被判处有期徒刑10年，并处没收财产20万元。

在案例4中，学术市场取代了学术部落，大学基层学术组织中的"经济人"取代了"学术人"，"老板"取代了"老师"，科研成果转化异化为开公司谋取经济利益的"买卖行为"，学术人因"理性经济人"特性的强化，学术人群体演变成为学术利益群体或利益集团，通过利益攫取的最大化实现自身价值的最大化，从而使学术组织成为谋取学术利益的工具。案例4中科研人员的结局固然让人唏嘘，但更具深意的是，案例4

---

① 本案例根据有关新闻报道整理而成。

所涉及的科研项目本是一个对自然环境进行生态化治理的学术应用转化项目，然而，它却以社会组织生态异化的结局收场，其背后暗含的学术生态病理更值得深思。

3. 生态系统复杂性弱化

近年来，随着教育体制"放、管、服"改革的深入推进，教育行政部门出台了系列政策，推动大学办学治校的权力层层下放，基层学术组织的办学主体地位进一步彰显。但由于各方面原因，招生计划、专业开办、课程设置、教材选用以及人员编制、评价等学术权力主要掌握在教育管理部门手中，一些权力下放的相关政策还主要停留在理念层面。同时，由于风险防控的需要，往往会进一步加强对资源配置、预算制定和绩效评估等方面事务的监管，这反而在无形中强化了大学层面对基层学术组织自上而下、由外及内的权力实施。在面临更趋激烈的竞争背景下，大学基层学术组织为了尽可能多地获得上级部门的资源，往往更愿意主动让渡自己的一部分学术决策权或学术影响力，变革组织的结构形式，以迎合上级部门统一化的考核评估标准。在此背景下，大学组织生态系统整体形成自上而下的单一制度逻辑。

在下面的案例5中，某校的学科建设规划因缺少利益相关者的参与而造成大学基层学术组织生态系统治理的简单化。

【案例5】 某校一流学科建设规划中的行政干预与师生"缺位"[①]

2017年，某高校入选国家世界一流学科建设高校，按照上级通知要求，该校需要开展"双一流"建设具体方案的编制和实施。学校认识到此项工作的极端重要性，很快确定了以主要领导为编制组组长、由发展规划部门牵头、以各入选学科所在学院为牵头单位、其余各行政单位配合的编制技术操作方案。并确定向全校有关专家、师生征集意见，邀请校内外专家进行多轮论证的编制流程。

在编制方案工作启动后，由于各方面的议论声不断高涨，加之上报时间非常紧张，该校规划部门不得不一再压缩各学院向学校上报的时间，并最终取消了师生意见征求的环节。由该校发展规划部

---

① 本案例根据访谈内容整理而成。

门将编制思路以文字形式下发到机关各部处，再汇总修改完成。虽然经过了校级层面的反复论证和一些学科领域专家的审核把关，但几乎没有邀请各相关基层学术组织一线师生参与。直到方案经上级部门公示后，该校一些师生才得知本学院一流学科建设方案。于是该校有师生认为，此举剥夺了自己参与学校治理的知情权，"吐槽"自己被"忽视"了，并认为学校干这样的事"不是一次两次了"。甚至质疑从该校的大学章程到中长期发展规划的制定和实施，好像都缺少广泛的"民意基础"。

案例5正应了一句反讽高校发展规划的语句："规划规划，纸上写写，墙上挂挂，橡皮擦擦，不及领导一句话。"虽然案例5从表面上反映出高校战略规划的实施效果，实质上却反映出行政权力对基层学术治理权力的僭越。在僵化的科层制干预下，基层学术组织参与学校事务往往处于"缺位"的尴尬境地，

自然生态系统中的生物种群之间并非呈现出线性的、刚性的联系，而往往呈现出松散联合的特质。社会组织生态系统的群落之间也具有非线性、不稳定性和混沌性的松散联合特点。随着现代大学组织向巨型组织转变，参与大学治理的利益相关主体更趋多元复杂，线性的科层管理方式不仅容易削弱普通教师对组织使命的认同，而且会导致师生对组织的依赖感和信任度降低，从而使大学组织生态系统与外部环境之间的交流互动，更加依赖于强制性和功利化的制度治理，治理者往往通过行政威权的资源配置或利益诱导方式，在短期内取得良好的治理效果。但这种"通过强化、钳制、专项治理的方式在短时间内达到治理的目的，收到较好的治理效果，却无法从根本上解决问题，容易反复发作"[1]。从组织生态学的视角进一步省思，案例5不仅仅是师生学校管理知情权和参与权的受损，还致使大学基层学术组织生态系统复杂性弱化。最重要的是致使组织柔性和应变能力降低，使组织难以抵御外部环境变迁所带来的变化。

---

[1] 陈亮：《学术治理的工具主义积弊及其超越》，《教育发展研究》2018年第7期。

4. 生态系统多样性缺失

组织学家梅耶等人在考察美国的教育体制时发现，虽然美国教育实行分权体制，但各个地方的教育组织往往是同形的，而且其内部也具有相似的制度结构。在此基础上他提出两个理论观点：一是应该也必须从组织环境的角度研究、认识和理解组织的行为和现象，这是其基本出发点；二是如果要关注环境，不能只考虑其技术环境，还要考虑其制度环境。技术环境要求组织有效率，而制度环境是指那些诱使或迫使组织采纳的法律制度、文化期待、社会规范或观念制度等合法性力量，往往要求组织服从。为了获得制度环境的认同，组织就会采取不断接受或采纳外界公认或赞许的形式、做法或"社会事实"，从而导致不同组织的同形或趋同。①

组织学家迪玛奇奥和鲍威尔认为，组织形式或行为的趋同性存在强迫性机制、模仿机制、社会规范机制三大机制。② 在这三大机制的影响下，国内大学基层学术组织生态系统呈现出非常明显的同质化倾向。强迫性机制是指组织的产生必须遵守政府制定的法律、法规，否则就难以生存。在这一机制作用下，国内高校内部基层学术组织的设置具有较高的相似度，高校之间几乎没有太大差别。模仿机制是指各个组织会模仿同领域中成功组织的行为和做法。在这一机制下，环境的不确定性往往会减少组织探索的成本，增加模仿机制发生的概率。在现实中，大学基层学术组织目标的确定与知识生产都存在不确定性，由此加大了组织模仿的概率。比如，在大学学部制改革中，表层目的是通过学部制的改革促进学科的交叉融合，但深层目的则是同类高校竞相建设产生的"外在制度挤压"。一些高校的学部制改革只是迎合潮流的表面之举，另一些高校则只是将学院的招生规模扩大，内部结构及运行模式从根本上讲并未发生改变。社会规范机制是指社会组织产生的外部共享观念或思维。在当前的大学基层学术组织生态系统中，虽然不同大学在课程的编排和教材的选取上具有很大的自主性，但不同大学之间日益趋同。这是因为大学中教师从事的专业化工作，很多都具有相同的师承与专业化的训练，

---

① 转引自周雪光《组织社会学十讲》，社会科学文献出版社 2003 年版，第 72—73 页。
② 转引自周雪光《组织社会学十讲》，第 86—88 页。

最终使不同学校的系科之间惊人的相似。

在大学基层学术组织中"同形组织"的出现，大多就是外部"合法性"机制的产物。比如，在调研中发现，某大学一个学院中的科研机构竟多达百余个，而其中绝大多数机构的组成人员只有一两人，某些机构甚至只有一个人。建构这些空壳组织的原因何在呢？恐怕并不仅仅是因为技术环境的影响，从根本上讲还是通过组织的改造能够从外部获取更多的资源，而这些组织的设计不得不趋从于外部制度环境的影响。以诗歌研究所为例。根据对其所长的访谈得知，设立该研究所最初是应提供研究经费的基金会、政府部门的要求。因为校外基金会和政府部门与大学合作，首先需要与大学中具有稳定的长期持续从事相关研究的机构合作。换句话说，这种组织制度形成的主要根源在于适应了外部制度环境，设立的目的主要是获得社会的承认。但由于受我国自上而下统一规制和顶层设计的管理体制的影响，外部治理环境具有强制性、普通性和统一性等特征，其结果必然在较大程度上削弱对多样化大学基层学术组织群落的治理，阻滞组织种群之间的沟通交流，限制种群生态系统变革发展的"想象力"。

三　大学组织视角下的生态系统整体异化反思

尼尔·保尔森等人将组织边界划分为物理边界、社会边界和心理边界。① 物理边界既是指有形实体，又是指制约组织成员之间、组织内部成员及其外部环境之间可能发生交换类型的那些规则和规定；社会边界是指组织用来与其他组织区分的"相异性"界限；心理边界是指"描述那些帮助群体交流、做出行为以及加深他们对特定事物理解的特定术语和符号"②。

在组织边界理论视角下，大学基层学术组织群落的物理边界既是指

---

① ［英］尼尔·保尔森等编：《组织边界管理：多元化观点》，佟傅等译，经济管理出版社2005年版，第29—33页。

② 陈兴淋：《组织边界的理论及其作用》，《学术界》2008年第2期。

由办公室、实验室等组成的物质办公空间和实验场所，是真实可感的墙垣和楼宇分割的物质边界，又是指由规制和约束组织成员的各种规章制度形成的权力边界；社会边界是指用来区分基层学术组织生态系统与外部社会环境的一条界限，是学术组织中的学术人基于共同的学术志趣和学科分野建立起来的身份认同；心理边界是指大学基层学术组织中的学术人在学术活动中形成的特定术语和符号，一般是指追求真理、崇尚知识的学术文化和精神体系，是用来区分大学基层学术组织与其他组织的本质性界限。在生态平衡理论视角下，结合对41所大学的调查及有关高校成员的访谈，中国大学基层学术组织生态系统内外失衡的原因可以归结为物理边界固化、社会边界僭越、心理边界偏向等方面。

（一）"科层建制"导致的物理边界固化

在大学基层学术组织群落生态系统中，垂直边界体现出组织内部由地位、职权和权力决定的层次。一般而言，等级越高，权力就越大，对效率的要求也越高。科层制也正是产生于层级管理对效率的强调。在漫长的生成演进历史中，基于基层学术组织的不断"自我复制"，大学组织生态系统整体逐渐形成了分层的结构特征。值得一提的是，并不能将这种分层简单地等同于行政的科层，而是教育系统内部组织系统的活动顺序进行"序列化"安排的社会现象。① 检视现代大学史，大学基层学术组织中的分层机制是伴随着学术管理事务的日益增多而产生的。尤其是在当今巨型大学时代，更需要以自上而下强有力的层级管理方式处理头绪繁杂的非学术事务，以保障学术生产的效益和效率。伯顿·克拉克认为，高等教育组织系统中的分层有利于增强纵向层级之间的联系和扩大系统外人士的参与。但他同时也指出"分层可能产生了没有预料到的不良重大后果"。其中一个是可能导致层级之间信息传递的难度和因增加外部人员参与而产生的不确定性，特别是"使中下层级丧失人才和首创精神"②。

---

① 杨朔镔：《"双一流"建设背景下大学学术组织分层治理的困境与路向》，《黑龙江高教研究》2018年第6期。

② ［美］伯顿·R·克拉克：《高等教育系统——学术组织的跨国研究》，王承绪等译，杭州大学出版社1994年版，第163页。

然而，在自上而下进行资源配置的单一路径下，高等教育系统的分层机制也极其容易导致学术组织的科层化。尽管科层化的治理模式能够节约决策成本、减少决策时间、提高决策效率，但官僚化的科层制容易造成组织对制度的过度依赖。

随着高等教育进入大众化阶段和中国大学规模的急剧膨胀、大学内部行政部门的迅速扩张和学术资本主义的加剧，大学行政权力日益存在科层固化的特征。加之受"学而优则仕"的传统文化的影响，科层制被蒙上了官僚制的"魅影"。结果势必会造成大学组织生态系统整体在纵向上的行政管理科层化，形成"金字塔式"的结构，在横向上则形成相对封闭的"鸽笼式"结构，使学术事务在决策过程中如行政事务一般经过"金字塔顶端"做出后，再由上至下层层"拍板"，层层传递，降低了决策的效率和决策执行的适应性。

"科层化""行政化""官僚制"的交杂影响，还会对治理行为的正当性造成一定的损坏。一些大学内部"官僚化""官本位"日益严重，"学府气"不浓郁，"官府气"却十足，学者的"学术气"不足，"官气"十足。由此便容易造成一些大学基层学术组织出现"学术高权力者"，集学术权力和行政权力于一身。不仅通过行政权力获取学术头衔、学术资源，还通过学术影响力谋求行政职位，扩大权力的影响，从而导致大学基层学术组织生态系统内部组织之间产生利益纷争，造成边界固化。

（二）"逐利行为"导致社会边界失灵

现代组织从起源上看是为高效率完成工业化的生产任务而建立的，这决定其呈现出效益性的特征，即组织以理性、效益为最高原则进行运作。而市场机制往往实现对资源的最优化配置，这与基层学术组织致力于实现学术利益的最大化形成对应关系。进入后工业社会，大学组织的经济特征更加凸显。大学吸纳了市场中的竞争激励机制，并以独立的法人身份参与市场竞争，与市场发生更为频繁和紧密的联系。在一段时间里，大学本身的纯消费性和公共福利性逐渐被教育资源的稀缺性、可经营性所取代，效益成为衡量一所大学办学成功与否的重要指标之一。对大学组织经济属性的确认，实质上是对大学组织社会属性的时代化定位，但对大学组织治理经济属性的确认，在任何时空下，都无法脱离学术组织的本质特征。因为大学组织从事经济活动所凭借的正是以创新性知识为"质料"的学科,从事市场竞争的主要目的仍然是学术知识的产业转化,目的是在促进学术发展的同时解决大学组织自身的生存问题。"而组织也不是一个抽象物,它是一个具体的人的集合,只有当组织中大部分人的需要获得充分满足时,组织才能健康有序地发展,组织也才获得了需要的满足。"① 市场与自由之间往往存在着一种基础性的关系。对私有财产和经济自由的保障,是市场经济最为本质的特征。"经济逻辑又称市场经济逻辑,是指自然人、法人在一定约束条件下进行的自由交易活动中,在理论上追求利益最大化的倾向。"② 自 20 世纪 80 年代以来,西方国家逐步陷入高财政赤字、高通胀和高失业率的经济发展困境中,各国对教育的投资在国民生产总值中的占比大幅下降。政府不得不减少公共开支、寻求市场途径来解决公共教育服务问题。市场逻辑开始进入公立学校制度中,高等教育体系向"市场经济"转向。市场逻辑反映了学校教育的"生产投资"与"商品消费"的性质,强调在竞争与效率的目标下减少政府的直接干预,通过保证自由交易的选择来提高教育的质量与效率。③ 应该说,在当时的经济、政治与文化背景下,市场逻辑的凸显对高等教育的影响是显而易见的。但在我国以公立学校为主的高等教育制度发展历程及推进中国特色社会主义高等教育体系的建设中,国家在凝聚力量推进教育强国建设、办好人民满意教育、维护社会公平正义、传承弘扬共同价值观念等目标达成中具有当然的职责,对教育的干预是一种必然。因此,大学基层学术组织通过市场机制进行学术转化,从根本上讲是市场逻辑在大学基层学术组织生态系统中的渗入和凸显,其目标既包括以市场机制汇聚社会资源、推动学术知识的迭代创新和科研成果的产业转化,实现高等教育服务经济社会发展的职能;也包括优化学术资源配置,维护学术人的正当经济利益,调动学术创新的积极性,为高

---

① 黄永军:《自组织管理原理——通往秩序与活力之路》,新华出版社 2006 年版,第 72 页。

② 贾超翔、张新民:《论我国大学学术委员会制度的本质及构建逻辑》,《国家教育行政学院学报》2016 年第 12 期。

③ 曾晓洁、代俊:《当代西方公立学校制度中的"国家观念"与"市场逻辑"》,《教育理论与实践》1999 年第 4 期。

等教育发展注入生机和活力。

从某种意义上可以说,学术人对从事高深学问的自由无碍的需要,正是学术组织演化的本质需求。根据阿玛蒂亚·森以自由看待发展的相关思想,市场机制对自由的保障远远不仅限于经济自由,还有着维护"人的实质自由"的内涵。市场机制在全面均衡时达到的"帕累托最优"可以用实质自由来衡量,而人的实质自由是发展的最终目的。① 基于阿玛蒂亚·森关于实质自由和可行能力的均等分配观,学术人对正当学术利益的追求是应该得到维护的,这是基于对个人享有的实质自由而不是其个人利益在多大程度上得到满足的学术行为。而学术资本主义导向的过度逐利行为取代传统的学术自律和职业自治,于组织中的学术人而言不仅是对伯顿·克拉克所说"追求高深学问的贵族学术组织气质"的背离,而且更是对高等教育市场逻辑的无限放大和盲目偏离,也必然导致学术逐利行为的泛滥,自然会失去社会边界的"护佑"。

(三)"门户之见"导致心理边界扩大

组织的心理边界存在于组织内部成员和外部利益相关者的心理层面,是无形的边界,因此不能像有形边界那样体现在组织的结构图式中。心理边界首先源于心理的认同,是指个人与他人或群体在情感上、心理上趋同的过程,后来扩展为一个组织对自我理想身份和特征的心理认同,是生态系统中的个体或组分之间建立相互关联的心理基础,体现出整体性。相对而言,官僚组织因为心理边界的可渗透性差,往往表现为抑制沟通、阻滞创新和分散凝聚力等特征,而学术组织与之相反,其心理边界首先表现为学术人群体对组织文化的认同,通过营造共同的学术文化和传承学术精神契约,达成学术人特有的价值和信念。

在基于学科建立的大学基层组织生态系统中,由于对学科的绝对"忠诚",学术人往往会固守在所在的基层学术组织里。在现实中,虽然有的教师因为在多个基层学术组织中兼职而与该组织存在非特定关系,甚至只是行"挂名差事",但绝大多数学术人都乐于对外宣称自己是某一

---

① [印]阿玛蒂亚·森:《以自由看待发展》,任赜、于真译,中国人民大学出版社2013年版,第117页。

特定学科或学术组织的成员,并坚信自己所在的学术组织具有"光明前景"。美国著名管理心理学家豪斯将组织文化定义为由组织成员跨越几代人的传播而形成的共享的动机、价值观、认同标准和对重要事件意义的理解,一经形成,这种发自内心的"文化认同"便赋予学术人群体发自内心的无法割舍的学科情结或组织情结,形成学术人对组织特有的"归属感"。

然而,这种认同又具有相对性。即使在同一个大学基层学术组织群落生态系统中,不同基层学术组织之间的"文化认同"都存在着微妙的冲突,也会表现为同一组织中的学术人之间不同的学术兴趣偏好、学术目标认同以及某些学术事务处理上的差异。虽然不能忽视这种"文化忠诚"和"文化认同"对组织同一性的决定作用。但现实中基于不同院系、学科、专业乃至师承而使根深蒂固的认知差异无限放大形成一种组织压力,往往使学术组织群落生态系统中的信念、目标或行为规范更趋分殊。因晋升机会的稀缺等组织资源竞争与其他大型组织一样,基层学术组织在竞争剧增而资源又日益稀缺的情形下,会要求系统中的学术人应对外在的压力与挑战,同时对他们"寄予厚望",使学术人觉知到的情境要求超过自身应对能力。这时,个人或组织之间会制造出冲突或不满情绪的对立行为,产生"敌意"甚至欺凌行为的"办公室政治"[①]。群落生态系统内部的差异性逐渐超过各基层学术组织个体内部的同一性,从而导致大学基层学术组织群落中的心理落差进一步扩大,限缩了组织系统的心理空间,使基层学术组织种群生态系统加速分离。

---

① [英]安·埃德沃斯:《高等院校压力管理》,孙志凤译,江苏教育出版社 2010 年版,第 39 页。

第七章

建构大学基层学术组织生态系统整体性治理框架

从管理到治理是当代管理理论的重要转变,不仅是单纯理论内容的改变,也是现代组织本体论意识的"蝉蜕"。治理理论更加关注现代组织在更加多变的内外部环境的影响下,治理主体权力的重新配置和结构的整体性重构,并强调对治理制度的历时性重构以激发治理主体的内驱力。起源于 20 世纪 70 年代中期的整体性治理理论,在批判新公共管理过于重视效率而导致的"碎片化""功能分化"基础上,强调协调、整合与信任,主张以满足公民需求为治理导向,以信息技术为治理工具,探索构建跨部门、跨领域的协作机制。① 整体性治理着眼于从分散走向集中、从部分走向整体、从破碎走向整合。② 从一定意义上可以说,生态治理与整体性治理的内涵不谋而合,是对新公共管理的一种升华。在整体性治理视域下,生态系统治理即是一种生态化的治理。其实质是"运用生态学尤其是运用生态系统的思维和方法来思考和认识人类社会的全部活动"③,最终目的是促进人类社会的系统协调、整合与可持续发展。

大学基层学术组织是现代大学制度之基和活力之源,无论是其结构的完善还是功能的优化,都能够为大学治理体系的变革与治理能力的提升发挥重要支撑作用。在中国现代大学改革发展的步伐不断加快、学科

---

① 韩兆柱、张丹丹:《整体性治理理论研究——历程、现状及发展趋势》,《燕山大学学报》(哲学社会科学版) 2017 年第 1 期。

② 兰乾威:《从新公共管理到整体性治理》,《中国行政管理》2008 年第 10 期。

③ 孙芙蓉:《生态教育与生态文明建设》,《光明日报》2012 年 6 月 23 日第 5 版。

交融方兴未艾、教育治理现代化进程全速推进的新时代背景下，作为高等教育内涵式发展的微观样态和题中之义，亟待以生态学的视野和生态化的思维审视大学基层学术组织生态系统异化问题，对标世界一流大学，在大学内部治理体系优化的基础上，探索更具活力、更富效率的学术体制和运行机制，建立更具活力、能够适应高质量发展的大学基层学术组织生态系统。

一 找准生态系统整体性治理的目的指向与切入点

治理理论强调治理过程中的价值意义，强调参与者的多元互动协商，组织之间、主客体之间以及组织与环境之间的关联性、协调性、开放性和网络性。公共治理理论曾提出"治理力"的概念，用来指代整个社会系统的整体性治理能力，并指出治理力受到治理主体、治理客体以及二者间互动性质的综合影响。"从治理主体系统的角度来看，治理力是在面对社会和自然的多样性、复杂性和动态性时，能够导致治理活动产生以及对治理活动进行组织和实施的能力。"[①] 需要强调的是，治理力并不仅仅是治理主体表现出来的某种能力。治理主体、治理客体，以及治理主体和治理客体间的互动性质都会对治理力产生影响。"互动治理"是这一概念的最为核心的术语，其内涵是解决各种社会问题和创造机遇的各种互动行为的总和，包括各种原则的制定和应用，对各种制度的维护和管理。

生态治理作为一种协调和整合的治理，其目的正是要形成系统内部各组成部分的合成之力。物理学中用"矢量"来描述力的大小和方向。在大学组织场域内，大学基层学术组织生态系统中的功能也可以被看作具有大小和方向的适量作用。这些适量遵循平行四边形法则，形成的和仍是矢量。组织矢量是作用载体，环境矢量作为外界输入的信息，与组

---

① [英]斯蒂芬·奥斯本：《新公共治理？——公共治理理论和实践方面的新观点》，包国宪等译，科学出版社2016年版，第72页。

织矢量发生作用。① 生态系统的整体作用的发挥也可视作组织个体矢量与环境矢量共同作用的结果。因此，大学基层学术组织生态系统治理应通过整合学术传承、学术创新、学术应用、学术交流和学术文化等方面的功能，形成"学术生态治理力"的整体性治理作用。

（一）激发"学术生态治理力"的目的指向

大学组织自诞生之初就传承了亚里士多德"吾爱吾师、吾更爱真理"的求真精神，天然地把探究自然界运动变化的规律即真理作为科学的根本任务。直至19世纪末20世纪初，随着泰纳、尼采、伯格森等哲学家对生命力的鼓吹和宣扬，从一个侧面反映出人类对"力"的呼唤。其背后的原因与世界经济大发展所带来的生产力的提升不无关系。在机器的助力下，人类驾驭自然的能力较前工业化社会更为显著，自信心极大增强，对"力量"也更加向往，知识开始直接被作为生产力的符号隐喻，"知识就是力量"的信条深入人心。而大学这种独特的组织也随之在机器的助力下逐渐成为"知识力量的源泉"，在人类改造自然和社会的进程中发生相应的身份转变。随着生产力的进一步发展，大学演变为社会的科技和文化中心，关于大学的隐喻开始从"象牙塔"转变为"服务站"，并最终成为"助推器"。置身于此的大学组织，无论是自身发展需求还是外部环境对自身的要求，都不仅需要激发自身源源不断的活力，而且需要从外部获取更多的办学资源，以转化为对经济社会发展的推动力。因此，20世纪五六十年代，在社会对知识生产力的"渴求"和社会资源的加持之下，大量的研究所、实验室及交叉研究中心等基层学术组织形式，在第二次革命末期的英美等国开始涌现。大型基层学术组织在有效促进大学开展传统的基础研究的同时，科研成果的应用转化进一步加快，大学与社会之间的联系更为密切。

当前，在新一轮科技革命和产业变革的驱动下，科学研究范式正在发生深刻变革，学科交叉融合促进新的学科思想和知识生产模式不断产生，已成为现代科学发展成熟的重要标志。知识生产模式Ⅰ、模式Ⅱ和模式Ⅲ相继出现，并对大学基层学术组织生态系统变革产生了深刻影响。

---

① 严蔚刚：《思想政治教育中道德矢量问题研究》，人民出版社2015年版，第38—39页。

"模式Ⅰ"的出现，确立了大学以学科为基础的科学知识生产的中心地位。"模式Ⅱ"的出现，推进了大学以交叉学科为特色、面向社会应用需求的知识生产的主体建设。"模式Ⅲ"的出现，则促使大学超越以自身作为知识生产绝对主体的有限视域，寻求学术生态的"融合"之力，从"线性创新模式"的起点转变为"非线性创新模式"的催化循环节点之一，协同多方力量共建更为宏大的创新生态系统。① 大学成为推动经济社会发展的"助推器"，倒逼现代大学的组织功能实现新的飞跃。如果以更为宏阔的视野来看，这一逻辑在大学组织的演进中还远没有完成。尤其是在当代中国，教育现代化承担着支撑国家现代化的重要使命，在加快创新型国家建设的进程中，高等教育"求力"的制度伦理向度正在进一步强化。

自然生态学引进"生态力"的概念来表示生态系统为实现整体性而相互作用的能力和机制。其内涵是指"在一定时空尺度上，生态系统中所有要素在物质、能量和信息的生产、交换和消费过程中相互作用，实现整体性功能的能力"②。这实质上是一种维持生态环境内外部平衡的驱动力。有学者又将生态力区分为生态内力和生态外力。前者指生物把从环境中吸入的物质、能量和信息进行本体转化并把部分排出体外的力量；后者指环境对生物输送物质、能量和信息的力量。生态外力和生态内力合称为生态合力。③ 即：

$$F_e = F_b + F_q$$

其中，F_e 表示生态合力。F_b 代表生态内力，F_q 代表生态外力。当生态内力与外力之和为零，即 $F_e = 0$ 时，生态系统达至平衡，即环境向生物输送的物质、能量和信息正好等于生物所消耗的物质、能量和信息。如果通过生态边界的物质、能量和信息的流动量大且频次高，说明生态合力的平衡点位高，生物与环境形成高效、稳定的动态平衡，生物的生命力处于旺盛繁荣状态。反之，如果 $Fe \neq 0$，表明通过生态边界流动的物

---

① 刘宝存、赵婷：《知识生产模式转型与研究型大学科研生态变革》，《北京大学教育评论》2021年第10期。
② 徐怀科、王国聘：《生态力探究》，《南京林业大学学报》（人文社会科学版）2009年第2期。
③ 熊文愈、沈泉、王信理：《生态力概念》，《南京林业大学学报》1994年第4期。

质、能量和信息的量小，环境的生态因子过多或不足，生物的生命力处于孱弱衰落状态。

结合公共管理理论中的"治理力"，将自然生态系统关于"生态力"的概念意涵引用、迁移到社会组织生态系统中，可以得到的启示是：一方面，生态系统治理体系的构建，应通过完善大学基层学术组织生态系统内部价值、结构与功能，理顺不同要素、组织种群和群落之间因不当竞争以及外部环境对其学术权力运行的干扰而产生的内部力量消耗，增强大学基层学术组织生态系统的生态内力；另一方面，应不断强化外部生态环境对大学基层学术组织生态系统的物质、能量和信息输入，促进基层学术组织生态系统与外部环境的深入互动交流，以实现生态系统的动态平衡，减少大学基层学术组织生态系统与外部环境之间的力量消耗。通过以上两个路径，以激活大学基层学术组织生态系统"学术生态治理力"为目标，整体性地推动大学基层学术组织生态系统内外部学术生产力的最大化，从而提升整体性的学术生态治理力。

（二）一个关键的切入点：学术权力的优化配置

至今为止，权力本身仍然是一个令人困惑并难以完全透析的微妙概念。学界关于权力主要有三种不同认识视角下的概念，即作为目标的权力，作为能力或资源的权力，作为影响力的权力。[1]

在权力视角下，大学基层学术组织的实质是对学科知识的权力规训。福柯从知识社会学的视角首先发掘出学科所蕴含的规训意义，认为"学科是话语生产的一个控制体系，它通过同一性的作用来设置其边界"[2]。华勒斯坦、霍斯金等人在此基础上提出学科规训理论，认为学科规训制度是一种高度制度化的知识生产形式。各种学术组织和大专院校"依据一些排他性的方式，与其他机构合组成各种学术社群，掌握

---

[1] 沈蕾娜：《隐形的力量：世界银行的高等教育政策及其影响》，高等教育出版社2011年版，第176页。

[2] ［美］华勒斯坦等：《开放社会科学：重建社会科学报告书》，刘锋译，生活·读书·新知三联书店1997年版，第35页。

各种资源和权力，左右着学科发展的方向"①。在层级森严的运作前提下，学科规训制度其实是社会控制和调适方式的一部分。一旦划清了界限，便意味着学科"成为所有者的领土，外人不得擅入，以便跟其他学科划清界限"②，得到保护。在此视角下，大学基层学术组织以学科知识为基本生产"质料"，通过资源、权力的把控形成社会制度规范与组织机构，对学科知识进行分门别类的制度规训，形成"知识—权力"体制。因此，学科知识与学术权力的互动模塑，是大学基层学术组织生成演进的关键性推动力量，也是探讨大学基层学术组织治理的重要视角。

就欧洲的学科与知识、权力的互动演进历史来看，"国家政权的力量一直扮演着极其重要的角色"。"国家一方面促成大学的复兴，使大学成为生产知识的主要场域，又引导大学的学科知识往实用的政策导向研究。"③ 大学基层学术组织与大学之间的权力分配正是政府行政权力与大学学术权力分配的投射，深深地嵌入大学内部权力配置的体系之中。对学术权力的优化配置自然成为大学基层学术组织生态系统"学术生态治理力"考察的一个重要视点。

"改革开放以来，国家通过法律确权、简政放权、章程赋权、依法维权等多种举措，落实和扩大我国公办高等学校办学自主权。"④ 近年来，政府向大学放权进一步推动了大学内部向基层学术组织放权。从1998年全国人大常委会颁布的《中华人民共和国高等教育法》明确提出高等学校自主管理，到2018年《中华人民共和国高等教育法》第三次修订，在20年的时间里，国家通过多项政策的制订与颁布，明确高校的办学自主权。尤其是近十年来，国家扩大高校办学自主权的步伐不断加快。通过将行政审批、学科设置、人员评聘等权限下放给高校，推进政府与高校之间的"管办评"分离，完善大学内部治理体系，提升大学内部治理能

---

① ［美］伊曼纽尔·华勒斯坦等：《学科·知识·权力》，刘健芝等编译，生活·读书·新知三联书店1999年版，第5页。
② ［美］伊曼纽尔·华勒斯坦等：《学科·知识·权力》，刘健芝等编译，第22页。
③ ［美］伊曼纽尔·华勒斯坦等：《学科·知识·权力》，刘健芝等编译，第3页。
④ 孙霄兵：《我国高等学校办学自主权的发展及其运行》，《中国高教研究》2014年第9期。

力。这其中也包括对基层学术组织设置、领导和管理权限的下放（见表7—1）。

表7—1 近十年来国家政策中大学基层学术组织相关权限下放情况

印发时间	发布机构	文件名称	有关内容
2011年11月	教育部	高等学校章程制定暂行办法	健全学校办学自主权的行使与监督机制，高等学校可根据实际设置并规范学院（学部、系）、其他内设机构以及教学、科研基层组织的领导体制、管理制度
2012年11月	教育部	全面推进依法治校实施纲要	要以建设现代学校制度为目标，落实和规范学校办学自主权
2014年1月	教育部	高等学校学术委员会规程	根据需要在院系（学部）设置学术分委员会，也可以委托基层学术组织承担学科建设、教师聘任、教学指导、科学研究、学术道德等职责
2014年7月	国家教育体制改革领导小组办公室	关于进一步落实和扩大高校办学自主权 完善高校内部治理结构的意见	要理顺校院两级管理体制，进一步向院系放权，调动基层组织积极性
2015年4月	教育部	关于深入推进教育管办评分离 促进政府职能转变的若干意见	进一步扩大高校在考试招生、教育教学、科学研究等方面的自主权
2017年3月	教育部、中央编办、国家发改委、财政部、人力资源社会保障部	关于深化高等教育领域简政放权 放管结合 优化服务改革的若干意见	各高校要及时制定实施细则，向院系放权，向研发团队和领军人物放权，确保各项改革措施落到实处

续表

印发时间	发布机构	文件名称	有关内容
2017年4月	国务院	国家教育事业发展"十三五"规划	推动高等学校进一步向院系放权
2017年10月	教育部	高校教师职称评审监管暂行办法	高校教师职称评审权直接下放至高校
2017年12月	国务院办公厅	国务院办公厅关于深化产教融合的若干意见	深化产教融合，促进教育链、人才链与产业链、创新链有机衔接
2018年8月	教育部、财政部、国家发改委	关于高等学校加快"双一流"建设的指导意见	保障学科带头人的人财物支配权
2018年12月	全国人大常委会	中华人民共和国高等教育法	高等学校自主确定教学、科学研究、行政职能部门等内部组织机构的设置和人员配备
2019年7月	科技部、教育部、国家发改委、财政部、人力资源社会保障部、中科院	关于扩大高校和科研院所科研相关自主权的若干意见	通过章程完善内部治理结构，主管部门对章程赋予权限的事务不得干预。在章程规定的职能范围内，高校可自主设置、变更和取消内设机构，允许自主聘用内设机构负责人
2022年8月	教育部、财政部、国家发改委	关于推进世界一流大学和一流学科建设的若干意见	强化建设高校主体责任和责任落实，扩大高校办学自主权，注重权责匹配、放管相济

在上述过程中，中国大学基层学术组织的权力下放和配置主要经历了四个阶段：第一个阶段是在1985年前后，中央与地方管理高等教育的关系进一步明晰，中央和地方两级管理以省为主的体制基本建立。第二

个阶段是在 1999 年前后，重在理顺政府与高校之间的关系。高校的归属问题进一步得到调整。有的高等院校被划归部委，有的被下放到地方。第三个阶段是在 2014 年前后，重在解决大学内部治理结构之间的关系问题，包括大学的教职工大会、学术委员会的建构等问题。第四个阶段是在 2017 年前后，教育部等五部门出台了高等学校放管服的文件，进一步推动高等学校自主权的落实和扩大向新的境界迈进。通过以上四个阶段的调整，中国大学内部治理结构的雏形得以形成。特别是近年来，政府向高校的放权和大学章程的制定，为高校内部治理结构中的党委、行政、学术和民主权利结构的明确和运行奠定了基础，为依法厘清领导关系、有效落实权利、避免管理纠纷、形成治理制度奠定了基础。背靠这一具体教育治理背景，大学基层学术组织治理的权力逻辑更趋复杂化，学术权力在大学基层学术组织生态系统中的地位和作用变得更加微妙，需要进一步重估学术权力的价值，彰显学术权力以激发大学基层学术组织生态系统的学术生态治理力。

一切有权力的人都容易滥用权力，这是万古不易的一条经验。有权力的人使用权力，一直到权力遇有界限的地方才休止。① 如果对权力缺少制约，缺少界限，就会造成权力的滥用，也会侵犯甚至损害他人的权利。在政府向大学赋权、大学向基层放权的过程中，大学基层学术组织的权力越来越大。但大学内部的分权改革还不到位，人权、财权、物权、事权不匹配，学术权力彰显不够。"大学层面需要更多的规划、问责和控制，大学院系层级学术领导的学术管理权力却被不断淡化和趋于模糊。"② 大学基层学术组织主体地位建构不足，拥有的战略规划、资源配置等权力的大小和多寡较为模糊，丧失了作为学术组织的独立性和自主性。基层学术组织负责人的选任、学科发展、科研规划、人员引进、课程建设、学术奖励、学科经费使用与分配仍然牢牢掌握在校级层面，形成对大学层面的程序依赖、资源依赖和心理依赖，这一局面并未因高等教育的主体化发展而有所缓解，反而因为"211""985""双一流"等建设工程对规模化和目标性建设的强化，潜在地约束了大学基层学术组织的自主建

---

① ［法］孟德斯鸠：《论法的精神》，张雁深译，商务印书馆1995年版，第154页。
② 王英杰：《共同治理：世界一流大学治理的制度支撑》，《探索与争鸣》2016年第7期。

设,使其丧失了自组织、自创生和自协同的时机,陷入"行政化"的窠臼:一是人才培养的功能弱化。一些基层学术组织对人才培养的投入不够,课程互选机制不够完善,学生实践能力不足。二是基层学术组织功能发挥中经济利益导向过强。经济效益成为一些基层学术组织对外开放办学的主要动力,而与创新型人才培养和社会服务的目标偏离。三是不同基层学术组织之间教师薪酬差异过大。一些教学科研人员热衷于追求绩效收入,多头取酬,甚至存在攀比风气,学术活动异化为经济活动。四是评价保障机制建设不够完善。一些基层学术组织的使命意识不强,岗位履职与业绩奖励之间的定位不清。政校与校系的纵向分权在制度逻辑上高度一致,体现了同构性和复杂性。

在此背景下进行大学基层学术组织治理,关键在于要真正利用好这些已有的自主权。在国家的政策框架内,坚持教学与科研兼顾、学术权力与行政权力协调、资源配置责权对等原则,对大学基层学术组织生态系统的内部层次结构和功能系统进行全方位调整,对大学基层学术组织与大学、大学与政府及市场之间的外部关系加以进一步完善,通过落实并扩大学术自主权以实现学术治理。

一方面,就大学基层学术组织生态系统内部而言,在纵向上,在高等教育行政主管部门向大学下放权力的同时,理清学校、学院和基层学术组织之间的权力清单和职责清单,明确自上而下的权力边界。分解学校组织的上层权力,推动权力重心自上而下转移。把本应属于基层学术组织的权力归还给基层学术组织,保障其学术自主、学术自律和学术自治。使大学基层学术组织成为责、权、利相统一的实体组织,真正实现学术权力的底部沉重。在横向上,进一步完善学术委员会、教授委员会等学术组织的决策机制和民主管理监督机制,明确政治权力、行政权力、学术权力和民主权力的边界。既要限制行政权力对学术事务的随意裁量和干涉,也要加强对学术活动的民主管理,实现各权力主体各负其责,良性互动。

另一方面,就大学基层学术组织生态系统与外部环境的关系而言,大学基层学术组织处于内外部生态环境构成的权力圈层之中。相对于基层学术组织系统,大学组织系统是其中观层面的外部环境,基层学术组织在大学的开放中,与大学进行互动交流,对大学组织系统的变革产生影响，体现出组织对外部环境的塑造作用。除了向相对中观的大学组织系统环境开放外，基层学术组织也需要向更为宏观的高等教育系统开放。通过开放，大学基层学术组织跨越内部层级，与大学乃至社会产生生态学意义上更为广泛的整体性关联。这种关联不仅带来大学基层学术组织个体生态系统内部教学、招生、人才队伍、经费等资源的输入，也对大学基层学术组织生态系统的外部环境产生互构与协同，使大学组织乃至整个高等教育系统得到重塑。

二　把握大学基层学术组织生态系统整体性治理的生态逻辑

生态系统功能的发挥是在互补互动、既相互竞争又相互合作的关系下实现的。任何一个基层学术组织都不是单独的个体存在，而是作为学科知识体系之网中的一个"节点"。作为个体的组织只有在与种群、群落及环境的"关系"中得到确认，才能够确立起广泛的合作关系，发挥自身在生态系统中的"节点"功能，形成复杂的生态网络。因此，在激发大学基层学术组织"学术生态治理力"的目标导向下，应进一步准确把握大学基层学术组织治理的生态逻辑。

（一）促进生态系统整体的价值导向更加澄明

从某种程度上可以说，价值是客体满足主体需要的一种意义存在，人们对价值的追求就是对意义的追求。正如哲学家冯契所指出的："可能界只有与人们的需要相联系的部分，经过人的活动，才实现为价值。"[①]因此，从生态学视角来看，这种"可能界"首先取决于生态系统的构成及其属性，决定了价值取向的可能性空间；其次，人对事物的认识及其获取的需求，划出了人对某一事务的价值取向；最后，事物之外的条件，即事物的生境决定了价值的实现空间。

现代组织对价值的追求是组织存在的前提。生态学家罗尔斯顿指出：

---

① 冯契：《认识世界和认识人自己》，载《冯契文集》（第一卷），华东师范大学出版社1996年版，第345页。

"我们将秩序、和谐、稳定性、统一性视为有价值的。然而,生态学的描述并不只是证实这些价值,也影响了这些价值的形成。"[①] 大学基层学术组织生态系统的功能开展本身即是一种生态价值导向的行为活动,是对生态系统进行"价值选择"和"基因重组"的过程,有必要倡导更高层次的导向与目标追求。生态伦理学同时认为,目的性并不仅仅局限于人类"为我"的发展,在自然生态系统中也广泛存在,并体现为"维护自然生态系统多样、和谐、稳定和持续"的"自为和自在目的性"。生态目的性是对"生存原则"的贯彻,在根本上是一种"生存目的性"和"集体目的性",是共同体最为本质的特征。[②] 这种建基于"集体目的性"上的"生存目的性"所表现出的"生物共同体"特征是:层级越高,目的性越明确;反之,层级越低,目的性便越具体。对于某一个生态系统来说,即是为系统内各种群、群落和所有生物个体的共同利益而维护生态系统的多样、稳定、和谐、持续——限制各群落、种群的过度发展而使其保持相互间的平衡;以此类推,对于系统内的某一种群而言,则是为种群内所有生物个体的共同利益而维护种群的存在和稳定;对某一种群内的生物个体而言,即具体展现为生存、繁殖和为了种群利益的自我限制。[③] 贯彻"生态目的性"带来的是生物圈的稳定、和谐与持续,丢失"生态目的性",则会带来生态的失衡和破坏。

如果将这一原理迁移、应用到大学基层学术组织生态系统上,则每一个具体的大学基层学术组织在维护个体生存利益的同时,也需要为种群、群落甚至生态系统整体的存在和稳定进行自组织,体现出建基于生存上的"内在合目的性"与建基于集体上的"外在合目的性"的统一。"生态目的性"的贯彻是大学基层学术组织生态系统的整体性治理的内在之义。在大学生态系统整体、群落、种群和个体等不同层面,皆需贯彻"生态目的性"的"组织"和"秩序"。首先,要通过整体性治理组成学术共同体。不同层面的学术组织及成员需认识到离开基层学术组织便无

---

① [美]霍尔姆斯·罗尔斯顿:《哲学走向荒野》,刘耳、叶平译,吉林人民出版社 2000 年版,第 19 页。
② 原华荣:《"生态目的性"与环境伦理——"小人口"原理》,中国环境科学出版社 2013 年版,第 105 页。
③ 原华荣:《"生态目的性"与环境伦理——"小人口"原理》,第 106 页。

法开展学术生产活动，必须联合起来，组成"集体目的性"的有机整体，即学术共同体。其次，资源配置指向多样性和系统稳定性。根据不同学术组织在学科生态系统中的角色合理配置资源，贯彻节约和简单化原则，以最低的成本获取最大效益，实现边际效益的最大化。最后，生态系统要保持开放。物质循环和系统开放是实现"生态目的性"的根本保证。为避免孤立系统热力学"平衡态"（热寂）的出现，生态系统必须保持与外界环境的能量交换。与此同时，对于生态系统中的成员而言，每一位都扮演着"生态角色"，承担着一定的"生态义务"，服从整体利益是维护学术共同体的根本要求，是贯彻"生态目的性"和保证群体稳定的必需。[1] 这对于大学基层学术组织生态系统治理的启示在于，无论是新设还是对原有基层学术组织进行人为干预和改造重建，都要尊重原有基层学术组织的集体目的性和有机整体性，以"知识"和"问题"的目标替代"功利"目标，而不能对其加以强行"停撤并转"，从而造成隐性的学科知识之网的断裂、失衡和资源流失，甚至造成生态系统整体的崩溃。当然，注意维护学术共同体中组织成员生存和发展的正当利益，也是"生态目的性"在个体层面贯彻的必然要求。

（二）促进生态系统整体的结构在垂直和水平维度一体优化

大学基层学术组织生态系统的结构可分为垂直和水平两个维度。在垂直维度，应对组织个体、种群、群落及生态系统整体之间的关系进行分层调适；在水平维度，应把握好不同组织发展的现实境遇和未来前景，通过战略规划推动其错位发展、差异化发展，建立竞争合作关系。在整体性生态观的观照下，应从两个维度一体推进生态系统的结构调整。

在组织个体生态系统层面，应借鉴还原论的思维方式。还原论思维方式往往主张"将组织及其管理系统分解成最小单位，并对各管理职能分别予以研究，然后从各职能的个体行为表现推导出整个系统的行为表现"[2]。这种思维方式揭示出组织及其管理存在着一种线性的因果关系，

---

[1] 原华荣：《"生态目的性"与环境伦理——"小人口"原理》，中国环境科学出版社2013年版，第108页。

[2] 罗珉：《组织的隐喻：从现代到超现代》，《管理学报》2005年第11期。

基于学术传承、学术创新、学术转化、学术文化与学术交流的契约精神重建。通过个体行为重塑，促使其内部学术权力与行政权力各归其位、协调运行，提升学系、研究所、实验室等各类基层学术组织的自组织、自赋能、自创生能力，以学术共同体精神凝聚学人群体，回归学术本位。

在组织种群生态系统层面，应发挥高校二级学院在推动基层学术组织生态系统建设中的统筹协调作用。由于学科知识的本质属性，基层学术组织与学院及大学治理都存在着类似的"松散联结"关系：彼此既协同，又有所分离。正是这种关系有利于学科知识的分化整合与协同创新。但在大学基层学术组织之中，"行政逻辑"依然支配着大学基层学术组织的权力生态系统，造成科层制的官僚化现象，在学科知识的交叉融合中形成了"层级控制"，从而阻滞了学科创新。因此，应通过学院制改革，着力推动学院"去行政化"，强化学院开展学术组织治理的学术逻辑和学术手段，进一步消解学术组织对学科知识进行制度规训的负效应，减少学院行政权力对基层学术组织发展的干扰，强化其自主发展的学术权力。进而在学院的统筹下重构高校基层学术组织种群之间的竞争与合作关系，在组织的有序竞合中培育知识创新增长点。

在组织群落生态系统层面，由于中国高校基层学术组织主要基于学科目录设定，资源配置、人员管理等主要以"单位制"方式运行，而一些大学新型基层学术组织模式创新的经验已经证明，"项目制"的运行方式，更有利于探索如何通过课程互选、教师互聘、学术互评、资源互通，重塑组织群落生态系统的边界，推进学科知识的交叉融合。因此，应以持续推进"学部制"改革为依托，按学科门类或学科群设置"虚体"或"虚实结合"型学部，突破学科组织边界实体化的路径依赖，消解纵横交错的知识边界，建立学科集群，促进学科间的交叉与融合以及相关院系的资源整合[①]，从而推动创新性要素在基层学术组织生态系统中自由流动和协同创新。

在组织生态系统整体层面，传统上以大学科技园区、隶属于高校的企业或企业自身建立转化企业的设置方式，难以有效促进知识在大学和

---

① 严蔚刚、李德锋：《我国高校学部的基本权力、分类及相关思考——基于我国学部制改革的调查研究》，《中国高教研究》2012年第7期。

企业之间的无障碍有序流动。在科学研究范式发生深刻变革、科学技术和经济社会发展加速渗透融合的背景下，应基于以美国社会学家亨利·埃茨科威兹等为代表提出的大学、企业和政府相互依存的"三重螺旋理论"，进一步打破大学与企业之间的传统组织边界和功能分割，建立深入融合的创新体系。政府应加大力度支持高校与企业之间开展更加广泛而密切的产学研合作，基于知识创新、科研育人、科教优势社会转化，在技术共享和产业转化的基础上建立有机生态系统。比如，通过成立虚拟公司、建立产业技术联盟和校企创新联合体等方式，使相关的学科群、专业群融入或嵌入传统产业链，形成"学科—专业—产业链"，实现学科集群与产业集群的耦合互动。①

（三）促进生态系统整体的功能在对接国家需求中实现动态循环

系统论认为，一定的结构会产生相应的功能。学科制度建构遵从"自上而下"的国家主导逻辑。"从本质上讲，学科组织之间的关系是一张巨大的'知识网络'，组织之间有着千丝万缕的联系。"② 然而，现行学科制度主要遵循国务院学位委员会、教育部颁布实施的《学位授予和人才培养学科目录设置与管理办法》，"设置教学专业和院系组织的资格、教师编制、学生指标等知识发展所需要的资源自上而下沿着国家划定的学科类别和等级层层分配"③。在这一依循学科知识分化整合逻辑的制度下，基层学术组织生态系统功能的发挥容易形成资源配置的制度路径依赖，脱离国计民生和社会实际，从而导致功能子系统内生动力的"真空"，形成功能结构化失耦。因此，应秉持需求导向和问题导向，在结构优化的基础上，推动基层学术组织生态系统的功能实现动态循环。

一方面，在基层学术组织的设置调整中主动对接国家战略需求，面

---

① 王贺元、胡赤弟：《学科—专业—产业链：知识转移视角下的组织与制度》，《江苏高教》2012 年第 2 期。

② 武建鑫：《学科生态系统：论世界一流学科的生长基质——基于组织生态学的理论建构》，《江苏高教》2017 年第 4 期。

③ 蔺亚琼、覃嘉玲：《学科分类与跨学科发展：基于院系组织的分析》，《高等工程教育研究》2019 年第 3 期。

向经济社会发展、民生改善亟须解决的现实问题，提升组织功能对接国家逻辑的主观能动性，加快创设多学科交叉会聚的学科集群，促进学科知识网络系统的输入输出，保障各层级学科组织生态系统内外之间物质、能量和信息等创新性要素互动交流，实现学术组织生态系统内部乃至更高一级系统之间学科知识的交叉融合、协同创新，为组织功能的动态调整和持续运行提供活力。

另一方面，进一步优化资源配置，创设发挥学术组织功能的多样化载体和平台，强化组织生态系统担负的大学人才培养、科学研究、社会服务、文化传承创新和国际交流合作等不同功能间的沟通联系，在推动解决经济社会发展的战略需求和现实需要这一"催化酶"的作用下，促进不同功能之间相互催化循环，最终实现学科组织生态系统整体功能互促共生的"超循环"。比如，在人才培养功能与社会服务功能的循环中，前者为后者输送创新型人才，后者为前者提供实践教学空间和教学改革需求；在社会服务功能与科学研究功能的循环中，前者为后者提供课题项目与数据来源，后者为前者提供政策咨询和解决方案。

（四）促进生态系统整体的演替，在遵循生命周期规律中实现跃迁

生态学理论将自然生态系统视为"生生不息"的动态变化系统，并认为动态变化是其存在的基本方式。理想的基层学术组织模式与学科成长的生命周期相吻合。为此，应遵循生命周期规律，结合基层学术组织演替的阶段性特征，针对学科组织"初创、成长、成熟、蜕变"等不同阶段的情况进行结构重塑和功能改进[1]，为组织从个体到种群、从种群到群落、从群落到生态系统、从生态系统到新的生态系统的动态演进提供动力，促使基层学术组织生态系统在平衡与失衡、共生与竞争的复杂博弈之中实现波浪式前进和螺旋式上升。与此同时，还应该从基层学术组织生态系统整体视角和战略统筹出发，通过对全校各个层面基层学术组织模式的统一谋划，对其生态系统的整体格局进行动态调整。推动不同阶段组织的贯通发展，持续变革，最终实现整个生态系统的跃迁。

---

[1] 宣勇、张鹏：《组织生命周期视野中的大学学科组织发展》，《科学学研究》2006 年第 12 期。

大学基层学术组织生态系统是生态环境和组织群落之间相互联系、互动作用构成的生态系统。基层学术组织生态系统处于一个多维嵌套环境体系中，不仅对内部组织起着制约、调节和浸润作用，而且对其他基层学术组织的生成、变革和演进的外部生境产生着反作用。比如，基层学术组织生态系统的功能发挥往往会促进国家需求的解决、社会预期的实现和政策规章的调整。因此，生态系统的发展除了要考虑内部生态的优化外，还需要考虑外部生态环境的影响。这不仅需要关注单一基层学术组织生态系统的局部生境，也需要关注基层学术组织群体所处的精神场域、文化氛围和群体关系，以构建互利共生、协同创新的组织生态场域。

三 锚定大学基层学术组织生态系统整体性治理的任务目标

在自然界，由于适应性而生成的自我变异、以差异性为前提的物种多样性、以多样性为前提的边缘优势和综合进化，以及物种为适应环境进行的自我进化等生态学规律，为大学基层学术组织的生态治理提供了启示。面对新的趋势和挑战，大学基层学术组织需要秉持生态正义，以一种全面的生态意识和超越人类的生态正义观念来探寻生态正义，从重视学术组织个体的能动性到注重发挥学术组织群落的集体效能，重新定位和分层推进大学基层学术组织的治理实践。

（一）个体生态系统治理聚焦文化维系，推动生态因子自创生

伯顿·克拉克认为，"每一学科都有一种知识传统——思想范畴和相应的行为准则"，是经过几代人的努力而形成的"学科文化"[1]。他借用马克斯·韦伯的著名比喻，认为学科信念就像扳道工，指点利益沿着前进的轨道行使。他同时认为，在研究型大学中，长期存在的对统一原则

---

[1] ［美］伯顿·克拉克：《高等教育系统——学术组织的跨国研究》，王承绪等译，杭州大学出版社1994年版，第87页。

的信念,既指导行为又使行为合理化。①他通过对19世纪末至20世纪的德国、英国、法国、美国、日本五个国家的大学进行考察后,指出这一原则便是"科研、教学和学习统一"的信念。这一信念被归入包括一切的学术信念之中,其本身是一种"掌舵机制和内在动机的来源",保护基层单位的权力和权利。②在共同组织信念的引领下,大学基层学术组织生态系统内部形成一种独特的组织使命和学科文化。促使师生坚持维护对组织的忠诚,这在组织成员真实的生活场域、学科建构以及个人体验中得到了呈现,体现在对"科研、教学和学习"相统一这个现代大学传统的维护之中。

虽然生态系统治理的路径多样,但最终需落脚在组织内部学术人身上,通过学术人的知识生产实践推进组织生态系统的生成、演进和变革。学术人是组织权力、文化、知识的载体和承担者,是组织生态系统最为基本的生态因子,是组织生态系统自我生成最重要的单元和组分。这一认识不是将学术人作为组织抽象的结构与功能存在,而是赋予其致用求创和勇于探究的精神禀赋。然而,高等教育竞争的加剧和学科知识体系分化整合的加快,不可避免会导致不同研究群体的研究范式和文化传统之间差异的不断扩大,学术组织种群、群落之间及内部出现分裂,加之学术组织内在个体性与共通性之间的固有矛盾,使组织系统的分裂无限放大,最终导致组织生态系统陷入局部利益纷争的风险中。

在"双一流"建设背景下,大学基层学术组织不同学科之间的交叉融合和不同学术群体之间的协同创新显得更加重要。为遏制风险,应结合教育现代化和教育强国建设,以学术组织的组织使命和学科文化激活组织个体生态系统的自创生意识。在个体生态系统学术人的使命结构中,应具有关注世界的广阔视野和心系国家的赤子情怀,具有精深的专业核心能力和跨学科的复合知识根基。在明确的组织使命引领下,增强学术

---

① [美]伯顿·克拉克:《探究的场所——现代大学的科研和研究生教育》,王承绪译,浙江教育出版社2001年版,第251页。
② [美]伯顿·克拉克:《探究的场所——现代大学的科研和研究生教育》,王承绪译,第252页。

组织内部不同类型学术组织成员的共同体身份意识，深化学科文化基因，弥合因竞争而带来的观念冲突与组织分裂，强化组织成员的组织目标认同，建构学术共同体，形成实现组织目标的合力。在个体生态系统的组织使命中，应致力于建设"探究的场所"，注重发挥学科文化和学术组织使命在现代大学基层学术组织"整合"中的作用。在创建学术特区、探索学科交叉融合的同时，还应进一步探索如何通过课程互选、教师互聘、学术互评、资源互通，突破大学基层学术组织壁垒，促进大学基层学术组织学术人和学术群体对组织使命的"合意达成"，加快构建促进学科交叉融合的协同创新环境。

（二）种群生态系统治理聚焦生态位，推动组织竞合共生

"共生"作为一种生物学概念，最先由德国生物学家安东·德贝里于1879年提出，随后，这一概念逐渐被应用到经济学、社会学、教育学等学科领域。共生理论旨在探讨不同种属的物种因某种需要而互相作用、相互依赖形成的长期共同生存关系。根据共生理论，共生系统包括共生单元、共生环境和共生模式。在共生系统中，共生单元是基础，共生环境是外部条件，共生模式是关键。共生模式是共生单元之间相互影响、相互作用的形式，主要包括寄生共生、偏利共生以及互惠共生三种，其中，互惠共生模式是一种最为高级、最为理想的模式，即共生单元都能够从能量交互过程中获得新能量，优势互补、互利共赢是共生单元协同联动的核心价值追求。因此，生态化首先是多样化，整体化绝不是整齐化。多样化发展正是要避免生态位相近、位置拥挤所带来的组织间的过度竞争，重视彰显不同种类基层学术组织的独特性和再生性。不突然撤并或关闭某一学科，也不突然增设某一学科，而是尽量遵循学科组织的自我生长规律，减少人为因素对学科生长的干涉，从而促进各具特色的组织占据不同的生态位，并形成相互补充与交叉融合的协作关系。

大学基层学术组织与生物体一样，总是存在于一定的网状的环境结构之中，而不可能孤立地存在。"一切有机体、富有活力的机构和组织，都是它们自身的或自身之中的网络，并且与无限多样的其他网络相

联结。"① 美国的学院制是基层学术组织中最具特色的,也是被中国大学广泛借鉴的组织形式。但事实上美国的学院制也处于急剧变迁状态中。单从英语词汇翻译上看,就有四种之多。比如,哈佛大学以本科生培养为主兼事文理科研究生教育和研究的"Facult of Arts and Sciences",专门从事高级研究的"Radcliffe Institute for Advanced Study",培养硕士以上层次研究生的若干专门职业学院"School",麻省理工学院的"Whitaker College of Health Sciences and Technology"。在美国大学里,学院以下的学术组织类型更为多样。20世纪五六十年代,随着综合学科、边缘学科的发展,美国大学基层学术组织创新的步伐不断加快。学院下设实验室、研究中心、研究所等与学系平行的学术组织形式,后来又涌现出研究组、研究计划、课题组、项目计划和协作组等依附于学系但相对独立的研究机构或单位。这些机构或单位在学院基层学术组织种群生态系统中拥有自己的生态位,实现了互惠共生。

(三) 群落生态系统治理聚焦边缘效应,推动学科交叉融合

多学科知识的交叉、融合与汇聚是高校创新的源泉,也是高校重大创新的突破点、新兴学科的增长点、优势学科群的发展点。然而,由于中国高校内部治理长期受到"科层化"思维和"单位制"模式的主导,组织决策和行动遵循组织层级自上而下地驱动,致使大学基层学术组织形成了"各自为政"的制度建设路径,脱离了学科知识体系,形成"碎片化"格局,从而"导致了教师身份的碎片化,其结果就是精力的碎片化、时间的碎片化、学术产出的碎片化,最终导致学术生产力的低下"②。边缘效应是自然和人类生态系统的普遍规律,其产生从根本上讲是因为组织群落自身具有主观能动性。特别是在基于学科门类交叉融合建立的学部、研究院等基层学术组织群落生态系统内部,组织在因自身的现实生态位与理想生态位之间的差距而不能满足发展需求时,势必会主动促成学科交叉地带形成边缘生态系统。也即是说,边缘生态系统是组织个

---

① [美] 安娜蓓尔·碧莱尔:《领导与战略规划》,赵伟译,机械工业出版社2000年版,第105页。
② 宣勇:《高校内部治理变革的逻辑起点》,《探索与争鸣》2017年第8期。

体或种群在主客观作用下产生的。因此，大学基层学术组织生态系统治理需要拓展边缘、调控与激活边缘地带，充分利用边缘效应，促进学科的交叉融合。

一是拓展边缘。大学基层学术组织生态系统是一个由多种生态因子交互作用而形成的多维网络，其中每个组织个体都面临着复杂的内外部边缘关系。可以从点、线、面等角度进一步拓展大学基层学术组织群落的边缘。比如，通过开设共同课程、申报科研项目或者共享某个仪器等，探索学科之间交叉融合的边缘结点。比如，通过建立学生课程学分的互认机制、教师互相聘用机制、交叉学科科研项目共同申报机制等，疏通学科之间的边缘网线。又如，通过学部实现学科门类之间的交叉融合、不同学院协作申报完成重大科研项目等，有效利用学科交叉融合的组织界面。

二是调控边缘。根据边缘效应理论，边缘地带并不是产生边缘效应的充要条件。一方面，边缘效应的产生需要形成适切的生态位，另一方面，需要有能够利用这些边缘空间的组织种群。大学基层学术组织群落生态系统边缘效应的产生，既需要不同组织群落之间形成适合组织生存发展的生态位，又需要有能够利用这些学科知识发挥组织功能的基层学术组织种群。在边缘生态系统中，既不能忽视原有基层学术组织学术资源的配置，导致生态位被架空；又不能过度倾斜于某一新型基层学术组织，造成原有基层学术组织的发展受到制约。比如，一些高校基于不同学科门类、通过虚实结合的方式建立研究院，形成基层学术组织群落。建立柔性的教师交流制度，教师取得的学术成果可以按贡献比例得到互认。同时，有效规范控制合作研究中的"一人多岗""双份薪酬"现象。这样既带动了原有学科集群的发展，也激发了新兴学科集群之间的交叉融合。

三是激活边缘地带。由于边缘地带的稳定性不足，要维持边缘效应，就需要不断巩固和发展边缘交接的强度，即不断增强边缘生态系统与外部物质、能量和信息的交换。当大学基层学术组织群落生态系统通过学科交叉融合形成新的边缘生态时，系统功能的发挥依赖于外部环境中的办学资源、师生资源、平台搭建等的输入。由于这些生态因子是在特殊环境下形成的，因此其质量的高低和数量的多少都不一定能够保持稳定。

同时，边缘地带往往以竞争开始，以协同共生结束。随着外部生态要素的不断输入，边缘生态系统将逐步演替成为匀质的生态系统。因此，要维持较高强度的学术生态治理力，就需要营造学科交叉融合的竞合生态位，不断激活边缘地带。

（四）生态系统整体性治理聚焦边界跨越，推动内外平衡

组织边界的存在对大学基层学术组织生态系统维持相互之间及其与生态环境之间的协调状态起着关键作用。由于大学基层学术组织生态系统是开放系统，与外界无时不刻不进行着物质、能量或信息的交流，其生态系统的边界并不是一个实在的物理"分界"，而是在特定情形下呈现出有形和无形的相对统一体，类似于"细胞壁"式的组织边界。虽然具有外形或界限，却并不妨碍物质的流动。需要特别强调的是，对大学基层学术组织边界进行重塑和再造，绝不是让边界消失，也不是让边界固化而形成壁垒。而应抓住"学术"的本质，打开组织之间的人为边界来重塑学术组织之间的"细胞壁"，使组织的社会边界既能够维护内部学术自由的组织自治，又能够促进内外部物质、能量和信息的动态输入输出，以激活"学术生态治理力"为目的。

基于此，大学基层学术组织生态系统边界治理的深层含义在于，在遵循学科知识演进规律的基础上，通过渐进式的调节促进大学学科组织生态系统达到更高层次的平衡。首先是实现学术组织生态系统内部的平衡，继而实现大学基层学术组织生态系统与外部环境的平衡，最终实现整个生态系统的和谐共生。在这一过程中，既需要通过调整大学基层学术组织生态系统中的资源配置，激发组织中学术人的活力，使其愿意为组织的使命和目标而不断努力，提升组织效率，实现组织内部的生态平衡；又需要重塑大学基层学术组织生态系统的物理边界、社会边界和心理边界。主动适应市场逻辑，积极参与市场资源和声誉的竞争，积极服务社会，加强与经济社会发展的联系，为社会提供科研成果和人才资源，实现学术成果转化、文化传承创新和国际交流合作等功能，并将市场竞争机制引入生态系统内部，尤其是以学科知识为基本"质料"，提高组织的有效性，进而实现组织内外部环境之间的输入和输出平衡。

四 完善大学基层学术组织生态系统整体性治理的现实路径

"万物相互联系的观点已经成为一个包揽一切的氛围,其他科学,以及经济需求和军事政策所提出的问题,都要在这个氛围中加以考虑。"[①]因此,大学基层学术组织生态治理应基于其生成演进的普遍联系规律,秉持目的性、过程性和整体性思维方式,基于生态学与系统科学理论,从以下五个方面着手予以系统施治,以实现多样、稳定、可持续的治理目标。

(一) 明确使命导向,强化战略凝聚

社会系统理论认为,共同目标是协作体系产生的原因,是一个组织生存和发展的前提,没有目标的组织是不会存在的。而每个个体的目标又通过沟通与协调共同构成了组织的总体目标,进而产生协作意愿,共同推动组织的发展。组织的发展需要有明确的使命指引,这是确保组织行为有效性的重要内容,也是组织聚合的核心要素。广义上的组织战略管理强调将日常决策同长期战略相结合,积极传递和传播组织使命,使组织成员能够充分达成共识,分享感受,为实现明确的组织愿景而努力。每个学术部落都有一种"只能由其成员含糊地感受到而不易为外人所知觉"的学科文化[②],这实则就是今天所谓的组织使命。大学学术人的精神状态、人文素养以及他们对学术志业的执着追求,是大学基层学术组织能够实现可持续发展的根本使命。

清华国学研究院是中国近代教育史上出现的较有代表性的大学基层学术组织之一,因其成才之多(在办学仅4年招收的74名学生中有40余名成为国学大师和著名学者)、影响之深远而成为中国现代教育史、学术

[①] [美]大卫·雷·格里芬编:《后现代科学——科学魅力的再现》,马季方译,中央编译出版社1995年版,第147页。

[②] [美]伯顿·克拉克:《高等教育系统——学术组织的跨国研究》,王承绪等译,杭州大学出版社1994年版,第87页。

史上一个难以超越的典范，在中国现代大学治理特别是基层学术组织制度建设中具有范本价值和借鉴意义。在清华国学研究院的创建和发展过程中，鲜明地体现出学术组织使命在聚合学术人、维系学术组织制度生成演进中的生态功能。以清华国学研究院的学术组织使命传承为案例，对大学基层学术组织传承学术使命的重要性和实践路径进行分析。

【案例6】　　　清华国学研究院的学术组织使命传承[①]

　　五四时期，受教育救国、教育独立和学术自由等社会思潮的影响，清华学校（清华大学的前身）在以本科教育为主的大学部基础上筹备创建国学研究院。创建之初，在由著名学者吴宓和王国维草拟的《研究院章程》中，明确设立的宗旨不仅是研究中国之高深经史哲学，还在于"指导社会昌明文化之任""解决世界之迷乱纷争"。时任清华校长的曹云祥在国学研究院的开学致辞中还提到"希望研究院寻出中国之国魂"。与当时北大国学门"整装"地引入章太炎门人不同的是，清华国学研究院的教师队伍更多的是"临时拼凑"的。在冠绝一时的"四大导师"中，只有赵元任有哈佛大学的博士学位证书，其余三位均无博士、硕士学位头衔，甚至连学士学位也未拿到。不仅如此，各位导师的人生履历和治学旨趣也大相径庭。王国维的"保守内敛"、梁启超的"流质多变"、陈寅恪的"曲高和寡"、赵元任的"别求新声"，极具性格差异和专业多样性。但在指导学生时，各位导师却毫无保留地共同施展所长。在寻找"国魂"的共通信念的砥砺下，国学研究院超越了作为一种学术组织的结构性力量，成为近现代学术史上一个真正的学术共同体。

在今天来看，在国祚衰微、民族危亡、社会思潮多元化的复杂历史情境下创设的大学学术组织，更需要一种符合知识生产和学术活动逻辑的力量进行统合。正是在基于"寻出中国之国魂"的崇高学术使命的引领下，清华国学研究院才能够把一批志趣各异的传统学术人内聚为一个

[①] 该案例参考杨朔镔、杨颖秀《清华国学研究院之于"双一流"建设的启示意义——学术组织治理的视角》（《高校教育管理》2018年第4期）一文的内容整理而成。

志在"保存国粹、救亡图存"的学术团队和基层学术组织。

发展战略的成功与否"决定于来自底层的所有成员的认同和参与"[①]。战略管理模式不仅能避免大学在推进重大战略时脱离院系基层一线,使办学使命在向院系传导的过程中逐层递减,产生能够得到广泛认同的行动思想和自主意识,还能够促使院系组织拓宽视野,扩大对外部开放,主动适应外部环境变化,增强获取外部资源、信息的能力,加快战略目标实现的进程。当前,大学内部治理体系的变革调整更加频繁,相关参与要素日益增多,在一定程度上容易导致组织结构更为松散,不利于组织群落内向心力的形成。在此背景下,拥有共同的组织使命就显得尤为重要。因此,应基于服务社会和国家的时代使命,针对大学基层学术组织目标模糊性、结构松散性和战略趋同性等现实问题,根据不同院系的情况将组织建设目标进行细化分解、落地落实,不断强化院系根据自身实际情况、围绕自身使命自发制定和实施创新性战略的能力。以提高院系"学术人"群体的参与度,最大限度地激发院系师生干事创业的热情,使践行基层学术组织使命成为组织的自觉行动。

(二) 健全规章制度,激发主体作用

在哲学中,主体在认识和改造客体的活动中体现出能动性、自主性、创新性等特征。[②] 中国改革开放后,市场经济的发展为社会主体追求自我利益提供了更平等的平台、更自主的渠道。[③] 政府经济科教部门、社会高新技术企业、高校等形成了大学治理的多元利益主体,但最终还要依靠高校来落实,形成"上面千条线,下面一根针"的现象。大学组织治理制度是基于价值协商上的相关利益群体达成的"一套有秩序运行的规则系统"[④],他们首先在基层学术组织中展开。体制机制

---

① 刘向兵、李立国:《高等学校实施战略管理的理论探讨》,《中国人民大学学报》2004 年第 5 期。

② 《中国大百科全书》总编委会:《中国大百科全书》,中国大百科全书出版社 2009 年版,第 574 页。

③ 杨雪冬:《从制度信任到制度自信:改革开放 40 年国家治理变革的主体逻辑》,《新视野》2018 年第 4 期。

④ 胡仁东:《大学组织治理制度生成机制探析》,《江苏高教》2011 年第 5 期。

创新是激发组织生态系统内生动力、实现可持续发展的根本保障，基层学术组织治理的成效系乎制度创新。因此，与其说规章制度是应基层学术组织生态系统治理的主动调整所致，倒不如说是知识生产模式变革无限放大的规章制度的滞后效应倒逼所致。鉴于香港特区的独特地域和文化特色，香港科技大学在短期内所取得的显著办学成就的经验无疑值得内地高校参考借鉴。从下面这则案例可以看出香港科技大学的规章制度建设落实情况。

【案例 7】　　香港科技大学的"游戏规则"与"裁判制度"[①]

香港科技大学建校仅 10 年就崛起为世界一流名校。为什么香港科技大学能够在如此之短的时间里汇聚一大批世界顶尖学者和华人留学生，把东西文化融合在一起，把东西方科技的差距最大限度地融合在一个校园，把华人留学生的爱国报国梦想变成现实？香港科技大学原学术副校长孔宪铎认为，根源在于新的游戏规则和新的裁判制度。香港科技大学的游戏规则就是详尽、适时、透明的、有着 300 多页的《教员手册》。教员手册包括学校所有的组织、教务政策和执行程序、教务服务、学生服务、研究开发、成人与职业教育，还包括休假、财务与采购、其他相关政策、对外公关、校园管理和紧急事项等大事小情，一应俱全。其中最主要也是所占篇幅最多的就是"教务政策和执行程序"一项，分为聘任、审核、晋升、实任和规章五节。而审核中的"同行评议"是落实规章制度的重中之重，是同行评议的基石。所选的同行，不但在行业中有功力、有声望、有信誉、公正而敢言，而且更重要的是无私，评议者与受评者不能有丝毫私人往来和情谊。在系级委员会中，因为系里的同事，天天见面，铁面难做；在院级委员会中，比较超脱，执法公正；而真正执法如山的校级委员会是国际性的，由多所世界知名大学校长和世界著名学者组成。

[①] 根据孔宪铎《我的科大十年》（北京大学出版社 2004 年版，第 206—207 页）中的有关内容整理。

《教员手册》中的规定实际上有着鲜明的盎格鲁—萨克逊传统高校色彩,也是对世界知名高校大学内部治理的成功借鉴。通过规章制度的汇编和体系化建设,为师生了解和执行制度提供了前提条件。以《教员手册》为代表的制度体系再一次印证了香港科技大学的成功在于,通过制度保障激发了学术组织的主体能动作用。在香港科技大学的基层学术组织生态系统中,来自世界各地的教授无疑在学校以及学院、学系等基层学术组织的治理中发挥了重要作用。因此,大学基层学术组织生态系统的治理应改变"外生性"制度生成模式,信任和鼓励更多的学术人员以及利益主体在自发自为的基础上,建构内生性制度规范,实现组织制度的自认同。

首先,应强化以大学章程为统领的制度体系建设。进一步推进办学重心下移,在深入认识学校与院系、院系与学科治理关系的基础上,重新确立"院系是大学的办学实体"的观念,逐步建立"院系办大学"乃至"学科办大学"的体制机制,将院系组织推向大学办学的主体地位,使其有足够的权力空间开展学科交叉探索。

其次,在制度的执行过程中,要加强宣传和互动,形成师生对制度的情感认同,使大学基层学术组织治理主体能够摒弃各种实用主义和急功近利目的的束缚,遵循学术组织特性和学术逻辑,处理与自己相关的事务,约束自己,对自己的学术行为负责。

最后,在对"学术人"的评价和激励中,"从知识生产和科学研究的特点、学术人员群体的整体特征和学术成果的价值取向出发"[①],以引导为主的方式,采取富有弹性和灵活度的标准,鼓励自主设计符合院系学科特点的治理制度,建立符合学术特点和学术创新活动规律的考评和激励政策。"为学校发展真正营造出不同层面的主体都能相互尊重、相互信任、和谐互动、齐心协力的和谐的人际关系和愉快的工作氛围。"[②]

因此,应以学科为实体单位,在高校人事制度、科研制度、财务制

[①] 迟景明、张弛:《大学组织特性及其对学术组织创新的价值导向》,《现代教育管理》2012 年第 6 期。

[②] 董泽芳、吴绍芬:《西南联大调适学术文化与行政文化冲突的经验与启示》,《高等教育研究》2016 年第 11 期。

度、教学制度、管理制度等方面予以政策倾斜，赋予负责人更大的人、财、物支配权，充分发挥其办学主体的能动性，全面释放其自主治理功能。在"双一流"建设进一步下放学术权力的背景下，也可探索将院系学术权力进一步下放给基层学术组织负责人，实施"学术负责人制"，将人事聘用、经费管理、资源分配等权力交给学科或专业负责人，构建"基于学科方向团队的教学科研一体化"新型基层学术组织，以激发基层学术组织贯彻落实学校规章制度，完善内部治理体系、提升内部治理能力的积极性。同时，要借鉴世界一流大学教师队伍建设"重全程和重基层的系统化"的经验做法，实现"在大学教师学术职业生命周期上的入职、职中、终身职的全程观照，在教师组织管理上的系、院、校协调"[1]。

（三）创新组织模式，促进学科交叉

学科交叉融合是基层学术组织协同创新的源泉。多学科交叉融合是大学新兴学科的增长点、优势学科群的发展点、重大创新的突破点，也是激发大学基层学术组织生态系统"学术生态治理力"的着力点。然而，由于大学内部因权力结构的圈层化和行政权力的泛化，形成组织壁垒，阻碍了知识流通和资源共享，科学研究分散、封闭，对学科交叉融合形成阻滞作用。而国外一些世界知名高校在学科组织制度建设方面形成了一些可资借鉴的经验。下面以世界知名高校宾夕法尼亚州立大学为例，分析其学术组织种群的建设情况。

【案例8】　宾夕法尼亚州立大学的学术组织种群生态系统建设情况[2]

宾夕法尼亚州立大学是美国著名的公立大学之一，近年来一直跻身于世界排名前百分之一。该校于2001年成立了社会科学研究所（SSRI），致力于将不同院系、不同学科的研究人员集合在一起，为

---

[1] 沈红、王建慧：《一流大学教师队伍建设的院系责任——基于四所世界一流大学的实地调研》，《教育研究》2017年第11期。

[2] 本案例结合相关论文及宾夕法尼亚网站（https://www.research.psu.edu/capabilities）相关信息整理而成。

该校的社会和行为科学家提供咨询、财政支持、共享基础设施开发和服务，促进学校社会科学和行为科学的跨学科研究。近年来，该校整合相关力量，又先后成立了 6 个跨学科研究机构。在成立之初，各个研究所实行独立预算，并各自增加收入。后来该校统一资助各研究所，教师同时受聘研究所与学系，教师所获的校外研究项目由院系进行管理，跨学科研究所不收取成本补偿，以防止研究所与学系之间展开竞争。跨学科研究所的岗位采取"共同资助"模式。当学系启动岗位聘任时，规定岗位的目标与跨学科研究所一致，但教师还是归属于学系。如果一个新教师岗位能够促进学院之间的合作，跨学科研究所就会根据定期的评估支持一半的经费，并决定是否继续。通过采用这种科研成本和效益共担的机制，宾夕法尼亚大学有效促进了不同学系、研究所之间的跨学科协作融合（详见图 7—1）。

从图 7—1 可以看出，宾夕法尼亚州立大学通过对跨学科中心实施校级资助来减少研究所与学系的资源竞争，并创新教师跨学术组织聘任制度，使学系与研究所共同聘任教师。这不仅化解了两者之间的矛盾，而且实现了教师在不同基层学术组织之间的共享，促进了不同学术组织间学科知识的交流。

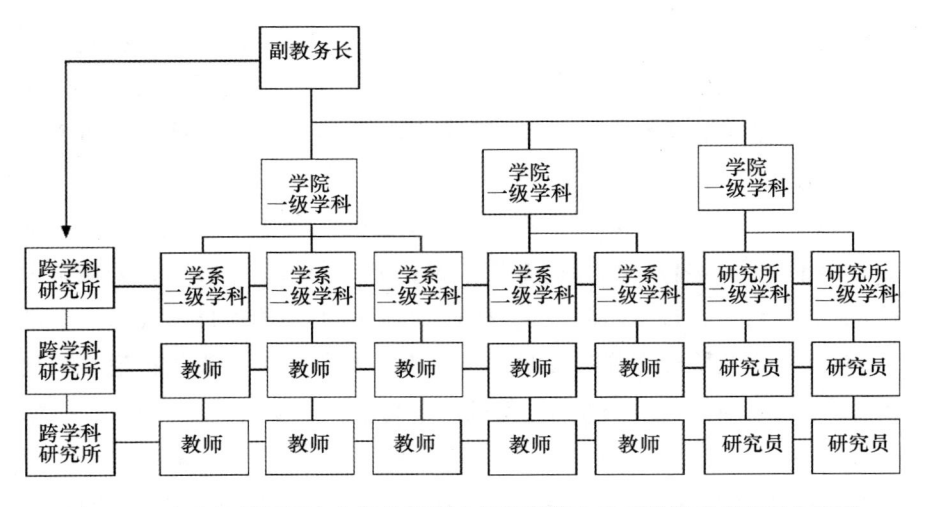

图 7—1　宾夕法尼亚州立大学基层学术组织种群身体系统学科交叉融合策略

2022年9月，国务院学位委员会和教育部颁布新版《研究生教育学科专业目录（2022）》和《研究生教育学科专业目录管理办法》，明确"本轮学科专业目录修订工作的重点不是学科专业数量的简单增加或减少，其核心是创新学科专业组织与建设方式，深化学科专业的管理体制机制改革，探索构建面向未来的学科专业建设管理新机制。"[①] 针对"之前的学科专业设置存在固化、细化等倾向"，提出"宜宽不宜窄"的总要求，突出学科专业设置的宽口径，新版学科专业目录在交叉学科门类下新增设了五个交叉学科。在此背景下，高校需开展院系等学科组织的调整和重组工作，以进一步优化高校内部学科治理体系，促进学科交叉融合与协同创新，高校学科组织模式创新的现实意义与战略价值进一步凸显。因此，可以在国家掌握一级学科目录的基础上，赋予高校更多的自主权。允许高校在学科门类下自主设置更多交叉学科一级学科，以问题或研究领域为导向自行设置二级学科或学科方向，以更好地推动跨学科人才培养、科学研究和社会服务等多样化办学实践。与此同时，应建立定期考核评估、动态调整退出机制，进一步激活高校作为学科交叉主体的能动性和创新性，促进大学基层学术组织的共生共荣。以此为契机，国内部分高校也建设了一批学科交叉机构。但是，无论从高校外部还是内部来看，学科交叉还局限于自上而下的制度逻辑。推动高校学科交叉建设，攻克"卡脖子"的关键核心技术，促进产学研深度融合，需要从根本上变革以传统学科界限为基础的科学研究和学科范式以及在此基础上形成的学科组织模式，强化高校在学科交叉建设多元利益相关者中的主体逻辑。因此，推动高校学科交叉从纵向和横向两个维度上具体创新学科组织模式。

在纵向维度上，一方面，在教育治理现代化背景下，应推动大学基层学术组织不同学科知识领域打破学术壁垒，凝练学术方向，创新学术团队，在项目组、科研团队以及教师学术工作坊等教师自发成立的学术组织中实行自主管理方式，拓宽"学术人"参与学术决策的渠道，强化学术权力的自运行；另一方面，持续推进高校管理部门"去行政化"，从

---

① 钟秉林：《高质量高等教育体系建设进程中的重要事件——写在新版研究生教育学科专业目录颁布之际》，《教育研究》2022年第9期。

根本上转变职能，推动学术权力由学校行政部门向院系再向学科逐层下放，建立"大学科、中院系、小机关"的高校学科建设权责配置体系，形成扁平化的学科治理体系。

在横向维度上，在现有的事业单位人事制度下，高校教师日常教学和科研活动的开展主要依托以单一学科为基础的院系及研究机构，教师的身份通常只归属于"某一院系"，要么不能跨院系活动，要么跨院系取得的业绩不能得到公开透明的认定。这不仅容易导致教师所在单位和项目合作单位之间的"不当竞争"，也容易引发不同学术组织之间的人事聘用矛盾，最终阻碍学科交叉的实现。因此，应从学科交叉的需要出发，打破学科制度的刚性界面，增强制度柔性。比如，通过学部、学院、学系等大学基层学术组织生态系统内部不同学科之间的课程互选、教师互聘、科研互评、资源共享等方式，推动学术组织打破院系组织边界或权力边界，形成各子系统相互对话、共同协商、多元共治的协同创新格局。具体而言，应进一步盘活人事编制资源，建立交叉学科等人才特区，探索交叉学科人才归属学校而非学院；创新学位授予机制，突破人才培养的单一学科框架和知识边界，因应知识社会情境变迁而变革人才培养模式，授予新兴学科以交叉学科学位；创新人员薪酬计算机制，探索交叉学科工作人员年薪制，建立不同学院之间教师的"双聘"机制和项目论文可折算机制；强化跨学科研究，组建交叉学科，增设学科交叉相关专业，建立高水平研究基地，促进资源共享，为学科交叉提供条件保障；完善交叉学科人才队伍的聘用考核制度，从改进结果评价入手注重考察教学科研成果的学科关联度、知识综合性和创新性，从强化过程评价入手注重考察不同学科教师在跨学科人才培养和研究中的参与度或合作情况，从探索同行评价入手通过不同学科人员的多角度评价认定其基本工作量的大小。

（四）加强文化维系，回归制度契约

文化的功能就在于把社会组织粘结在一起，它表明了组织成员达到共识的价值或社会理想与信念，反映在神话、礼仪、故事、传奇和特殊

语言等具有象征意义的事物上。① 大学因文化而生，在本质上是一个文化组织。"组织文化是考察学校人员如何通过他们之间的相互作用与解释去创造社会现实的有利方法。"② 高等教育学家埃里尤·阿什比曾指出，大学是文化上传宗接代的机构。"每一所大学都是独立的有机体，各按其内在规律去吸收营养和发育成长。"③ 然而，随着大学组织内部及相互之间竞争的加剧，不可避免地会导致不同研究群体的研究范式和文化传统之间的差距不断扩大，学术组织之间和组织内部出现的分裂风险进一步增大。大学基层学术组织"是一个由学术共同体构成的文化部落，能否形成宽松、民主、包容开放的组织文化，直接影响学科生态系统的生命活力"④。

伯顿·克拉克在对学术组织进行分析时认为，文化是学术系统内部自然产生的或者最牢固地存在于学术系统之中的那些信念的"源泉"。因此在某种意义上，学术组织与文化是相互生成的关系。"成熟而健全的学术组织一方面产生独特文化，同时又为文化所决定，这种文化的深刻意义恰恰是学术组织区别于非学术组织尤其是官僚组织的重要依据"⑤。

【案例9】　　　　　剑桥大学卡文迪什实验室的文化维系

剑桥大学创办于1871年的卡文迪什实验室因其卓著的声名而被誉为"现代科学革命的胜地""诺贝尔奖的摇篮"。创办之初的卡文迪什实验室是一个系级实验室，其初衷是开展创新研究和培养创新人才。"与其他许多实验室相比，卡文迪什实验室教研人员之间的亲密关系和共同体意识是一种显著的特征。"⑥ 不仅非常强调相互指导

---

① Linda Smircich, "Concepts of Culture and Organizational Analysis," *Administrative Science Quarterly*, Vol. 28, No. 3, September 1983.

② [美] 罗伯特·伯恩鲍姆：《大学运行模式——大学组织与领导的控制系统》，别敦荣等译，中国海洋大学出版社2003年版，第68页。

③ [英] 埃里尤·阿什比：《科技发达时代的大学教育》，人民教育出版社1983年版，第12页。

④ 武建鑫、郭霄鹏：《学科组织健康：超越学术绩效的理性诉求——兼论世界一流学科的生成机理》，《学位与研究生教育》2019年第6期。

⑤ 吴玉朋、王连森：《伯顿·克拉克"学术权力"涵义辨析》，《高教发展与评估》2012年第11期。

⑥ 黄炳线：《人才高原、群体意识和卡文迪什实验室》，《社科纵横》2005年第6期。

和帮助的集体作用,还提倡将数学能力、实验方法和操作技巧结合起来。实验室还通过每年一度的集体合影、每天下午的"茶时漫谈会"、卡皮查俱乐部学术讨论会等仪式,增强研究人员对共同体的认同感。学生和助手紧密团结在历任卡文迪什实验室主任的身边,和衷共济,相互交流讨论,营造了跨学科研究的学术文化氛围与学术生态环境。

实验室被认为是现代大学的心脏。在卡文迪什实验室独特的文化机制影响下,学术资源和信息在个人之间、个人与组织之间、不同组织之间传递,推动学术组织的科学实践创新和跨学科科研生产力的提升。[①] 学术人在集体协作、敢为人先、跨学科领域交叉研究等契约精神的影响下,形成了聚合机制,并产出了一批世界一流成果和顶尖人才。汤姆生教授影响和培养了卢瑟福教授,而卢瑟福教授则培养了波尔、鲍威尔、查德威克等17位诺贝尔奖等国际重要学术奖项获得者。诺贝尔奖师徒相承的历史延续了五"代"之久,这种连锁反应是学科知识在历时性传承和交叉融合中实现创新的最好事例(见图7—2)。这种师徒人才链的形成显然有"人才成团"、文化维系的作用。

与此同时,组织理论认为,组织文化的孕育和生成,不仅与组织内部因素相关,也与组织的外部环境密切相关。在组织文化与外部环境之间,信念、常规、原则和理解不仅仅是"外部"事物,而且是组织内部的必要补充。组织与环境之间是相互作用的,大学组织的文化既影响着其所在的大系统文化,同时又受到大系统文化的影响。[②] 组织的新制度主义理论将外部环境因素纳入组织制度文化生成的考察范畴。提出带有连字符的"文化—认知"一词,指称组织制度内在的理解过程是由外在的文化框架所塑造的。制度不仅包括"为社会生活提供稳定性和意义的规制性、规范性要素,还包括文化—认知等基础要素,以及相关的活动与资源"[③]。

---

① 陈艾华、邹晓东:《英国研究型大学提升跨学科科研生产力的实践创新——基于剑桥大学卡文迪什实验室的分析》,《自然辩证法研究》2012年第8期。
② [美]罗伯特·伯恩鲍姆:《大学运行模式——大学组织与领导的控制系统》,别敦荣等译,中国海洋大学出版社2003年版,第71页。
③ [美]W. 理查德·斯科特:《制度与组织——思想观念与物质利益》,姚伟、王黎芳译,中国人民大学出版社2011年版,第56页。

组织制度中的文化是一种更具嵌入性的形式，是一种凝结性的文化，不太需要别人的维护，不太需要通过仪式来巩固，也不太需要通过符号来阐释。以社会为中介的共同意义的框架，对于组织与行动者的建构具有十分重要的作用。① 从这个视角来看，"组织的合法性是组织得到文化支持的程度"②。

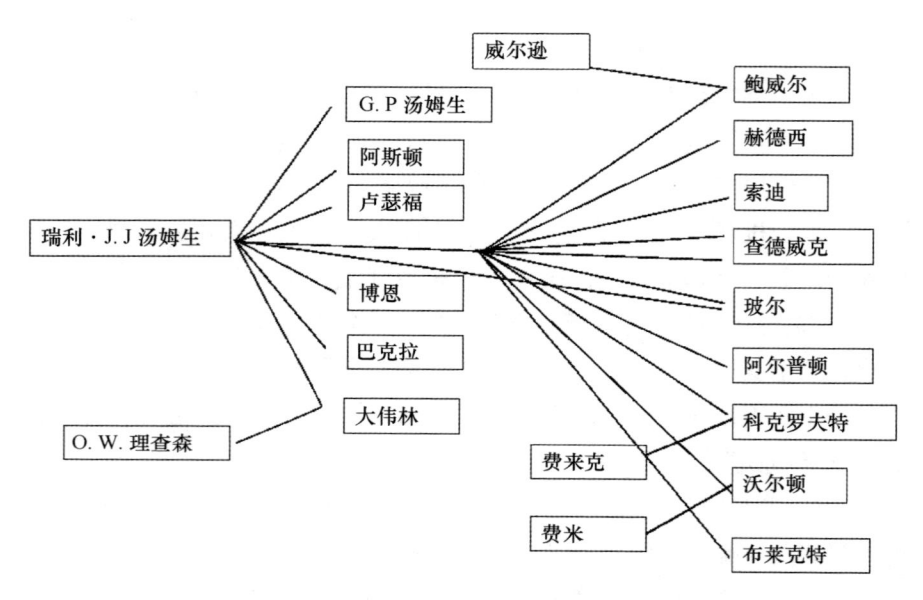

图7—2 卡文迪什实验室诺贝尔奖获得者谱系（1901—1972）

资料来源：叶忠海《人才学概论》，湖南人民出版社1983年版，第161—162页。

因此，无论是从组织文化生成的内部维系来看还是从组织获得外部合法性认同的机制来看，文化都是不可或缺的因素。大学基层学术组织的治理既不能忽略内部学术共同体文化在弥合组织分裂中的作用，也不能忽视组织通过与环境的互动建立外部合法性认同的必要条件。"符号、英雄、仪式和价值观"等差异的文化表现形式和进阶关系为组织制度文

---

① ［美］W. 理查德·斯科特：《制度与组织——思想观念与物质利益》，姚伟、王黎芳译，中国人民大学出版社2011年版，第66—67页。

② ［美］W. 理查德·斯科特：《制度与组织——思想观念与物质利益》，姚伟、王黎芳译，第68页。

化的建构提供了借鉴。符号是指那些带有特定含义的文字、手势、图片或物体；英雄是真实的或虚构的被高度赞扬的人物形象。仪式是社会成员在日常交流互动中使用的表达方式、尊重方式以及社会及宗教庆典等。它们一方面通过外部观察者可见的实践活动，另一方面通过内部成员的实践活动来诠释。[①] 同时，通过符号、英雄、仪式表征的实践活动，才能达致文化的核心即价值观。广义的价值观是一种带有倾向性的情感指向。因此，在大学基层学术组织生态系统的文化治理中，不仅要注意构建中国特色、中国风格、中国气派的学科体系、学术体系、话语体系，打造本土性的学术符号，同时要选树学术人物，传播榜样领军学术人物的学术故事和治学历程，重视学术活动的仪式性和感染力，从而在组织制度的内外部层面形成学术文化的凝聚力。

（五）重构系统边界，实现共生共荣

根据组织生态学，组织的生存和发展离不开理想的生态环境，特别是在组织生态系统资源紧张的形势下，良好的组织生态环境就显得更为重要了。比如，外部整合并由此导致的内部结构变迁，往往是导致基层学术组织消亡的直接原因。比如，在对基层学术组织进行撤并的过程中对教师进行严格的单位制安排。虽然这些整合活动的出发点是集中有限的办学力量推动学术发展和人才培养，营造一流的学术环境，但客观上对校内学术组织的发展起到了促进作用。这种"狂风骤雨"般的处理方式，割裂了学术组织内部或学术组织生态系统之间经过长期磨合才建立起来的生态关系，造成权力与资源的纷争，破坏了学术组织自然生长的"生态基质"，导致学术组织的衰微甚至消亡。因此，"双一流"建设背景下的学科调整和学术组织整合，应充分关注组织生态环境的营造，审慎推进学术组织的新设与撤并。

从外部维度来看，需要对高校基层学术组织生态进行整体性治理，实现高校基层学术组织与企业等外部社会组织的对接，促成基层学术组织与大学外部环境之间的互动交流，强化对资源市场资本、社会信息和

---

① ［荷］吉尔特·霍夫斯泰德等：《文化与组织：心理软件的力量》，张炜、王烁译，电子工业出版社2019年版，第5—6页。

人才的整体性摄入能力。当前，高等教育在国家创新驱动发展战略中的重要地位不断凸显，学科已然成为高等教育高质量发展的"中轴"，基层学术组织顺理成章地成为高校与外部环境之间合作交流的"轴心机构"。虽然其形式和结构复杂多样且变化多端，但其本质属性因促进学科知识的交叉融合和人才培养的使命需要而不曾发生改变，学科知识逻辑始终是基层学术组织制度生成和建构的本质逻辑。应通过整体性的生态调适，使基层学术组织与外部社会组织之间进行更多的互动交流，形成重视产学研合作、有利于科研成果转化的学术文化生态。

从内部维度来看，需要重构大学基层学术组织的生态系统边界，营造鼓励创造、宽容失败的跨学科研究氛围。根据新制度主义理论，制度镶嵌于复杂的组织结构、社会关系以及诸多利益主体的博弈之中。在新兴学科和交叉学科产生和出现的过程中，个体选择无疑是最不应该被忽视的因素。理想中学科交叉的制度设计，也必然导致教师"一心两用"甚至"一心多用"，难以保证其全身心投入本职工作中。如何协调好学术人的"单位身份"和"自主身份"问题，仍然是重构系统边界的一个"制度之结"。

【案例10】　　加州理工学院喷气推进实验室的组织边界跨越变迁[①]

闻名世界的加州理工学院喷气推进实验室不仅为美国乃至世界宇航事业做出了巨大贡献，也在加州理工学院崛起为世界顶尖名校的过程中发挥了功不可没的"支点作用"。但在喷气推进实验室的内部，存在着学术研究与行政管理之间的边界、学术人员与管理人员之间的边界以及基础研究人员与工程技术人员之间的边界。在喷气推进实验室的外部，则表现出实验室与加州理工学院之间、加州理工学院与国家航空实验室之间、实验室与国家航空实验室之间乃至与工业之间的边界。该实验室通过一系列措施，重塑组织边界，实

---

① 本案例内容整理自 Judith R. Goodstein, *Millikan's School A History of The California Institute of Technology*, New York: W W Norton & Company, 1991, pp. 53-261; Peter J. Westwick, *Into the Black: JPL and the American Space Program, 1976-2004*, Yale University Press, 2007, p. 145; 邵芸《"双重领导"下的科研项目管理》，《中国财经报》2014年6月12日第8版。

现了基层学术组织的跨学科共生共荣。

在喷气推进实验室与加州理工学院之间，实验室的成员在名义上是加州理工学院的雇员，共分为五个研究部，科研人员和工程技术人员都属于"工程与科学部"。"工程与科学部"又按学科分成三个中心、七个研究室及若干学科中心。加州理工学院实际上是实验室的本部，主要承担人才培养、科学研究、文化传承创新和国际交流合作等职能，所属其他四个部主要负责项目的遴选与经费的管理，只有项目经理和项目科学家，没有具体从事研究的人员。这种细胞壁似的组织边界，有效保证了实验室与加州理工学院的相对分离和交流融合。在人员晋级考核时，分为科研人员和工程技术人员两类，前者主要考核基础研究成果，后者主要考核科技成果的运用情况。科研人员在完成项目后，自动回到原来的单位开展日常教育教学以等待下一次项目的"召唤"。科研人员由此实现了在多个学术组织中的流动重组。

审视加州理工学院喷气推进实验室的组织边界重构历程不难发现，该实验室与加州理工学院、美国宇航局、工业界等内外部生境之间建立了"平行四边形关系"（详见图7—3）。其与加州理工学院下设的学院、学系之间形成学科交叉融合的边界，其内部的工程与科学部、项目与经

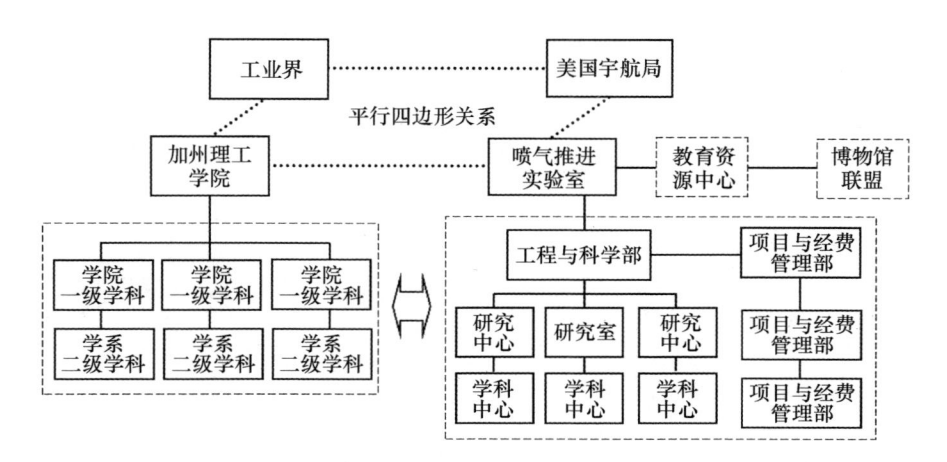

图7—3 加州理工学院喷气推进实验室基层学术组织群落生态系统跨边界情况

费管理部之间实质上形成了学术研究与学术成果转化的边界,而与宇航局和工业界的联系,还牵涉到更为复杂的协调合作关系。通过跨学科组织的设置、联合研究项目的设定、人员的联合评聘、学生的联合培养、文化的跨界塑造等方式,组织个体、种群和群落生态系统之间又经过不断地跨边界调适,最终实现了喷气推进实验室与加州理工学院、国家航空实验室、工业界等组织外部环境之间的跨边界融合,使其嵌入内外部生态环境关系的调和之中,实现基层学术组织生态系统的共生共荣。

第八章

A校基层学术组织生态系统治理的案例分析

进入21世纪以来，百年未有之大变局加速演进，新一轮科技革命和产业变革深入发展，科技创新成为国际战略博弈的主战场、综合国力竞争的着力点，以传递、发现、综合和应用知识为本的大学走到社会中心。当前，高度综合复杂的重大科学问题日益增多，新学科前沿、新科技领域和新产业形态不断涌现，单一的学科知识、研究范式和方法已难以适应经济社会发展的现实需求，倒逼学科知识加速向综合化和整体化演进。"传统大学基层学术组织赖以生存的组织基础——学科分化的特征，已经动摇。"①

无论是在宏观的国家层面还是在具体的高校层面，学科组织模式的变革都得到前所未有的重视和推进。2015年10月，国务院《统筹推进世界一流大学和一流学科建设总体方案》提出"创新学科组织模式"的建设原则。2017年1月，在教育部等三部委出台的《统筹推进世界一流大学和一流学科建设实施办法（暂行）》，在"学科组织模式"这一概念的基础上进一步提出"学科生态体系"的概念，明确"以一流学科建设引领健全学科生态体系，带动学校整体发展"。2022年1月印发的《关于深入推进世界一流大学和一流学科建设的若干意见》，再次提及改善学科发展生态、推动科研组织模式创新和优化，为进一步推动高校学科组织模式的创新提供了遵循。更为重要的是，党的二十大报告提出："加强基础

---

① 张炜：《学术组织再造：大学跨学科学术组织的成长机制》，浙江大学出版社2012年版，第2页。

学科、新兴学科、交叉学科建设,加快建设中国特色、世界一流的大学和强势学科。"这是学科及交叉学科建设首次出现在党和国家的纲领性文献中,进一步凸显了新时代高校学科组织模式变革创新的重大战略意义与现实价值。在此背景下,国内高校持续推动大学基层学术组织变革。从纵向上减少包括学科组织在内的高校基层学术组织的设置管理层级,推进扁平化管理,扩大基层学术组织自主权,提升组织效能;从横向上拓宽学科视野,强化各类型基层学术组织之间的协作联合,推动学科集成创新。同时,整体性优化基层学术组织结构,完善组织生态系统,促进基层学术组织生态系统与外部环境之间的交流,以适应环境变化,增强跟踪世界科技前沿和服务国家战略需求的快速反应能力,提升社会服务效能。

大学的学科可以分为知识形态的学科和组织形态的学科,"在大学学术组织中,最基层的组织是学科组织""是一个由学者、知识信息以及学术物质资料所组成的实体化了的组织体系"[①]。但由于我国高校内部治理结构、运行状态及探索历程具有较强的同构性,我国大学学科组织模式也表现出趋同特征。A 校在参考借鉴西方科研项目制的基础上,创建了 PI 制学科组织模式[②],并以学科组织的创新为引领,将学科知识体系实体化为基层学术组织生态系统,实现了基层学术组织生态系统的本土化、创新性探索和整体性变革。

纵观 A 校新型 PI 制学科组织模式生成演进的缘起与历程,其体现出鲜明的生态价值、生态思维和生态逻辑,激活了大学基层学术组织整体性学术生态治理力,是大学基层学术组织生态系统治理的具体而微的例证。通过案例研究能够更加深入地发掘典型事件中鲜活的、生动的、有生命力的事实和情节,洞悉典型事件背后的普遍性价值。因此,本书选取"双一流"建设高校 A 校的基层学术组织生态治理情况作为研究对象,开展单个案例的实证研究。[③]

---

① 宣勇:《论大学学科组织》,《科学学与科学技术管理》2002 年第 5 期。
② 因"大学基层学术组织"这一概念是对基层教学组织、基层学科组织、基层科研组织等组织形式的统一称谓,依据案例学校办学实际情况,为表述方便,如无特别说明,下文在表述中使用的"新型 PI 制学科组织"都属于本书所指称的大学基层学术组织。
③ 该案例相关资料均来源于该校校园网主页及领导讲话、报告。

一　A校新型PI制学科组织模式创新的历程及现状

A校成立于新中国成立前夕，曾是国家"985优势学科创新平台"建设高校、"211工程"重点建设大学。该校建校历史悠久，办学经验丰富，同时也曾多次被遴选为全国教育体制改革大学内部管理体制改革试点高校，在完善内部治理结构和运行机制、建设现代大学制度方面具有一定的范本性。建校以来，A校坚持"守正创新"的办学传统，在70余年的办学历程中，始终坚持把国家的需要作为学校办学的第一选择，践行"立德树人"根本任务，不断推进教育教学改革，持续提升科研核心竞争力，加快科技成果产业转化，服务地方经济社会发展，引领城乡文化传承创新，坚持"引进来、走出去"的国际化办学战略。在这一进程中，学校持续推进办学体制机制改革，完善内部治理体系，尤其是在基层学术组织变革方面，进行了一系列持续并卓有成效的探索。在学科整合创新趋势的推动下，A校以推动大学内部治理结构改革、完善现代大学制度为契机，开启了新型PI制学科组织模式的创新历程。

（一）历史背景及动因

在建校初期，A校基于原有的学科格局，设立了教育系、政治系、中国语言文学系、物理系、生物系、化学系、美术系、音乐系等12个系。同时，为加强科学研究，各系下设若干个研究所、教研室，绝大多数归口各系负责管理。在"文化大革命"时期，A校的系级学科组织被合并，大部分研究所和教研室停止工作。在改革开放后，随着国家学位授予制度的恢复建立和学科专业目录的确定，A校的一些系级学科组织因获得国家学位授权点，开始重新独立。加之合并调整，该校学系总数达到14个。依托学位授权点，该校在系的基础上又恢复和新成立了一批研究所。比如，物理系的核物理研究所，历史系的世界古典文明史研究所，教育系的普通教育研究所、高等教育研究所和比较教育研究所等58个系一级的基层学术组织。

21世纪初，在国家新一轮高校内部管理体制改革中，该校开启了由系到学院的制度变革，撤并部分学系，并基于一级学科设立学院。与此同时，A校还在学院层面创建了教授委员会制度，在全校学院层面建立了15个教授委员会，实行"教授委员会集体决策基础上的院长负责制"。教授委员会原则上由7—11名二级学科带头人组成，被赋予规划发展、学科建设、学术评价、资源配置、师资队伍建设、教师评聘、教育教学、对外办学八项学术权力。A校的二级学科组织自此参与到一级学科组织的治理之中，学科知识体系由此初步具备了实体化的组织特征。

2012年前后，国内高校开启了新一轮学部制改革，A校决定在学校范围内设立学部，作为跨学院的教学与科研管理协调机构。2014年，A校首次以章程的形式，对学部、学院及学系以及系、所、研究中心等学科组织结构体系进行了分层分类的明确和规范。2017年，以入选国家"双一流"建设世界一流学科建设高校为契机，A校以学术权力的优化配置为切入点，进一步推进内部治理体系变革，创设新型PI制学科组织模式。总体来看，在A校70余年的办学历程中，呈现出大学学术权力重心从校级层面向基层下移的演进路径，也积淀了回归学术本位、彰显学术权力的办学传统。

（二）探索创建历程

PI制原为欧美大学中的科研组织制度，是英文"Principal Investigator"一词的缩写，最早出现在欧美科研项目申请中。美国国家科学基金会（National Science Foundation，NSF）引用《美国联邦法规》将其定义为"在拨款申请中由受让人指定的对项目的科学和技术方向负责的个人"①，并指出这一术语"一般用于研究领域"。PI制起源于第二次世界大战后期大量军工科研经费进入美国高校科研领域，以定向的方式发放给具有较高科研能力和水平的学者。PI制强调了项目负责人的主导权和自主权，能够对项目中的人、财、物等资源进行自主配置，以项目组为基本活动单位开展课题的组织管理和研究活动。因此，PI制的本义是以项目主持人为核心的人力资源配置，以项目经费和成本核算为核心的财力资源配置，以科研资源共享为核心的物力资源配置的一种先进的科研

---

① NSF SBIR. Aefinitions, https: //seeAfunA. nsf. gov/fastlane/Aefinitions/.

管理机制。①

中国对 PI 制的引进和应用始于 20 世纪末 21 世纪初，中国科学院和中国社会科学院等科研机构于国内最早借鉴美国的 PI 制形式，开展科研工作的组织管理。随后，北京大学的生命科学研究所、工学院，清华大学生命科学学院等基层学术组织也先后采用了 PI 制，并伴随高校教师队伍预聘制的建立而进一步推广。② PI 也逐步拥有了独立的实验室享有权、科研经费申请支配权以及对科研人员聘用周期进行抉择的权力。经过二十余年的发展，中国的 PI 制逐步演变为"课题组长负责制""项目负责人制""首席科学家制""学术带头人制"等包含多种名称、多个职能及类型的新型基层学术组织形式。特别是在加快"双一流"建设的进程中，新型 PI 制学科组织模式进一步向更加多元化的方向发展。

A 校在充分借鉴美国 PI 制全生命周期管理经验的基础上，结合多年在探索学科组织建设方面的经验积累，在国内率先创建了学科首席负责人制，称新型 PI 制。以此为突破口，逐步形成了以学科 PI 制为基础的基层学术组织生态系统。这一过程大致可以分为四个阶段。

第 I 阶段：基层学术组织个体生态系统构建阶段。

2014 年，在前期进行试点的基础上，A 校正式按照自主申报、学院学术委员会初评、校学术委员会会评等方式，在全校所有的一级学科带头人中遴选了 27 名 PI，赋予其"团队建设、科学研究、人才培养"三位一体的学科建设职责，实现全校所有一级学科相对独立的人权、财权和资源配置权，实现了一级学科负责人责权利的统一（见图 8—1）。新遴选出的 PI 实行聘期制，由学院推荐、校长签署协议聘任，每个 PI 聘期为三年，聘任期满经考核合格可续聘。学校委托学院对 PI 的运行进行日常监管、组织和服务，PI 对学院负责。PI 制的实施推动了 A 校内部治理结构中学术权力重心的进一步下移，在一定程度上激发了学科组织的积极性。

---

① V. Gueorguieva, J. Accius, C. Apaza, et al., "The Program Assessment Rating Tool and the Government Performance and Result Act: Evaluating Conflicts and Disconnections," *American Review of Public Administration*, Vol. 39, No. 3, January 2009.

② 王纬超、陈健、曹冠英等：《对科研组织管理新模式的探索——以北京大学为例》，《中国高校科技》2019 年第 3 期。

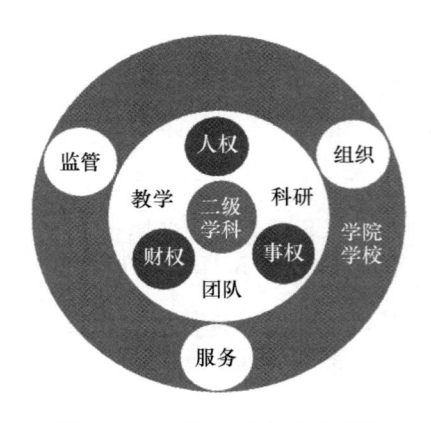

图8—1　A校PI个体生态系统

资料来源：A校校长在该校"双一流"建设动员会上的报告ppt，笔者根据行文需要作了调整。下文图资料出处同此。

第Ⅱ阶段：基层学术组织种群生态系统构建阶段。

2016年，A校决定在学院一级学科规划建设下的二级学科方向上遴选认定重点学科方向，每个方向设PI岗位1个（见图8—2）。并基于PI制逐步尝试将原有教研室、研究所的职能整合到PI中，强化其人才培养的职能。在教学计划的制订、专业课程的安排、课程教学的日常组织中，PI逐步整合了学系和教研室的原有功能，在日常教学和科研活动的组织中发挥着日益重要的作用。为确保政策的有效实施，该校又提供了四个方面的保障支持条件，即专项经费、专门编制、研究人员指标分配倾斜和特殊劳资政策支持，实现人、财、物"三个配置"。同时，为融入培养高层次人才的国家需求逻辑，A校将学科建设职责的顺序调整为"人才培养、科学研究、团队建设"，体现了新型学科组织创设过程中对人才培养的重视。由于此阶段PI制的建设涉及与学院内的学系和研究所等原有基层学术组织之间的关系调整，因此，这一阶段实质上处于基层学术组织种群生态系统构建阶段。

第Ⅲ阶段：基层学术组织群落生态系统构建阶段。

2018年，A校第一个PI的任期结束。该校委托第三方评议机构，采取同行评议的方式，对20余名PI进行聘期考核和续聘。考核的形式是，学校考核PI的教学、科研和团队建设，PI再考核学科组织团队的教师

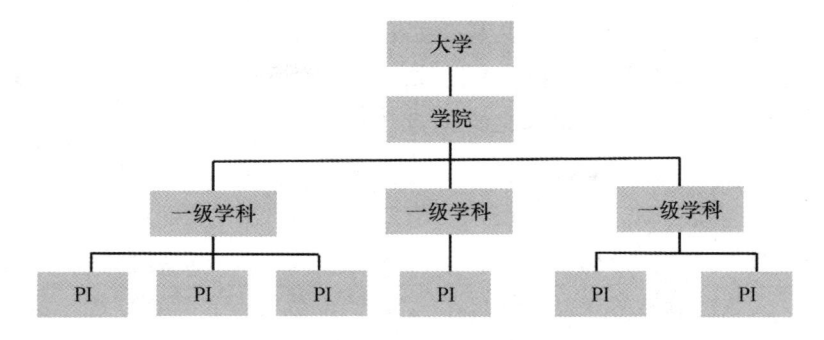

图 8—2　A 校 PI 种群生态系统

（见图 8—3）。评估结果显示，新型 PI 制学科组织模式的创新促进了学校学科的实体化建设，有力地助推了该校 6 个学科入选国家"双一流"建设学科。2019 年，该校决定进一步扩大新型 PI 制的实施范围，在全校所有一级学科、二级学科及方向上推广新型 PI 制。实现各二级学科及方向 PI 向一级学科 PI 聚合、各一级学科 PI 向交叉学科 PI 聚合的"生态链式"结构。由于此阶段不仅涉及学院对内部学科组织种群及其之间关系的统筹协调，还涉及跨一级学科或与校外学科组织群落及相互关系的调整，因此这一阶段实质上处于基层学术组织群落生态系统构建阶段。

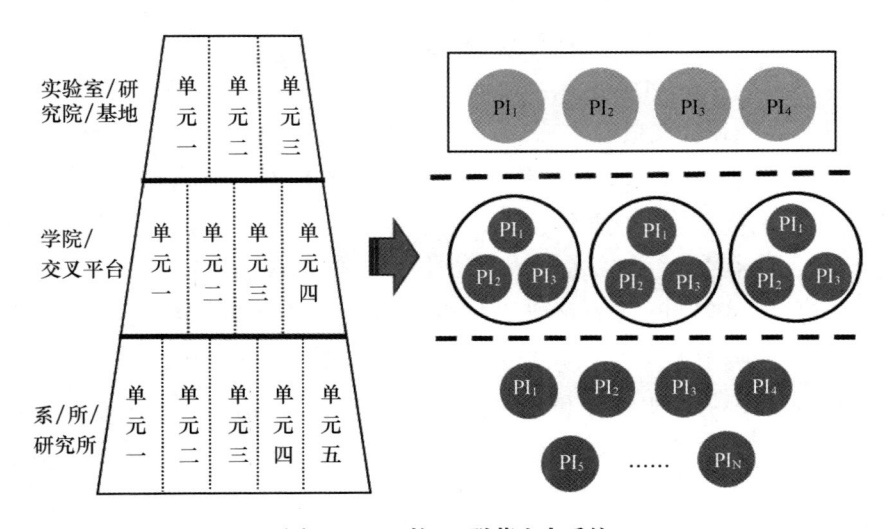

图 8—3　A 校 PI 群落生态系统

第Ⅳ阶段：基层学术组织生态系统构建阶段。

经过前三个阶段的建设，A 校综合考虑各新型 PI 制学科组织的教学科研团队、研究方向数量和未来建设任务，按照一级学科、二级学科及方向、学科建设任务分层次设置三级 PI 岗位，分层有序地扩大新型 PI 制在该校的实施范围。即由一级学科向二级学科及方向扩展，由重点学科方向向非重点学科方向扩展。在人力资源配置中，规定各个层级学科组织团队人数配置参考规模，规范第三级 PI 人数的配置流程，进一步分散各个层级 PI 的工作负担；在财力资源配置上，规定第一、二级 PI 津贴由学校发放，第三级 PI 由一、二级 PI 与学院商定并从学科建设经费中列支；在物力资源配置上，规定不同层级新型 PI 制学科组织资源共享。同时，A 校还进一步出台政策，鼓励基于学科门类设立的"大 PI"积极谋求跨学院、跨学校合作。经过近半年的努力，该校第一个"大 PI"与中科院地理所联合培育共建国家重点实验室，并列入了当地省政府的工作报告中。由于此阶段进一步拓展了新型 PI 制学科组织的设置规模，调整了校内外学科组织群落内部及其之间的关系，因此这一阶段实质上处于基层学术组织生态系统的整体构建阶段。

二 A 校新型 PI 制学科组织模式创新的成效及问题

（一）取得的成效

A 校新型 PI 制学科组织模式的建立，使该校不同层面基层学术组织得到了生态重塑。在纵向维度上，基于校长、院长与学科负责人签订项目协议，使原有各层级基层学术组织之间金字塔式的科层管理趋于扁平化。在这一过程中，A 校的学术权力重心沿着"学校—院系—PI"的路径下移到教授个人，进而实质性地回归到学术人个体手中，有效激发了基层学术组织的内生动力和活力。适应了高校内部治理重心下移的客观需要，有效夯实了学科在高校内部的组织基础，推动了高校治理逻辑由"校办院""院办校"向"学科办校"的转变。在横向维度上，以学科知识协同创新为基础的新型 PI 制学科组织的建立，推动了学科知识的自由流动与聚合，促进了学科知识的交叉融合，改变了原有各学科组织之间因单位制逻辑而相互分割固化的状态，在根本上有利于学科知识演进逻辑的回归。进一步拓展了学科在推动大学变革发展中的功能，对于以学科为载体合理配置资源、激发大学基层学术组织的内生动力和活力起到了推动作用。更为重要的是，这不仅在一定程度上减少了大学校内部行政化对学科建设的干扰，强化了学科建设的组织逻辑，还有效推动了人才培养、科学研究和团队建设的一体化，重塑了基层学术组织权力生态结构，实现了大学基层学术组织责权利的统一。

（二）存在的问题

作为基层学术组织建设中的新生事物，PI制还存在一些有待改进的问题。比如，在队伍建设方面，由于知识与权力的互构，客观上给PI负责人带来"自立山头"的空间，也给整个学校带来内部控制的风险；在考核评价方面，还存在过于重视量化数据指标和绩效考核的问题，与学术本位相匹配的学科评价制度尚未形成；在条件保障方面，学校层面还缺少对基层学术组织体系化构建的统筹谋划，新型PI制学科组织与校内其他基层学术组织之间以及与外部环境之间的关系还需进一步调适。

1. 人才培养的功能有待加强

人们对学科的传统认识主要基于其科学知识体系分类的本质特征，因此对学科的职能定位主要是以知识创新为表征的科学研究。相比而言，美国研究型大学发展规模比较稳定，主要遵循"知识性"特征，"探索知识前沿、创造新知"的学科任务特征体现得较为充分，学科的方向也总是按照知识前沿不断调整。[①]但在科教融合、学科育人、科研育人重要性更加凸显的当下，新的学科认识观则更加强调学科的功能不应该仅是知识创新，还应包括知识的传承和转化。中国学科建设的探索史也证明，仅仅通过强化科学研究本身的功能，远远不能满足现代大学对高层次人才培养的价值需求以及对基层学术组织变革的现实需要。尤其是在一段时间内，由于对高校科学研究职能的过度强化，从而导致学科组织建设

---

① 雷环、钟周、乔伟峰：《"双一流"建设背景下中美研究型大学"学科"发展模式比较研究》，《清华大学教育研究》2018年第12期。

过于强调科研职能思维惯性的生成。在基层学术组织的建设过程中，以知识传承为表征的教育教学功能被不断弱化。比如，A校在新型PI制的探索中，"团队建设"先是被列在"人才培养"和"科学研究"功能之前，经过两个周期的探索后，才最终将"人才培养"职能列为第一职能。这在国家首轮"双一流"建设高校的PI制建设中也存在相似情况。据调查，在首轮公开信息的41所建设高校中，有19所明确将推进新型PI制建设并强调了新型PI制学科组织模式的科研组织职能（详见表8—1）。

表8—1　　首轮"双一流"建设高校PI制建设主要职能分类

序号	高校	名称	主要职能	类型
1	北京航空航天大学	首席教授为核心的基础课教学团队、首席科学家负责制	教学条件和保障体系建设、引进校外院士团队	第Ⅰ类
2	大连理工大学	专业负责人和课程负责人制	教学质量保障	
3	兰州大学	学科点负责人制	人才培养模式	
4	东北大学	专业或课程群负责人制、学术带头人负责制	教育教学资源保障、人才发展	
5	北京大学	PI制	科研项目管理	第Ⅱ类
6	清华大学	科研项目负责人制	科研经费管理	
7	同济大学	学科、方向责任教授或领军人才PI	打造专职科研与成果转化队伍	
8	华中科技大学	项目负责人制	科研项目管理	
9	吉林大学	首席科学家负责制	项目经费管理、人才队伍建设、学科建设	第Ⅲ类
10	中央民族大学	首席科学家制	人事聘任	
11	华东师范大学	首席专家负责制	特殊人才队伍建设	
12	山东大学	PI制	高层次科技创新人才引进	
13	华南理工大学	PI制	延揽海外高层次人才	

续表

序号	高校	名称	主要职能	类型
14	哈尔滨工业大学	首席科学家"PI制"	组织管理基础前沿技术研究	第Ⅳ类
15	中南大学	项目负责人制	科研项目管理	
16	四川大学	建设学科（群）责任首席科学家、一级学科责任教授	组织管理体系	
17	西北工业大学	学科负责人制	动态监测与问责机制	
18	西北农林科技大学	学科群首席科学家负责制	科研项目管理	
19	云南大学	一流学科（群）建设首席专家责任制	项目组织实施	

从核心职能来看，大致可以划分为以下四种：

（1）第Ⅰ类四所大学的主要职能除了科学研究之外，还包括教育教学质量或资源保障等人才培养职能。这一职能是 PI 制在发展过程中逐渐被赋予的职能，是学科组织模式主要职能的进一步拓展。

（2）第Ⅱ类 4 所大学的主要职能为科学研究。这一职能是 PI 制初创时就具备的，是学科组织模式滥觞时期就被赋予的职能。

（3）第Ⅲ类五所大学的主要职能为人事聘任、人才引进或发展等队伍建设职能。这一职能是 PI 制在逐步完善过程中逐渐被赋予的，也是我国高校 PI 制建设最为关键的职能。

（4）第Ⅳ类六所大学的主要职能是科研项目组织的管理或监测评价职能，也是我国高校 PI 制组织模式中亟待进一步深化的职能。

以上四种职能既代表着新型 PI 制的核心职能，也是高校学科组织模式创新的关键所在。在这一制度设计下，学科及学科方向在本科课程建设和教学质量提升中的角色有待明确，团队成员参与人才培养的积极性不高，学科负责人在提升教学团队中青年教师教学能力中的作用发挥不够。

2. 科学研究的监控评价不够

单位是"基于中国社会主义政治制度和计划经济体制所形成的一种特殊组织，是国家进行社会控制、资源分配和社会整合的组织化形式"[①]。在新型 PI 制创设之前，国内高校的学科组织形式凸显出"单位制"的特点。PI 制滥觞于资源依赖型的项目制科研组织模式，有效摆脱了单位制中行政力量对学科建设自主权和灵活性的束缚。但正如一些学者所普遍担忧的那样，随着项目制的深入发展，大学治理中自上而下的行政权威将与自下而上的技术治理联结在一起，从而引发二者之间的复杂博弈关系，在大学的内部治理体系中产生了负面效应乃至风险。新型 PI 制学科组织模式作为学术共同体所承载的价值与理念将被严重侵蚀，沦为新的只生产"学术 GDP"的"学术工厂"[②]。具体表现为：行政力量主导绩效评审，学术共同体的功能发挥不足；在项目制管理中更重视对项目的配置，而对项目实施结果的绩效评价和反馈不够；破"五唯"背景下的成果认定办法和评价体系指标未能根据不同学科特点进行分类施策，学科建设经费与绩效的关联性不强，难以从经费配置上提出不同 PI 的绩效差异。此外，科学有效的绩效奖励、配套扶持和激励政策配套不够，特别是针对学科方向团队的整体绩效考核和激励机制还有待完善。

3. 团队建设的权责配置失衡

由于一切社会组织在本质上是具有共同目标和使命的人的集合，因此学科组织模式创新的首要前提是通过人员流动促进知识在学科组织间流通的问题。在一定意义上可以说，新型 PI 制探索的关键在于打破学科团队中人员身份的固化，使他们能够自由合作交流。由此，新型 PI 制的探索往往伴随着高校人事制度的改革推进，学科组织中的团队不再受到编制的束缚，而是按照聘期与 PI 签订合同，完成聘期内相关任务即可以解聘。同时，其工资待遇和职称评聘也由 PI 根据项目的完成情况协议商定，独立进行预算分配。然而，PI 在很大程度上是由于学术成就而被遴

[①] 李路路、苗大雷、王修晓：《市场转型与"单位"变迁——再论"单位"研究》，《社会》2009 年第 4 期。

[②] 姚荣：《大学治理的"项目制"：成效、限度及其反思》，《教育发展研究》2014 年第 3 期。

选为学科负责人，又在学科或学科方向的组织化进程中最终被赋予管理者的角色。随着 PI 在人、财、物等方面自主支配权力的扩大，PI 的行政权力不断增加，在学科中的组织角色和管理职能也不断强化。由于缺少相应的制衡机制，极易造成权责配置的失衡。一方面，在人才引进中，为获得对学科团队"绝对"的把控需要，一些 PI 往往倾向于引进学术上等于或低于自己的人才，形成始料未及的"短板效应"。A 校的一些相关管理部门的负责人反映"人才引进经费花不出去"，而事实上一些 PI 团队的人才却没有得到有效补充，几乎面临"光杆司令"的窘境，这其中的玄奥正在于一些 PI 因出于"私心"而抵制强于自己的引进对象。不难发现，产生这一问题的实质还在于 PI 的人权事权过大，致使对其缺少有效的制衡。另一方面，学校行政部门对 PI 的束缚和干扰太多，使其并未获得应有的自主权，难以根据不同学科性质、特点和水平进行学科团队建设，从而导致其难以有效调动团队成员的积极性、凝聚研究方向，推动团队成员分工合作。

4. 组织治理的边界不断固化

学科的生长点往往是由不同领域学科知识的交叉融合萌生的，是"知识网络"的节点，学科组织之间也因此形成一张巨大的网络。当前，创新创造的时代主题更加彰显，重大科技前沿问题的突破以及事关国计民生重大问题的解决，需要多学科知识的协同创新。高校作为学科交叉的主力军，在引领推动学科交叉融合中的重要性不断增强。学科的组织化有利于建立稳定的人员队伍，集成科研力量推动"卡脖子"问题的高效解决。但学科的组织化发展也极易带来学科边界的固化。虽然新型 PI 制的学科组织模式有利于建立稳定的队伍、办公场所及项目资金来源，但与原有的院系、研究院（所）与研究中心、实验室（实验中心）、工程研究中心等学科组织之间的关系并不明确。PI 成为某一学科知识的所有者和知识流通的"掌门人"，因维护内部固有利益的需要而不断强化学科的外部边界。随着边界的不断加固，学科组织系统也日趋封闭，人才、知识等创新性要素难以在组织内部与组织之间自由流动而形成"输入—输出"的生态循环，学科组织与外部环境之间无法建立良性的反馈机制。这在一定程度上加剧了不同学科间的身份固化、条块分割，人为设置了更多的学科壁垒，严重阻碍了学科间的交叉融合。①

三　A 校新型 PI 制学科组织模式创新的调适

在"双一流"建设背景下，新型 PI 制学科组织模式的创新为一流学科建设提供了重要抓手，也因此成为推动一流学科建设的制度选择。历史制度主义理论认为，当一种制度被选择之后，它本身就会产生自我捍卫和强化的机制，往往使制度陷入一种"被锁定"的路径依赖之中，这为解释制度渐进型变迁的可能性带来依据。② 在"双一流"建设背景下，一流学科的建设往往面临着两个方面的制度悖论：一方面，学科组织模式创新的滞后，使现有基层学术组织建设难以摆脱原有组织制度的路径依赖，从而将有限的资源用在"刀刃上"，集中精力打造高峰、高原学科；另一方面，如若"另起炉灶"创设新的基层学术组织，又容易扰乱原有大学内部治理体系中的基层学术组织生态，造成基层学术组织之间的不当竞争，进而导致"双一流"建设资源投入的分散与浪费。因此，A 校新型 PI 制的创新应遵循渐进性制度路径，在充分吸纳国外高校基层学术组织制度模式创新经验的基础上，结合自身发展的现实需求，做出相应调适。

（一）强化学科组织的人才培养功能

从起源上看，与中国高校新型 PI 制学科组织模式在创设之初主要借鉴了美国高校 PI 制在科研组织方面的优势不同，中国高校基层教学组织则主要借鉴了苏联高校普遍建立的教研室制度。但随着中国高等教育发展路径的切换和职能分散、学科单一等问题的加剧，教研室制度日益式微，难以在中国高校教育教学中承担应有的组织职能，致使中国高校的

---

① 郑文涛：《"双一流"背景下的高校交叉学科建设研究》，《首都师范大学学报》（社会科学版）2018 年第 1 期。
② 张熙：《社会转型时期我国大学制度的变迁机制研究——基于历史制度主义的分析与反思》，《重庆高教研究》2017 年第 2 期。

基层教学组织出现职能真空。"奥卡姆剃刀原理"告诉我们：如无必要，勿增实体。针对新型 PI 制人才培养功能有待强化的现实需求，在制度渐进主义视域下，有必要基于科教融合理念，在一定程度上保留高校教研室制度的传统优势。[①] 推动中国新型 PI 制学科组织模式在综合科学研究职能的基础上，承担人才培养及社会服务等职能，实现教学、科研和学科建设的融合。具体应发挥新型 PI 制学科组织模式的人才队伍优势，建立导师组指导制度，注重学科方向团队与研究生的定期研讨交流；推动团队教师参与本科生课程建设，积极将科研成果转化为教学成果；促进教学的传帮带，带动整个团队教学能力的提升，从而在整体上统筹解决基层学术组织中普遍存在的教学漂移、科研漂移和团队建设三个支点相互割裂的问题，实现科教育人功能的整合，提高人才培养质量。

（二）实施全过程的科研监管评价机制

首先，进一步完善科研绩效评价体系，改变简单以科研产出量评价科研绩效的现状。遵循科研育人规律，结合高校破"五唯"的推进，根据不同学科特点、不同基层学术组织发展阶段分类确立 KPI 指标及其权重，明确各项投入与产出的比例，探索建立基于 KPI 的绩效考核模型，激发各级 PI 学科组织团队的科研积极性。其次，借鉴科研项目 PI 制的全链条监管机制，重点对学科建设科研经费的使用实施"全链条式"监管。以美国特拉华大学的 PI 制为例。从 PI 项目获得批准开始，先后围绕合规性、环境健康与安全、知识产权、合同利益冲突、基金结算等问题的审理，接受系主任、学院院长或副院长、部门研究管理员、合约及赠款程控员、赞助研究会计、研究基金子合同专家、研究开发办公室、研究合规性审查办公室等十余个机构的全链条式监督管理。并要求对参与项目的师生也进行一系列的岗前培训，通过一系列合同的签订落实责任，强化考核。[②] 再次，进一步明确科学合理的绩效考核要求。发挥学校行政部

[①] 李琳、姚宇华、陈想平：《高校基层教学组织建设的困境与突破》，《中国高校科技》2018 年第 9 期。

[②] University of Delaware. Principal Investigator, https://research.uAel.eAu/research a Aministration/.

门及学院在考核中的作用，实行学校考核学科团队、学科方向负责人考核团队成员的两级考核模式，并根据考核结果，适时调整建设范围及支持力度，在学科团队内实现人尽其才、各尽其职的良好发展局面。最后，发挥高校内部审计的职能。对 PI 的采购流程、实施过程和项目结束效能进行全过程审计，做好风险防控。

（三）平衡学科组织团队的权责配置

学科组织在本质上是拥有共同价值观和组织目标、承担共同任务的"学术共同体"，其中的领导角色和行为对学科组织的形成和运行具有决定性作用。教育管理中的分布式领导理论强调了共同体中领导者所具有的象征意义、归属感、集体感、个人主义、价值观和道德观等概念要素。[①] 由于中国原有的学科组织模式以虚拟为主，在人才培养、科学研究及团队建设等方面往往并不发挥实质性作用，这使中国原有的学科建设更多地依托学校或学院层面的行政力量。与传统领导模式的区别在于，分布式领导强调领导者通过专业影响力和人格魅力对被领导者施加影响，而不是依靠岗位获得行政职权。在分布式领导理论视角下，新型 PI 制学科组织模式中的 PI 应该是一个"民主型"领导角色，其领导行为应该是一个与组织团队成员动态分享的过程。PI 应从以下三个方面提升领导力：一是具有善于与其他成员分享学术权力的能力，正确处理好 PI 负责制和 PI 负责、公与私、学术组织与学术组织成员的关系；二是利用好各种学术委员会在 PI 职责行使中的制衡作用，尤其是在人员聘用方面，可组建临时聘用委员会，发挥其在团队建设中的决策咨询作用；三是吸收预聘制的优长，探索将教师编制下放到学科方向的做法，这既能够限制行政权力对学术权力的干扰，又能够有效避免学术的近亲繁殖，阻止 PI 利用手中的权力培植个人势力，从而形成"学术山头"或"学术派系"。

（四）营造良好的学科组织生态环境

现代组织理论以系统论为基础，主张将社会组织视作一个由多种要

[①] 罗建河、甘丽娇：《西方分布式教育领导研究的新进展》，《比较教育研究》2016 年第 5 期。

素组成的依赖于外界的人员、资源和信息交流的开放系统。所有系统都由子系统构成，又都是更大系统的组成部分。当然，正是由于开放性，组织的边界往往是相对的、难以确定的。"开放系统观点认为，环境条件与环境中系统的特点之间存在密切联系：一个复杂系统不可能在简单环境中维持自己的复杂性。"① 正是基于这种"似有似无"的边界，组织与外部环境之间无时无刻不进行着物质、能量和信息的交流。因此，基于生态系统理论，对新型学科组织的创建不仅需要关注其内部组织要素，还应关注组织与组织之间以及组织与外部环境之间的关系，要顺应大学基层学术组织的复杂性构筑相应的生态环境。为其提供一流的学科资源、学术制度以及治理体系，为学科知识生产提供良好的学科生态环境以及开放自由的学科文化。② 生态路径是运用生态逻辑对学科组织模式进行创新的一整套价值、手段和方式方法。A 校在新型 PI 制学科组织模式创新方面的模索，既是对国内高校原有学科组织制度优势的赓续，又是对新型学科组织形态的借鉴发展。在这一过程中体现出的生态逻辑，恰好符合目前国内高校普遍面临的学科组织模式创新的需求和挑战，具有一定的参考价值。为此，大学基层学术组织生态系统的治理应基于目的性、整体性、共生性和过程性的生态观，对学科组织生态系统价值导向进行厘清，对其内部各要素及其与外部环境之间的结构、功能和演替关系进行人为干预，以重构学科组织之间相互制衡、竞合共生的生态关系，从而激发学科组织生态系统演进的内生动力和活力。

四　A 校新型 PI 制学科组织模式创新的生态逻辑

"逻辑是形塑一流学科成长的内在动力和根本力量，只有对逻辑的

---

① ［美］W. 理查德·斯科特、杰拉尔德·戴维斯：《组织理论——理性、自然与开放系统的视角》，高俊山译，中国人民大学出版社 2012 年版，第 111 页。

② 单捷飞、何海燕、石秀等：《我国高校学科组织管理与知识生产耦合机理研究——兼论一流学科发展规律》，《学位与研究生教育》2020 年第 3 期。

深刻把握才可能引领学科建设在正确的方向上行进。"① 学科的衍生及学科组织的生成发展是一个多因素互利共生、协同共进的生态系统演化过程。尽管对学科的组织化进程进行人为设计和干预可以在短期内取得明显成效,"但学科组织模式创新不能忽视学科之间的协同关系,以及学科系统层面的制度供给、文化影响、资源配置"②。在优化学科组织内部结构功能的基础上,对其生成演进的生命周期进行人为干预,推动学科组织由自组织、自创生状态过渡到学科组织之间的协同创新转变,从而实现学科组织由简单到复杂、由低级到高级的"螺旋式"上升。综观 A 校新型 PI 制学科组织模式创新的全过程,其所凸显出的结构分层竞合、功能多元统一、演替多样稳定的生态逻辑,为"双一流"建设背景下的基层学术组织模式创新提供了内在动力和根本力量。

(一) 分层竞合的生态系统结构逻辑

层次结构是复杂系统的典型特征之一。根据系统论的观点,任何复杂系统在结构上都是分层次的,不同的系统层次代表不同的结构等级,层次的生成有利于系统内部结构的稳定性。在 A 校新型 PI 制学科组织模式的创设中,明显呈现出分层创建的行动模式。与学系—学院—学部—大学等大学内部组织结构不同层次分别对应的是"二级学科或学科方向 PI—一级学科 PI—学科门类 PI—校级 PI"。实际上,大学学科组织的"分层"并不能简单地等同于行政单位的科层现象,而是对学科组织系统内部结构进行的一种"序列化"安排。无疑,当然更不是对学科组织进行主要与次要、重要与不重要的划分,从而导致学科组织个体在不同生态环境中的自发自为作用被遮蔽,而仅仅是从认识论的视角对学科组织生态系统的结构进行分层审视。

在这种分层视角下,A 校新型 PI 制学科组织模式在不同层级学科组织之间建构了生态竞合关系。学科组织的生态竞合即是指一定范围内的

---

① 吴叶林、崔延强:《建设高等教育学一流学科的逻辑与路径选择》,《大学教育学》2020 年第 5 期。

② 武建鑫:《超越概念隐喻的学科生态系统研究——兼论世界一流学科的生成机理》,《学位与研究生教育》2017 年第 9 期。

学科组织依托自身占有的学科知识生态位，积极寻求合作，最终实现协同创新，从而激发出学科组织生态系统的动力和活力。在 A 校新型 PI 制的第 I 阶段，学校赋予 PI 以"人、财、物"的独立支配权。在第 II 阶段，则推动新型 PI 与学院内学系、研究所以及其他学科组织之间关系的重塑。A 校专门印发文件，强化了学部与学院在 PI 遴选和规划建设中的统筹作用。比如，在首批 PI 的遴选中，明确规定一级学科 PI 团队所在的学科方向必须是学院规划建设的一级学科或方向；在经费的配置上，尝试建立了学校、学院、学科三方共担的薪酬拨付体系；在人才培养中，积极探索各级 PI 与所在教学组织共同开设拔尖创新人才培养基地班，联合开展本科生与研究生教育教学改革；在人才引进方面，在规定各 PI 引进符合学校层面标准的高层次人才时，学校单独划拨编制，不占用学院的教师编制限额；在保障条件上，进一步建立了学科自主、学院统筹、学部推进、学校规划的学术组织生态系统支撑体系。通过这一系列措施，重塑了新型 PI 制学科组织之间及其与环境之间的关系，使不同层次的新型 PI 制学科组织内部及其相互之间建立了竞争或合作的关联性，重塑了学科组织生态系统的整体结构。

（二）催化循环的生态系统功能逻辑

从结构和功能的相似性上可以说，大学基层学术组织生态系统是大学组织生态系统整体的分形。大学学科组织生态系统的功能可以被看作大学办学职能在学科组织中的"投射"。追根溯源，新型 PI 制学科组织是在科研制度的基础上演变而成的，其功能也由"科学研究"拓展为"人才培养、科学研究和团队建设"。随着新型 PI 制学科组织模式的发展，新型学科组织的功能正进一步拓展为"社会服务""文化传承创新""国际交流合作"等多元功能。即新型 PI 制学科组织的功能逐步与现代大学的办学职能相"对接"，成为大学实现其功能的创新型载体。

虽然学科组织生态系统的功能是多元的，但并不相互割裂，而是呈现出互相交融和统一的特征。推动解决经济社会发展的战略需求和现实问题是实现组织生态系统催化循环的"催化酶"。在"催化酶"的作用下，学科组织生态系统各功能之间相互关联并形成催化循环机制。在强化多元功能的同时，助推多元功能之间由相对独立走向互利共生，助力生态系统的整体优化运行。A 校新型 PI 制学科组织生态系统围绕解决经济社会发展的战略需求和现实问题，主要形成了六大功能子系统。除了团队建设功能内在于其他五大功能之外，其他五大功能子系统基于学科知识的分化整合形成催化循环状态。

各子系统之间相互关联，相互促进。在人才培养功能子系统中，新型 PI 制学科组织基于学科知识传承，开展人才培养模式和教学方式改革，培养高层次创新型人才；在科学研究功能子系统中，立足学科知识创新，开展相互促进的理论研究和应用研究，产生创新性科研成果；在社会服务功能子系统中，立足学科知识转化，服务经济社会发展需求；在文化传承创新功能子系统中，立足学科知识的文化表征，助力文化理论研究与文化传播活动；在国际交流合作子系统中，以学科知识的合作交流为载体，推动学术的"引进来"与"走出去"。

（三）分段统一的生态系统演替逻辑

组织生命周期理论将组织的成长视为类似生物体生命周期一样的模拟系统，将组织的成长历程参照生物的生命周期特征划分为生成、成长、成熟、衰落乃至消亡等阶段。依据生命周期理论，学科组织的生长演进历程也呈现出"初创、成长、成熟、蜕变"等"分段式"的生命周期特征。A 校在新型 PI 制学科组织模式的不同生命阶段采取了不同措施，实现了阶段性和持续演进的统一。

在 A 校新型 PI 制学科组织模式的初创期，主要是基于二级学科或二级学科方向的学科组织个体建构阶段。根据新制度主义理论，为获得组织的外部合法性认同，保障新型 PI 制学科组织模式的顺利运行，创新组织制度的建设也显得尤为重要。A 校以大学章程的制订颁布为契机，出台了一系列关于新型 PI 制建设和实施的文件，在原有学科知识体系的基础上，围绕学科组织个体的人、财、物等职责权限的赋予和学科知识体系的实体化运行，建立了新型 PI 制学科组织个体生态系统。

在新型 PI 制学科组织模式的成长期，主要是基于一级学科的学科组织种群建构阶段。随着新型 PI 制学科组织数量的增多和权力的增大，无论是在纵向上与学院、学部乃至学校的关系，还是在横向上与教研室、研究所、研究基地或实验室等原有学科组织及新型 PI 制学科组织之间的关系都日趋复杂。为了保障其在新的生态系统中获取生态位，平衡不同学科组织之间的生态关系，A 校再次通过建立制度对新型 PI 制学科组织之间及其与学院、学部或学校之间的关系进行了明确，为不同学科组织之间的竞争合作、协同创新创造了条件。

在新型 PI 制学科组织模式的成熟期，主要是基于学科门类交叉融合的学科组织群落建构阶段。此时，学科组织的规模进一步扩大，基本形成网络状新型 PI 制学科组织模式。处于成熟期的学科组织生态系统内部对内涵发展的要求进一步提高，外部则面临着与其他一级学科组织种群之间进行学科知识交叉融合、协同创新的深层需要。A 校开启并深入推进了学部制改革，大量建立各类跨院系的研究机构，促进不同学科的交叉融合。

新型 PI 制学科组织模式的蜕变期，则主要是基于学科知识跨校流动与协同创新的生态系统整体性建构阶段。在此阶段，学科组织间由于边界固化而带来的阻滞学科知识自由流动的风险倍增，对外合作交流的动力弱化，组织活力日渐损耗。与此同时，随着 PI 的权力增大，形成"学术山头"或学术派系的风险也日益增加。在此背景下，A 校通过激励学生跨校跨国（境）选修课程、加大科研人员对外合作交流或产学研融合、单列高层次人才引进专项经费和专门编制、限制学科组织负责人的职责权限等一系列举措，重塑新型 PI 制学科组织生态系统边界，营造基层学术组织生态系统走向善治的文化氛围。

五　A 校新型 PI 制学科组织模式创新的条件保障

管理心理学家沃里克曾指出，组织发展的效果应在于改善组织的效能，使组织成员更多地认同组织，改善工作团体内部及与其他团体之间的合作关系，创造出一种鼓励创意与开放的工作氛围。[①] 组织之间如果没有协同，就是"碎片化"地存在，更无法实现相互协调、合作，进而产生协同效应。在"双一流"背景下，大学基层学术组织生态系统的内部

---

① 王垒编著：《组织管理心理学》，北京大学出版社 1993 年版，第 224 页。

结构、资源和文化都会发生相应的变革，大学基层学术组织成为多学科知识体系的交叉、融合与汇聚之地，组织功能和战略目标更加多元和多样。因此，A 校在新型 PI 制学科组织模式创新及大学基层学术组织治理中，应进一步优化大学基层学术组织的内外部环境，重塑大学基层学术组织生态系统与环境之间的互动关系，使组织之间互相增强向积极方向发展的相干性和协同性，从而相互获益，整体加强，共同发展。

（一）加强学校层面的统筹谋划

加雷斯·摩根在《组织形象》中曾指出，我们可以通过一系列比喻来理解组织，比如，一部机器、一个有机体、一个大脑、一种文化、政治体系、灵魂地狱、处于持续流动状态的实体和获得至高权力的工具。[①] 功能主义社会学家巴尔和德瑞本将学校视为由一系列相互嵌套的等级化层次所构成的体系，不同层次的部门承担不同的功能。[②] 因此，"良好的大学治理结构应该基于大学功能定位和整体设计，打破人为界限，对学校、院系、学科、专业与社会之间关系进行结构统整，构建学科融合、资源共享、特色鲜明、高效运转的新型学术组织"[③]。同时，为院系的发展创造良好的外部组织环境。管理学家伯克和利特温创立了组织绩效与变革模型[④]，通过大学基层学术组织生态系统各个环节与外部环境的互动，实现组织与外部环境之间的平衡，从而促进大学基层学术组织的整体演进（详见图 8—4）。

这一图式从整体上将大学基层学术组织作为一个开放的生态系统。基于此，大学基层学术组织生态系统与外部环境进行物质和能量的交换以实现平衡。由于大学基层学术组织的输入和输出是非线性的，影响因素繁多，因此，通过组织结构、规章制度、组织中人的思想与行为、知

---

① ［挪威］波·达林：《理论与战略：国际视野中的学校发展》，范国睿主译，教育科学出版社 2002 年版，第 31 页。
② R. Barr, R. Dreeben, *How Schools Works*, Chicago: University of Chicago, 1983, p. 236.
③ 刘恩允、周川：《学术主导、分类驱动、协同推进——我国大学院系治理机制探究》，《高等教育研究》2017 年第 8 期。
④ ［美］W. 沃纳·伯克：《哥伦比亚大学组织发展课》，徐驰译，中国青年出版社 2013 年版，第 139—146 页。

识体系、组织环境，以及这些因素之间的历时性相互作用，才能最终实现大学基层学术组织生态系统的平衡。其中，"外部环境"代表组织生存的大学组织系统、高等教育系统乃至社会生态系统，是组织的输入部分，组织个体的学术业绩也即学术产品和成果，代表组织的输出部分。剩余的其他要素为组织将资源输入转化为输出的过程，这一转化过程则由组织种群和组织群落构成。在真实的组织生态系统中每个要素与其他要素之间都存在着直接或间接的相互联系和影响。故用纵横交错的双向箭头代表全景图式中不同组织层级之间错综复杂的关系。

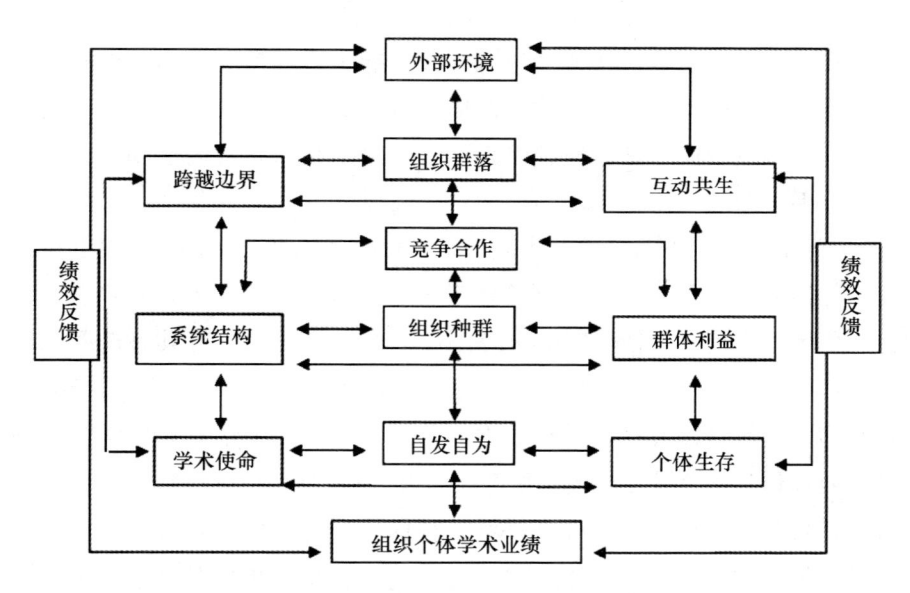

图8—4 大学基层学术组织生态系统整体性治理全景图式
资料来源：参考伯克—利特温的组织绩效和变革模型绘制。

借鉴以上所呈现的原理，A校在新型PI制学科组织模式创新中，应注重从学校层面的战略谋划出发，将"自上而下"与"自下而上"的变革相结合，分层分类对大学基层学术组织生态系统进行统筹谋划。具体而言，可以从个体、种群和群落生态系统进行定位，明确各部分变革的重点，有针对性地开展治理。在组织个体层面主要是通过职责职能的梳理，明确"学术使命"，促进学科组织基于自己的使命意识强化自组织；在组织个体的聚合下形成的组织种群，则通过制度机制的"废、改、立、留",完善规章制度,建立稳定的系统结构,确保组织群体的利益,实现组织生态系统输入与输出资源的平衡;组织群落是在组织个体或种群的聚合下形成的,通过跨边界的人才培养、科学研究、平台共享探索,推动学科组织之间的交叉融合或组织与环境之间的互动共生。

(二) 实施超越绩效的组织评估

长期以来,中国大学基层学术组织治理中存在着单一的自上而下的突击检查式治理,对组织建设只有"奠基",没有"竣工",只有共时性的建设,而缺少历时性的监管。造成这种现象的原因从根本上讲是"行为—产出"的前工业时代线性思维方式主导了现实治理逻辑。要从根本上改变这一局面,就需要以动态评估和督促的方式,不断调节和改进系统内部结构及构成要素,通过引入外力激发出组织自身的能动性,建立起整个系统新的平衡。

"评估"也可称为评价,本质上是一种价值判断的活动,是对客体满足主体需要程度的判断。"评价体系对于大学治理和发展具有检验、评价、引导、规范、监督与推动功能,对于大学治理的运行具有追踪和矫正的作用。"[①] 绩效是指特定时间范围内特定工作活动或行为的产出。[②] 近年来,在教育评价日益受到重视的背景下,中国大学对基层学术组织的绩效评估日益重视。绩效评估已经成为"以评促改、以评促建"、推进大学基层学术组织按照学校总体办学目标进行建设的重要方式。大学基层学术组织的绩效评估应在对客观情况进行数据分析的基础上,重在对其进行学术投入、学术产出、学术声誉的效果评估,主要进行价值判断,而无须过多地进行事实判断。以实现对大学基层学术组织生态系统的价值、结构和功能关系进行宏观意义上的调节和引导。目前,在教育部学科评估的影响力不断增大的情况下,一些高校通过定期投入大量的人力物力、邀请校内外专家组建专家组进行自我诊断评估。但就目前所见资

---

① 李立国:《大学治理的基本框架分析——兼论大学制度和大学治理的关系》,《大学教育科学》2018 年第 3 期。

② A. Premchand, *Public Expenditure Management*, Washington DC: Intel Monetary Fund, 1993, pp. 197 – 200.

料的粗略统计来看，仅有北京师范大学、同济大学、沈阳师范大学等高校定期开展大学基层学术组织的绩效评估。这些评估都具有动态性、协议制和任务式的特点，有利于对大学基层学术组织的学术生产活动进行全过程的动态监控。

A 校在新型 PI 制学科组织模式创新中，立足于组织的绩效而又不局限于组织的绩效评估，基于组织变迁的生命周期历程建立了组织评估制度。由于大学基层学术组织的建立、成长和发展是一个生命化的动态过程，因此对大学基层学术组织的评估应是动态化的、价值性的。动态化主要体现在 A 校在新型 PI 制学科组织模式创立之初，便重视建立与之相对应的线性评估或评价体系，对组织系统的演变进行全过程监测和推进。在运行一个阶段之后，通过召开座谈会、重点访谈和发放调查问卷等方式，对 PI 制学科组织模式建设的各个环节进行分析和评估。除对不同发展阶段学科组织的运行效益进行评估外，还对各个组织的决策机制是否规范科学、人才队伍的配置是否适当、学术规划是否得到贯彻执行等实际运行状况进行了具体的分析与评估。在各个学科组织提交自评估报告的基础上，将评估结果及时反馈给参评的基层学术组织，督促被评估的组织按照评估结果进行改进。价值性则主要体现在对 PI 制学科组织模式的规划、理念以及目标与大学组织总体是否相符进行审核，对学科组织的运行是否在可控范围内按照规划执行进行督导，而不仅仅盯着学术绩效的量化过程。比如，规定进行 PI 制学科组织建设的一级学科必须已经被纳入学校重点建设或培育建设范围。A 校不仅在各个学科组织中成立了咨询委员会，定期或不定期邀请校内外有关专家学者召开评审会议，对有关学科组织的建设情况进行"问诊把脉"，确保其战略规划执行"不走偏、不务虚"。与此同时，还对评估的程序或规范进行完善和固化，以符合评估的价值指向。评估本身不是在一瞬间完成的，而是由一系列活动构成的过程，也是一个事实分析与价值判断相互作用的过程。通过评估，A 校新型 PI 制学科组织模式与对其进行评估的控制之间以一种近似于自然选择的尝试与错误的反复探索过程进行"学习"，从而形成一个不断跟进的"因果圈"，实现闭环式的评估改进。

(三) 增强学术人事制度的柔性

"制度归根到底是体现一定目标并由客观强制性保障实施的，调整人与人之间一定社会关系的行为规范。"① 罗尔斯也认为："社会的制度形式影响着社会成员，并在很大程度上决定着他们想要成为的那种个人，以及他们所是的那种个人。"② 也就是说，制度既能够为人的生存提供保障，又能够影响人的发展。大学基层学术组织在实质上是学术人的组织。与其他社会组织最大的不同，在于它鲜明的人本特质。在组织的新制度主义视角下，基层学术组织的制度化实际上是对身处其中的学术人的一种行为规范，是对学者之间的社会关系的行为规范。然而，基层学术组织科层制的官僚化造成了组织结构中学术人的"非人格"化。由于过分强调组织的稳定性和精确性，使组织的显性权力得到不断强化，然而对组织成员自发形成的学术权力规则和学术创新行为则缺少应有的尊重，因此对学术人学术自由的抑制不断强化，使学科组织的活性减弱。人与人的联系异化为物与物的联系，人与人之间的学术碰撞与交流被阻隔，学科之间的边界被人为固化。

在中国大学现行的事业单位体制下，教师和科研人员往往因编制而被固定在一个组织中。以伊曼纽尔·华勒斯坦为代表的科学家曾提出"开放社会科学"的学科体系构想，强调打破人与自然的本体论区分，倡导一种"弹性地跨学科的制度改革建议"。比如，他曾提出的"教师双聘制度"，即每个教师"都同时受聘于两个系，其中一个系的专业与他或她所拥有的学位相关，另一个系的专业则与他的个人兴趣相关，或与他所做的有关研究工作相关"③。为了确保这种形式不受到阻碍，每个系有四分之一的教职员应不具有该学科的学位。伊曼纽尔·华勒斯坦还认为，倘若教授们关于学术讨论、课程设置及发表合理合法的观点等方面在两个系里都享有充分权利，这样就会产生组织间不可预料的多种组合形式。

---

① 辛鸣：《制度论》，人民出版社2005年版，第59页。
② [美] 约翰·罗尔斯：《政治自由主义》，万俊人译，译林出版社2011年版，第249页。
③ [美] 伊曼纽尔·华勒斯坦等：《开放社会科学：重建社会科学报告书》，刘锋译，生活·读书·新知三联书店1997年版，第112页。

伊曼纽尔·华勒斯坦的有关论点在今天看来还是极具借鉴价值的。

A 校在新型 PI 制学科组织模式创新过程中，注重基于学术共同体文化建立柔性的人事制度。相对刚性制度而言，柔性人事制度更加尊重学术规律和学术人选择的制度品质。结合高校"双一流"建设，在明确的组织使命引领下，增强学术组织内部不同类型学术组织成员的共同体身份意识，弥合因竞争而带来的观念冲突与组织分裂，强化组织成员的组织目标认同，并形成实现之的合力，使来自不同地域、不同行业和不同文化的人们聚合在一起，容纳不同的观点和意见，形成稳定的系统结构，从而在促进学科交叉融合中发挥实质性作用。

探索实施人员预聘制，在科研人员产出数量方面，适度放宽早期阶段人员在评估期内的科研业绩要求，减轻其职业压力。在科研选题方面，鼓励科研人员选择具有冒险性和创新性的课题，开拓新的研究领域，改变"短期主义"倾向。[①] 在跨学科组织人员聘用中，打破僵化的编制管理方式，与其他院系共同聘任。学校层面掌握部分编制，甚至规定基层学术组织要预留出部分教授岗位，对重点建设学科和"人才特区"进行特殊资助。在教师工作量认定中，应完善跨学科工作量认定有关制度，推动教师在不同基层学术组织中课时量互认，形成鼓励教师跨学科工作的激励机制。

基于学科知识演进规律建构新型 PI 制的人事制度，力求从根本上激发出学术人传承学术、创新学术和以学术服务社会的热情，从而推动大学基层学术组织彰显学术权力、回归学术本位，为实现中国特色社会主义现代大学坚守学术使命提供有力支撑。通过运用生态治理理念或手段，用对话协商、宽容信任和灵活自由的制度契约体系来激发学术人内在的精神力量，倡导学术共同体文化在制度构建层面的引领作用，从而使大学基层中的学术人拥有明确的学术使命、纯粹的学术目标。

---

① 王楠、张莎：《构建以跨学科和社会影响为导向的科研评估框架——基于英国"科研卓越框架"的分析》，《中国高教研究》2021 年第 8 期。

结　语

　　大学基层学术组织是大学组织制度历史演替的产物，学术性是其本质属性，学科知识是其构成的基本"质料"，也是其存在的基本特征。随着高等教育进入大众化阶段，高等教育改革由粗放型向质量型转变，现代大学办学规模持续扩大和学术功能不断拓展，学科知识体系不断分化整合，大学基层学术组织经历了系统性的变革。

　　自20世纪80年代起，伴随着中国高等教育改革发展进程不断加快，国内学界关于大学基层学术组织治理的研究呈现出从起步到持续聚焦，再到"井喷"的态势。一方面，这表明大学基层学术组织的治理问题是与高等教育改革发展息息相关的"真问题"和"重要问题"；另一方面，这也说明大学基层学术组织治理的研究伴随着中国高等教育的改革发展，将是更加重要也更需要持续关注的问题。尤其是在推进中国教育现代化、实现教育高质量发展的历史性进程中，中国大学基层学术组织生态系统治理的重要性更加凸显。作为落实现代大学五项职能的最基本单位，大学基层学术组织的生态治理急需有效的中国大学内部治理体系变革和治理能力提升。然而，在当下视域中，无论是生态系统的要素结构，还是生态系统各要素之间的关系分布，抑或是大学基层学术组织生态系统治理的手段，都存在着非生态的异化现象，呈现出系列现实问题。比如，只见基层学术组织，而不见基层学术组织中的学术人；只关注组织中的个人利益或部分利益，而较少关注基层学术组织生态系统中的群体利益和团队发展；只注重"头痛医头、脚痛医脚"式的"碎片化"治理，而缺少对大学内部的教学、科研、学科等复杂多样的基层学术组织进行整体性治理。

　　为此，本书基于大学基层学术组织的生态系统隐喻，借鉴生态学及组织生态学等相关理论和方法，尝试在生态学视域下，对不同层次大学基层学术组织生态系统的应然样态进行理论澄明与现实分析，以激活"学术生态治理力"为目的指向，建构使命开放协同、结构分层竞合、功能催化循环以及演替动态稳定的大学基层学术组织生态系统整体性治理框架体系，以期为当下的大学基层学术组织治理提供些许参考和助益。本书形成的主要观点和结论如下：

第一，大学基层学术组织及存在环境不是简单的组织个体或群体，而是具有一定价值、结构、功能的生态系统，并在内部生态因子和外部环境的共同影响下发生演替。大学基层学术组织的生态价值表征为共生共荣的特征。生态结构表征为以二级学科及方向、一级学科、学科门类、跨学科门类为基础分别形成的个体生态系统、种群生态系统、群落生态系统和生态系统。生态功能表征为人才培养（学术传承）、科学研究（学术创新）、学术应用（社会应用）、文化传承创新（学术文化）和国际交流合作（学术交流）五个自主循环的子系统。生态系统在演替中呈现出三个方面的主要特征，即演替形式从单一扁平向多样分层转变；演替动力从外因性向内因性转变；演替路径与学科的分化整合同向而行。

第二，大学基层学术组织个体生态系统具有自组织生态特征。基于自组织理论，本书认为，大学基层学术组织的个体生态系统应表现为在明确使命中强化自开放、在创新涌现中实现自催化、在契约理性中彰显自创生的应然样态。基于学系的调查，组织个体呈现出过度他组织的实然现状，具体表现为组织使命"模糊化"、权力结构"圈层化"、政策规制"外生化"等生态异化问题。在学系视角下，造成异化现象的根源是多元主体参与治理的能动性不足、学科交叉融合的协同性不够、学术制度规范的契约性淡化。

第三，大学基层学术组织种群生态系统呈现出竞争与合作共存的生态特征。基于生态位理论，本书认为，大学基层学术组织种群生态系统应表现为"偏利共生"和"互利共生"的生态位竞合两种应然样态。基于学院的调查，组织群体生态系统呈现出生态位重叠的实然现状，具体表现为"空巢组织"加剧干扰性竞争，"近缘组织"引起排斥性竞争，"山头组织"诱发利用性竞争等生态异化问题。在学院视角下，造成异化现象的根源是价值定位不清、结构同质化、职称重复设置。

第四，大学基层学术组织群落生态系统呈现出学科交叉融合的生态特征。基于边缘效应理论，本书认为，大学基层学术组织群落生态系统应表现为"加成作用"促进学科和谐共生、"集肤作用"促进学科互通交流、"协合作用"促进学科协同创新的应然样态。基于学部的调查，组织群落生态系统呈现出边缘效应缺失的实然现状。在学部视角下，造成异化问题的根源是国家行动主导下大学学科交叉的本体逻辑弱化、科层管理主导下大学学科交叉的组织模式僵化、学术利益主导下大学学科交叉的文化生态失衡。

第五，大学基层学术组织生态系统整体是与内外生境协同共生的生态系统。基于生态平衡理论，本书认为，大学基层学术组织生态系统整体应表现为结构动态稳定、输入输出平衡、具备自我调控能力的应然样态。基于世界一流高校建设方案中的组织跨边界调查分析，大学基层学术组织生态系统整体表现出内外失衡的实然现状，具体为内部治理结构"行政化"、对外开放"功利化"、生态系统复杂性弱化、生态系统多样性缺失。在大学组织整体视域下，基层学术组织生态系统异化问题的根源在于，"科层建制"导致物理边界固化、"逐利行为"导致社会边界失灵、"门户之见"导致心理边界扩大。

第六，应建构中国大学基层学术组织生态系统整体性治理框架。本书认为，大学基层学术组织是大学治理体系和治理能力现代化建设的"基石"，也是推动高校内涵式高质量发展的必然要求。因此，结合大学基层学术组织生态系统整体的应然样态与实然现状，应在反思生态异化的基础上，整体性建构大学基层学术组织生态系统治理的基本框架。首先，立足激发"学术生态治理力"的目的指向，以学术权力的优化配置为关键切入点，优化生态系统的权力配置。其次，把握大学基层学术组织治理的四重生态逻辑。促进生态系统整体的价值导向更加澄明；促进生态系统整体的结构在垂直和水平维度的一体优化；促进生态系统整体的功能在对接国家需求中实现动态循环；促进生态系统整体的演替在遵循生命周期规律中实现跃迁。再次，锚定大学基层学术组织生态系统治理的任务目标。个体生态系统治理聚焦文化维系，推动生态因子自创生；种群生态系统治理聚焦生态位，推动组织竞合共生；组织群落生态系统治理聚焦边缘效应，推动学科交叉融合；生态系统整体治理聚焦边界跨越，推动内外平衡。最后，完善大学基层学术组织生态治理的现实路径。明确使命导向，强化战略凝聚；健全治理制度，激发主体作用；创新组织模式，促进学科交叉；加强文化维系，回归制度契约；重构系统边界，实现共生共荣。

当然，一切组织的治理归根结底都是关于人与人之间关系的调整，学术组织生态系统的治理最终还是要落实到学术人之间关系的完善上。社会组织生态系统不同于一般系统仅以外部物质、能量和信息的输入输出维持生存，还会在这一过程中形成"自生自发秩序"，这一秩序的维系往往会以默会知识的形式存在，行为遵循一般性规则，并以此来维系组织的生存与发展。这种自发秩序和规则不同于人为产生的建构秩序，它是系统内部自组织的产物。而建构秩序往往与此相反，是出于服务创造者的外加目的，是系统外部通过命令与服从强加给系统的秩序。在大学基层学术组织生态系统中，虽然学术人是由于某种特定的具体目标而加入组织的，但所有学术人之间行动的协同和文化的凝聚，无一不是这种"自生自发秩序"的力量所致。无独有偶，思想家福柯在分析治理问题时，也曾将治理作为深植于人们内在需求的一种通过标榜自由来达到目的的权力关系；并认为这种权力关系必须能够使用到个人身体、行动、态度以及日常行为模式上，而不是通过权力的强制规训来实现。因此，大学基层学术组织生态系统的治理不仅仅需要在组织层面来认识和完成，最终还需要落实到学术人层面，落实到每一位置身于日常生活中的学术人内心。要摆脱狭窄的大学基层学术组织生态系统治理，实现宽泛意义上生态的大学基层学术组织治理，减少对大学基层学术组织的人为干预、通过生态的治理为每一个基层学术组织自发自为预留更大的空间，同时给予大学基层一线的学术人以更多的人文关怀，使他们能够从"经济人""制度人""效益人"中解脱出来，在学术志趣的凝练交融与学术秩序的合意达成中成为真正的"学术人"，进而实现大学学术组织生态系统的臻善治理。

参考文献

一 中文专著

蔡克勇：《21世纪中国教育的走向》，广东高等教育出版社2004年版。

陈春花、杨忠、曹洲涛：《组织行为学》，机械工业出版社2013年版。

陈以爱：《中国现代学术研究机构的兴起——以北大研究所国学门为中心的探讨》，江西教育出版社2002年版。

陈玉琨：《教育评价学》，教育科学出版社1999年版。

董玉宽：《科学发展观与生态伦理》，辽宁人民出版社2013年版。

段勇：《自组织生命哲学》，中国农业科学技术出版社2008年版。

范国睿：《共生与和谐：生态学视野下的学校发展》，教育科学出版社2011年版。

范国睿：《教育生态学》，人民教育出版社2000年版。

冯沪祥：《人、自然与文化——中西环保哲学比较研究》，人民文学出版社1986年版。

盖光、陈红兵：《生态价值概论》，人民出版社2013年版。

高凌岩：《普通生态学》，中国环境科学出版社2016年版。

高田钦：《"文革"时期我国高校组织及制度变迁》，南京大学出版社2015年版。

耿益群：《自由与和谐：大学教师学术生态研究》，知识产权出版社2011年版。

郭丽君、陈中、刘剑群等：《高等教育生态学引论》，社会科学文献出版社2018年版。

郭元祥：《教育的立场》，安徽教育出版社2009年版。

贺国庆：《德国和美国大学发达史》，人民教育出版社1998年版。

贺祖斌：《高等教育生态论》，广西师范大学出版社2005年版。

胡斌、李旭芳：《复杂多变环境下企业生态系统的动态演化及运作研究》，同济大学出版社2013年版。

胡建华：《现代中国大学制度的原点：50年代初期的大学改革》，南京师范大学出版社2001年版。

胡仁东：《我国大学学院组织制度变迁研究》，中国海洋大学出版社2016年版。

蒋逸民：《社会科学方法论》，重庆大学出版社2011年版。

金耀基：《大学之理念》，生活·读书·新知三联书店2008年版。

雷毅：《深层生态学思想研究》，清华大学出版社2001年版。

李博主编：《生态学》，高等教育出版社2000年版。

李聪明：《教育生态学导论——教育问题的生态学思考》，台湾学生书局1989年版。

李桂荣：《大学组织变革之经济理性》，中国社会科学出版社2007年版。

李维安、王世权：《大学治理》，机械工业出版社2013年版。

李振基、陈小麟、郑海雷编著：《生态学》，科学出版社2014年版。

刘本炬：《论实践生态主义》，中国社会科学出版社2007年版。

刘贵华：《大学学术发展研究——基于生态的分析》，华中师范大学出版社2005年版。

刘巨钦等：《现代企业组织设计》，上海三联书店2007年版。

刘克锋、张颖主编：《环境学导论》，中国林业出版社2012年版。

陆小成：《产业集群协同演化的生态位整合模式研究》，线装书局2011年版。

苗东升：《系统科学辩证法》，中国书籍出版社2018年版。

马世骏：《现代生态学透视》，科学出版社1990年版。

倪愫襄：《伦理学简论》，武汉大学出版社2007年版。

钱穆：《文化与教育》，生活·读书·新知三联书店2009年版。

乔锦忠：《学术生态治理——研究型大学教师激励机制探索》，教育科学出版社2008年版。

任凯、白燕：《教育生态学》，辽宁教育出版社1992年版。

佘正荣：《生态智慧论》，中国社会科学出版社1996年版。

石冠峰：《边界管理视角的 X—团队建设机制：以新疆/兵团企业为例的研究》，经济管理出版社 2015 年版。

史秀云等编：《管理学》，清华大学出版社 2016 年版。

斯日古楞：《中国近代国立大学学科建制与发展研究（1895—1937）》，中国社会科学出版社 2016 年版。

腾大春、姜文闵主编：《外国教育通史》（第二卷），山东教育出版社 1989 年版。

王加强：《学校变革的生态分析》，南京师范大学出版社 2011 年版。

王垒：《组织管理心理学》，北京大学出版社 1993 年版。

王耘：《复杂性生态哲学》，社会科学文献出版社 2008 年版。

王作军编：《管理理论与实务》，西南师范大学出版社 2016 年版。

吴鼎福、诸文蔚：《教育生态学》，凤凰出版社传媒集团 2000 年版。

吴林富：《教育生态管理》，天津教育出版社 2006 年版。

伍醒：《知识演进视域下的大学基层学术组织变迁》，浙江大学出版社 2016 年版。

谢斌：《人本生态观与管理的生态化》，科学出版社 2009 年版。

薛天祥：《高等教育管理学》，华东师范大学出版社 2000 年版。

颜泽贤、陈忠、胡皓：《复杂系统演化论》，人民出版社 1993 年版。

杨青松等主编：《植物生物学理论及新进展研究》，中国水利水电出版社 2015 年版。

余谋昌：《生态哲学》，陕西人民教育出版社 2000 年版。

俞可平主编：《治理与善治》，社会科学文献出版社 2009 年版。

原华荣：《"生态目的性"与环境伦理——"小人口"原理》，中国环境科学出版社 2013 年版。

张庆辉：《生态学视野中的大学战略管理》，中国海洋大学出版社 2016 年版。

张绍荣：《走进精神场域：信息时代大学文化生态治理研究》，中国社会科学出版社 2017 年版。

张正军：《大学的起源与演进——组织视角下的历史和逻辑》，中国社会科学出版社 2015 年版。

郑晓齐、王绽蕊：《研究型大学基层学术组织改革与发展》，清华大学出版社 2009 年版。

周三多、陈传明：《管理学》，高等教育出版社 2018 年版。

周雪光：《组织社会学十讲》，社会科学文献出版社 2003 年版。

朱国云：《组织理论：历史与流派》，南京大学出版社 1997 年版。

邹冬生、高志强主编：《当代生态学概论》，中国农业出版社 2013 年版。

二 中文译著

［英］埃里克·阿什比：《科技发达时代的大学教育》，滕大春、滕大生译，人民教育出版社 1983 年版。

［美］尤金·P. 奥德姆、加里·W. 巴雷特：《生态学基础》，陆健健等译，高等教育出版社 2009 年版。

［美］尤金·P. 奥德姆：《生态学——科学与社会之间的桥梁》，何文珊译，高等教育出版社 2017 年版。

［美］切斯特·巴纳德：《经理人员的职能》，王永贵译，机械工业出版社 2013 年版。

［美］彼得·圣吉：《第五项修炼——学习型组织的艺术与实务》，郭进隆译，上海三联书店 2008 年版。

［美］伯顿·克拉克：《建立创业型大学——组织上转型的途径》，王承绪译，人民教育出版社 2003 年版。

［美］伯顿·克拉克：《探究的场所——现代大学的科研和研究生教育》，王承绪译，浙江教育出版社 2001 年版。

［美］伯顿·克拉克：《高等教育系统——学术组织的跨国研究》，王承绪等译，杭州大学出版社 1994 年版。

［美］伯顿·克拉克主编：《高等教育新论——多学科的研究》，王承绪等译，浙江教育出版社 2001 年版。

［美］罗伯特·伯恩鲍姆：《大学运行模式——大学组织与领导的控制系统》，别敦荣等译，中国海洋大学出版社 2003 年版。

［英］迈克尔·贝根、［新西兰］柯林·R. 汤森、［英］约翰·L. 哈珀：《生态学——从个体到生态系统》，李博、张大勇、王德华主译，高等教育出版社 2016 年版。

［澳］查尔斯·伯奇、［美］约翰·柯布：《生命的解放》，邹诗鹏、麻晓

晴译，中国科学技术出版社 2015 年版。

［挪威］波·达林：《理论与战略：国际视野中的学校发展》，范国睿主译，教育科学出版社 2002 年版。

［美］道格拉斯·C. 诺思、罗伯特·托马斯：《西方世界的兴起》，厉以平、蔡磊译，华夏出版社 1999 年版。

［美］弗·卡普拉、查·斯普雷纳克：《绿色政治——全球的希望》，石音译，东方出版社 1988 年版。

［美］弗雷德·鲁森斯：《组织行为学》，王垒等译，人民邮电出版社 2003 年版。

［美］帕翠西亚·冈伯特：《高等教育社会学》，朱志勇等译，北京大学出版社 2013 年版。

［德］H. 哈肯：《协同学》，徐锡申等译，原子能出版社 1984 年版。

［德］H. 哈肯：《信息与自组织——复杂系统中的宏观方法》，郭治安等译，四川教育出版社 1988 年版。

［英］弗里德利希·冯·哈耶克：《自由秩序原理》，邓正来译，上海三联书店 2003 年版。

［英］海斯汀·拉斯达尔：《中世纪的欧洲大学》（第 2 卷），崔延强、邓磊译，重庆大学出版社 2011 年版。

［美］迈克尔·汉南、约翰·弗里曼：《组织生态学》，彭璧玉、李熙译，科学出版社 2014 年版。

［美］伊曼纽尔·华勒斯坦等：《开放社会科学：重建社会科学报告书》，刘锋译，生活·读书·新知三联书店 1997 年版。

［美］伊曼纽尔·华勒斯坦等：《学科·知识·权力》，刘健芝等编译，生活·读书·新知三联书店 1999 年版。

［美］阿尔弗雷德·怀特海：《科学与近代世界》，何钦译，商务印书馆 1959 年版。

［美］霍尔姆斯·罗尔斯顿：《环境伦理学——大自然的价值以及人对大自然的义务》，杨通进译，中国社会科学出版社 2000 年版。

［美］霍尔姆斯·罗尔斯顿：《哲学走向荒野》，刘耳、叶平译，吉林人民出版社 2000 年版。

［英］杰勒德·德兰迪：《知识社会中的大学》，黄建如译，北京大学出版

社 2010 年版。

［德］康德：《康德三大批判精髓》，杨祖陶、邓晓芒编译，人民出版社 2001 年版。

［美］乔治·凯勒：《大学战略与规划：美国高等教育管理革命》，别敦荣主译，中国海洋大学出版社 2005 年版。

［美］克拉克·克尔：《高等教育不能回避历史》，王承绪译，浙江教育出版社 2001 年版。

［美］劳伦斯·克雷明：《公共教育》，宇文利译，中国人民大学出版社 2016 年版。

［美］刘易斯·科塞：《理念人——一项社会学的考察》，郭方等译，中央编译出版社 2001 年版。

［美］罗伯特·K. 殷：《案例研究——设计与方法》，周海涛译，重庆大学出版社 2004 年版。

［美］罗伯特·梅斯勒：《过程关系哲学——浅释怀特海》，周邦宪译，贵州人民出版社 2009 年版。

［瑞士］瓦尔特·吕埃格主编、［比］希尔德·德·里德—西蒙斯分册主编：《欧洲大学史：中世纪大学》（第 1 卷），张贤斌等译，河北大学出版社 2007 年版。

［瑞士］瓦尔特·吕埃格主编、［比］希尔德·德·里德—西蒙斯分册主编：《欧洲大学史：近代早期的欧洲大学（1500—1800）》（第 2 卷），贺国庆等译，河北大学出版社 2007 年版。

［英］迈克尔·吉本斯等：《知识生产的新模式：当代社会科学与研究的动力学》，陈洪捷等译，北京大学出版社 2011 年版。

［美］迈克尔·D. 科恩、詹姆斯·G. 马奇：《大学校长及其领导艺术：美国大学校长研究》，郝瑜主译，中国海洋大学出版社 2006 年版。

［英］罗伯特·梅、安吉拉·麦克莱恩：《理论生态学：原理及应用》，陶毅、王百桦译，高等教育出版社 2010 年版。

［美］梅雷迪斯·高尔、沃尔特·博格、乔伊斯·高尔：《教育研究方法导论》，许庆豫等译，朱永新审校，江苏教育出版社 2002 年版。

［加］加雷思·摩根：《组织》，金马译，清华大学出版社 2005 年版。

［美］罗德里克·弗雷泽·纳什：《大自然的权利》，杨通进译，青岛出版

社 1999 年版。

［英］尼尔·保尔森等编:《组织边界管理:多元化观点》,佟博等译,经济管理出版社 2005 年版。

［日］青木昌彦:《经济体制的比较制度分析》,中国发展出版社 2005 年版。

［美］斯蒂芬·P. 罗宾斯、马丽·库尔特:《管理学》,李原等译,中国人民大学出版社 2012 年版。

［英］托尼·比彻、保罗·特罗勒尔:《学术部落及其领地:知识探索与学科文化》,唐跃勤等译,北京大学出版社 2008 年版。

［美］W. 理查德·斯科特、杰拉尔德·F. 戴维斯:《组织理论——理性、自然与开放系统的视角》,高俊山译,中国人民大学出版社 2012 年版。

［美］沃纳·伯克:《哥伦比亚大学组织发展课》,徐驰译,中国青年出版社 2013 年版。

［加］许美德:《中国大学 1895—1995:一个文化冲突的世纪》,许洁英译,教育科学出版社 2000 年版。

［古希腊］亚里士多德:《物理学》,张竹明译,商务印书馆 1982 年版。

［古希腊］亚里士多德:《政治学》,颜一、秦典华译,中国人民大学出版社 2003 年版。

［加］约翰·范德格拉夫等编著:《学术权力——七国高等教育管理体制比较》,王承绪等译,浙江教育出版社 2001 年版。

［美］约翰·吉尔林:《案例研究:原理与实践》,黄海涛、刘丰、孙芳露译,重庆大学出版社 2017 年版。

［美］詹姆斯·H. 麦克米伦、萨利·舒马赫:《教育研究——基于实证的探究》,曾天山等译,教育科学出版社 2013 年版。

［美］朱丽·汤普森·克莱:《跨越边界:知识·学科·学科互涉》,姜智芹译,南京大学出版社 2005 年版。

三 外文文献

A. Premchand, *Public Expenditure Management*, Washington DC: Intel Monetary Fund, 1993.

Baldridge J. Victor, *Power and Conflict in the University*, New York: Wiley

Publishing, 1971.

G. R. Carroll, *Ecological Models of Organization*, Cambridge, MA: Ballinger, 1988.

Herbert Hewitt Stroup, *Bureaucracy in Higher Education*, New York: McGraw-Hill, 1966.

J. A. C. Baum, J. V. Singh, *Evolutionary Dynamics of Organizations*, New York: Oxford University Press, 1994.

Jitendra Singh, *Organizational Evolution: New Directions*, Newbury Park, CA: Sage Publications, 1990.

John J. Corson, *Governance of Colleges and Universities*, New York: McGraw-Hill, 1960.

J. Pfeffer, Salancek, G. R. , *The External Control of Organizations: A Resource Dependence Perspective*, New York: Harper & Row, 1978.

J. P. Murmann, *Knowledge and Competitive Advantage: The Coevolution of Firms, Technology, and National Institutions*, Cambridge: Cambridge University Press, 2003.

L. R. Lattuca, *Creating Interdisciplinarity: Interdisciplinary Research and Teaching among College and University Faculty*, Nashville: Vanderbilt University Press, 2001.

M. T. Hannan, G. R. Carroll, *Dynamics of Organizational Populations: Density, Legitimation, and Competition*, New York: Oxford University Press, 1992.

OECD, *University Research in Transition*, Paris: OECD Publications, 1998.

Parsons T. Glencoe, *Structure and Process in Modern Societies*, Glencoe IL: Free Press, 1960.

R. Barr, R. Dreeben, *How Schools Works*, Chicago: University of Chicago, 1983.

Shesila Slaughter, L. L. Larry, *Academic Captalism: Politics, Politicies and the Entre Preneurial University*, The John Hopkins University Press, 1997.

Urie Bronfenbenner, *The Ecology of Human Development: Experiments by Na-*

ture and Design, Cambridge, MA: Harvard University Press, 1979.

US General Accounting Office, *Content Analysis: A Methodology for Structuring and Analyzing Written Material*, Washington D C: Free Press, 1996.

William H. Bergquist, *The Four Cultures of the Academy: Insights and Strategies for Improving Leadership in Collegiate Organizations*, San Francisco: Jossey Bass, 1992.

W. K. Michael, L. S. Mitchell, *Remaking College: The Changing Ecology of Higher Education*, Stanford, CA: Stanford University Press, 2015.

附　　录

附录1　访谈提纲（一）

一　访谈主题

大学基层学术组织个体生态系统治理。

二　访谈目的

了解基于二级学科设立的大学基层学术组织个体生态系统的组织使命、权力结构和文化氛围情况。

三　访谈时间

2018年12月至2019年2月。

四　访谈对象

全国高校学系/院属研究所负责人、成员，学院院长，主管教学、科研的副院长。

五　访谈问题

1. 请简单介绍一下您所在的学系或研究所的基本情况（比如发展历程、学科情况、隶属关系、人员情况等）。

2. 您所在的学系/院属研究所有明确的组织使命吗？如果没有，请谈谈原因。

3. 您所在的学系/院属研究所在人、财、物等方面的自主权如何？

4. 您所在的学系/院属研究所的文化氛围如何？

5. 您所在的学系/院属研究所与学院、学校的关系怎样？

6. 您所在的学系/院属研究所在激发组织的生命力方面还存在哪些制度上的束缚？造成的原因是什么？应如何解决？

7. 在"双一流"高校建设背景下，您认为学系/院属研究所等基层学术组织应该如何更好的治理？

六　访谈步骤

（一）选取对象

（二）确定现场访谈或电话访谈方式

（三）开始访谈并记录

（四）访谈的录音整理与总结

七　访谈需携带的器材

（一）记录本

（二）录音笔

（三）访谈提纲

附录2　访谈提纲（二）

一　访谈主题

大学基层学术组织种群生态系统治理。

二　访谈目的

了解基于一级学科设立的大学基层学术组织种群的规划调整、学科交叉融合以及组织之间关系的运行情况。

三　访谈时间

2018年12月至2019年2月。

四　访谈对象

全国高校校属研究中心/实验室/研究所负责人；专职科研人员；学

院院长；发展规划处处长；科研处处长、主管平台副处长、科长；主管科研副校长。

五　访谈问题

1. 请简单介绍一下您所在的校属研究中心/实验室/研究所情况（比如发展历程、学科情况、隶属关系、人员情况等）。

2. 您所在学校的校属研究中心/实验室/研究所之间的关系如何？竞争、合作或者排斥哪种情况更多一些？请结合具体事例谈一谈。

3. 您所在的学校有明确的科研组织规划、设置和管理制度吗？如果有，您认为运行得怎样？

4. 您所在的学校如何选聘基层学术组织负责人？您认为现有选聘制度对研究中心/实验室建设的效果如何？

5. 您认为您所在学校的研究中心/实验室/研究所的管理机制是否合理？还存在什么问题？造成的原因是什么？应如何解决？

6. 在"双一流"高校建设背景下，您认为校属研究中心/实验室/研究所等机构应该如何更好的治理？

六　访谈步骤

（一）选取对象

（二）确定现场访谈或电话访谈方式

（三）开始访谈并记录

（四）访谈的录音整理与总结

七　访谈需携带的器材

（一）记录本

（二）录音笔

（三）访谈提纲

附录3　访谈提纲（三）

一　访谈主题
大学基层学术组织群落生态系统治理。

二　访谈目的
了解基于跨一级学科设立的大学基层学术组织群落的边界跨越情况。

三　访谈时间
2018年12月至2019年2月。

四　访谈对象
全国高校国家级协同创新中心/国家重点实验室/国家工程实验室/国家地方联合工程研究中心的主任、副主任，专职科研人员；主管科研副校长；学院院长；发展规划处处长；科研处处长、主管平台副处长、科长。

五　访谈问题
1. 请简单介绍一下您所在学校的协同创新中心/国家重点实验室的基本情况（比如学科、隶属关系、人员情况等）。
2. 您所在的国家级研究机构在推动跨学科建设方面有哪些举措？
3. 您所在的国家级研究机构与相关学院的教学、科研关系怎样？是否有利于激发学术人员跨学科的积极性？
4. 您所在学校在鼓励跨越学术组织之间的学术活动方面有哪些相关举措？是否形成了一定的文化氛围？
5. 您认为当前跨学科学术活动的阻碍因素有哪些？
6. 您认为在"双一流"高校建设背景下，国家级协同创新中心/国家重点实验室/国家工程实验室/国家地方联合工程研究中心的管理运行机制应如何进一步改革发展？

六　访谈步骤

（一）选取对象

（二）确定现场访谈或电话访谈方式

（三）开始访谈并记录

（四）访谈的录音整理与总结

七　访谈需携带的器材

（一）记录本

（二）录音笔

（三）访谈提纲

附录4　受访者身份及访谈基本情况

编号	国家"双一流"建设"高校（19所）	其他高校（9所）	受访者身份	访谈日期	访谈地点	访谈时间（分钟）
1	A		某院属研究所负责人A1	2018年12月2日上午	食堂	116
2	B		某系主任B1	2018年12月4日上午	咖啡馆	43
3		C	国家重点实验室办公室主任C1	2018年12月5日上午	办公室	66
4		C	国家重点实验室负责人（中国工程院院士）C2	2018年12月5日下午	办公室	92
5	A		某学院副院长A2	2018年12月6日下午	办公室	77
6		D	某系主任D1	2018年12月6日下午	甜品店	82

续表

编号	国家"双一流建设"高校（19所）	其他高校（9所）	受访者身份	访谈日期	访谈地点	访谈时间（分钟）
7	E		某校属研究中心研究员E1	2019年1月7日上午	公交站	29
8	F		某校属研究所副所长F1	2019年1月9日上午	图书馆	122
9	G		某校属实验室研究员G1	2019年1月9日下午	电话访谈	36
10	H		某学院副院长H1	2019年1月9日下午	电话访谈	40
11		I	某系教师I1	2019年1月10日上午	办公室	47
12		J	某校属研究院研究员J1	2019年1月10日上午	电话访谈	44
13	K		某院属研究所研究员K1	2019年1月13日上午	办公室	28
14	L		某系专任教师L1	2019年1月15日上午	咖啡馆	17
15	M		某系专任教师M1	2019年1月17日上午	办公室	34
16		N	某学院院长N1	2019年1月20日上午	办公室	41
17		N	社科处平台管理负责人N2	2019年1月20日上午	办公室	32
18		N	某校属实验室负责人N3	2019年1月20日上午	办公室	30
19		O	发展规划处处长O1	2019年1月20日上午	办公室	57
20		P	教务处处长P1	2019年1月20日下午	办公室	61

续表

编号	国家"双一流"建设"高校（19所）	其他高校（9所）	受访者身份	访谈日期	访谈地点	访谈时间（分钟）
21		Q	某系专任教师Q1	2019年1月20日下午	咖啡馆	37
22	F		社科处平台管理科科长F2	2019年1月21日上午	办公室	86
23	F		某校属实验室研究员F3	2019年1月21日下午	办公室	45
24	R		某学院院长R1	2019年1月22日下午	电话访谈	37
25	S		学科办主任S1	2019年1月22日下午	电话访谈	27
26	A		某系主任A3	2019年1月26日上午	办公室	116
27	A		社科处平台管理科科长A4	2019年1月26日下午	电话访谈	43
28	K		某国家级协同创新中心教授委员会成员K2	2019年1月26日下午	电话访谈	44
29	F		某校属研究所副所长F4	2019年1月26日下午	办公室	76
30	A		主管科研副校长A5	2019年1月26日下午	办公室	23
31		J	某校属研究院研究员J2	2019年1月28日上午	办公室	38
32		J	某校属研究院研究员J3	2019年1月28日上午	办公室	47
33	T		某学院院长T1	2019年1月29日下午	办公室	50

续表

编号	国家"双一流"建设"高校（19所）	其他高校（9所）	受访者身份	访谈日期	访谈地点	访谈时间（分钟）
34	E		国家工程实验室主任E2	2019年1月29日下午	电话访谈	23
35	U		国家地方联合工程研究中心研究员U1	2019年1月31日上午	电话访谈	34